Alexis Markow

Das Wachstum der Bevölkerung

Alexis Markow

Das Wachstum der Bevölkerung

ISBN/EAN: 9783741171437

Hergestellt in Europa, USA, Kanada, Australien, Japan

Cover: Foto ©Lupo / pixelio.de

Manufactured and distributed by brebook publishing software
(www.brebook.com)

Alexis Markow

Das Wachstum der Bevölkerung

UND DIE

ENTWICKELUNG DER AUS- UND EINWANDERUNGEN, AB- UND ZUZÜGE

IN

PREUSSEN UND PREUSSENS EINZELNEN
PROVINZEN, BEZIRKEN UND KREISGRUPPEN
VON 1824 BIS 1885

VON

Dr. ALEXIS MARKOW.

———

TÜBINGEN, 1889.
VERLAG DER H. LAUPP'SCHEN BUCHHANDLUNG.

Inhaltsverzeichnis.

Teil I.

Die Zunahme der Bevölkerung in der preussischen Monarchie und ihren einzelnen Teilen: Provinzen, Bezirken und Kreisgruppen nach den Ergebnissen der Volkszählungen von 1825 bis 1885 (sog. faktische Bevölkerungs-Zunahme).

Teil II.

Die Gestaltung der Geburtsziffer in der preussischen Monarchie und ihren einzelnen Teilen: Provinzen, Bezirken und Kreisgruppen in den Jahren von 1824 bis 1885.

VIII

VORWORT.

Der vorliegende Band, in welchem Herr Dr. MARKOW aus Kertsch mit Umsicht und besonders anerkennenswerter Ausdauer und Energie nicht nur das Bevölkerungswachstum und die Entwickelung der Ab- und Zuzüge in den verschiedenen Teilen Preussens, sondern daneben auch die analogen Vorgänge in anderen deutschen und ausserdeutschen Staaten verfolgt hat, gibt dem unterzeichneten Herausgeber an dieser Stelle nur zu der Bemerkung Anlass, dass er hiemit die Darstellung jener Ab- und Zuzüge auf Grund des von ihm vorbereiteten Zahlenmaterials noch nicht als abgeschlossen ansieht. Wie sich diese Wanderungen seit den zwanziger Jahren bis zur Gegenwart in den einzelnen Kreisen und Kreisgruppen und namentlich auch in Stadt und Land verschieden gestaltet haben, wird noch für andere als die hier schon ins Auge gefassten Provinzen (Westphalen, Pommern, Westpreussen, Schlesien) darzulegen und dabei auch zu zeigen sein, wie sich in neuerer Zeit neben dem männlichen Geschlecht das weibliche in immer grösserem Umfange an jenen Vorgängen beteiligt hat.

An diese spezielle Bemerkung sei hier jedoch noch eine allgemeine geknüpft.

Neben den bisher schon zum Abschluss gebrachten Bänden dieser »Beiträge« haben den Herausgeber in noch grösserer Zahl unvollendet gebliebene andere Arbeiten dieser Art beschäftigt, und letztere haben ihm, bei der erforderlichen Revision und Umarbeitung, kaum geringere Mühe gemacht als die vorliegenden. Um in dieser Beziehung nun für die Folge Zeit- und Kraftverschwendung zu vermeiden, sei hier bemerkt, dass, so willkommen dem Herausgeber auch in der Zukunft solche Mitarbeiter sein werden, die wie die Verfasser der ersten drei Bände mit dem wünschenswerten Verständnis und Interesse für die Sache auch ausreichende Energie verbinden, das Begonnene zu vollenden, er doch gegenüber Anderen, bei denen diese Voraussetzungen n i c h t zutreffen, fortan etwas vorsichtiger sein wird.

TÜBINGEN den 1. Oktober 1889.

FR. J. NEUMANN.

Einleitung.

Statistische Veröffentlichungen finden selten in weiteren Kreisen Beachtung. Doch mit den Auswanderungsziffern steht es anders. Das Interesse an diesen ist in neuester Zeit ein immer lebhafteres geworden. Und mit Recht. Denn die Aus- und Einwanderungen, Ab- und Zuzüge gehören erstens zu jenen »socialen Massenerscheinungen«, die mehr als andere statistisch erfassbare Vorgänge Folge menschlichen Willens sind und somit aus relativ leicht zu erfassenden Ursachen hervorgehen. Sodann stehen jene Wanderungen aber auch mit besonders wichtigen wirtschaftlichen Interessen in engster Beziehung. Ja, sie erscheinen in gewissem Sinne geradezu als ein Spiegel grösseren oder geringeren Wohlbefindens der Bevölkerung, als ein Spiegel freilich, der studiert sein muss, wenn er verstanden werden soll. Und eben zu solchem Studium einen bescheidenen Beitrag zu liefern ist die Aufgabe des Folgenden.

An sich sind grosse Wanderungen zur Aufsuchung fremder Wohnsitze, wie Jeder weiss, keine neue Erscheinung im Völkerleben. Schon in ältesten Zeiten begegnet man Vorgängen, die in gewissem Sinne mehr als die heutigen den Charakter von Massenwanderungen an sich tragen: Das Mutterland gab einen Teil seiner Bewohner zur Gründung von Kolonien ab, besiegte Völker wurden im Wege des Zwanges nach anderen Gegenden verpflanzt, und ganze Völker wechselten in sog. Völkerwanderungen freiwillig ihren Wohnsitz. So sah es früher aus. Die heutigen Wanderungen haben dem gegenüber mehr den Charakter freiwilliger Einzelwanderungen. Aber diese freiwilligen E i n z e l wanderungen sind seit den Entdeckungen des fünfzehnten Jahrhunderts, seit der darauf folgenden immer weiteren Kenntnis überseeischer Gebiete und vor allem seit jenen gewaltigen Verkehrsumwälzungen, die die

Folge der Ausdehnung unserer Eisenbahn- und Dampfschifffahrt-
verbindungen und zugleich die Folge neuerer Gesetzgebung über
Auswanderungsfreiheit und Freizügigkeit waren, zu einer kultur-
geschichtlichen Erscheinung von grösster Bedeutung geworden.
Daher denn auch gerade in neuerer Zeit jene vielfachen Erörte-
rungen, die diesen Wanderungen nicht nur in öffentlichen Blättern
und in Flugschriften, sondern auch in grösseren Aufsätzen und umfassenden Werken zu Theil geworden sind [1]), und die in Deutschland namentlich seit der Zeit an Umfang beträchtlich gewonnen
haben, dass kolonialpolitische Bestrebungen hier festen Fuss fassten.
Wie leicht erklärlich ist hiebei auch nicht allein der Umfang der
Wanderungen sondern auch die Lebensstellung der Wandernden
und vor allem Ursache und Folge, Vorteil und Nachteil dieser
Vorgänge vielfach ins Auge gefasst worden.

Hier sollen Fragen letzterer Art zur Seite stehen. Hier wird
es Aufgabe sein, vor allem ein Bild der Thatsachen, eine möglichst
genaue Darstellung des wirklichen Umfangs der Wanderungen in
Preussen zu geben, hiebei aber nicht allein das preussische Staatsgebiet als solches ins Auge zu fassen, sondern den Blick auch auf
die Gestaltung dieser Dinge in kleineren Gebieten: Provinzen,
Bezirken, Kreisen und Kreisgruppen zu richten.

Gerade die Erkenntnis dieser thatsächlichen Vorgänge in
kleineren Gebieten dürfte das beste Mittel zur Erkenntnis auch
jener ursächlichen Momente sein, aus denen sich diese Wanderungen ergeben [2]). Und doch sind gerade Untersuchungen dieser

---

1) Aus der grossen Zahl der Schriften über Auswanderung sei hier nur genannt: »Auswanderung und Colonisation«, von Wappäus, 1846; »Ueber Auswanderungen«, mit besonderer Beziehung auf den preussischen Staat, Vorlesung
von W. Dieterici, 1847; »L'émigration européenne«, par A. Legoyt, 1861;
»Histoire de l'émigration européenne, asiatique etc.« par Juval, 1862; »Die
preussische Aus- und Einwanderung seit dem Jahre 1844 von Bödiker, 1879;
»De la colonisation chez les peuples modernes«, par P. Leroy-Beaulieu,
1882; »Colonien, Colonialpolitik und Auswanderung« von Roscher und Jannasch, 1885 (3. Aufl.). Dazu treten Schriften von Sturz, Kapp, v. Weber,
Hübbe-Schleiden, Eheberg, Heusser etc. Vgl. auch den trefflichen Aufsatz
von C. Bücher: »Zur Statistik der inneren Wanderungen und des Niederlassungs-
wesens« in der Zeitschrift der schweizerischen Statistik 1887, I., 2. Heft.

2) Fürst Bismarck betonte schon in der Rede vom 8. März 1879, dass erst
auf der Grundlage guter Auswanderungsstatistik die Frage nach den
Gründen der Auswanderung zu beantworten sein würde. (Vgl. auch die ausge-
wählten Reden des Fürsten von Bismarck, Bd. III p. 210.)

Art bisher selten durchgeführt. Denn obwohl die beschreibende Statistik von jeher zwei Arten von Wanderungen unterschied, d i e i n n e r e n oder die sog. Ab- und Zuzüge, und die ä u s s e r e n oder die Wanderungen von einem Staatsgebiet ins andere, so hat doch die⸴ a m t l i c h e Statistik regelmässig nur den letzteren: den sog. Aus- und Einwanderungen i. e. S. ihre Aufmerksamkeit zugewandt, und auch das im Allgemeinen nicht mit befriedigendem Erfolg. Denn abgesehen davon, dass man sich bei der Frage nach der H e r - k u n f t der Auswanderer amtlicherseits regelmässig mit so grossen Gebieten wie Staaten und Provinzen begnügte, blieb jenes Erfassen selbst ein unzureichendes. Es gab und gibt, wie R ü m e - l i n treffend bemerkt, neben der legalen, registrirten Auswanderung eine sich der Controle entziehende heimliche, und diese ist leider von grossem Umfang.

Will man klar in diesen Dingen sehen, so genügt es nicht, sich an jene offiziellen Aus- und Einwanderungszahlen zu halten. Es muss vielmehr auf B e v ö l k e r u n g s b i l a n z rechnungen nach Art jener zurückgegangen werden, auf die sich schon die Berechnungen B e r g m a n n's im ersten Teile dieser Beiträge stützten. Und dieser Weg ist denn auch im folgenden, nicht allein aber doch vorzugsweise beschritten — d. h. es ist, um den eingeschlagenen Weg hier an einem Beispiel zu illustrieren, insbesondere in folgender Weise verfahren worden.

Betrug im Regierungsbezirk Königsberg z. B. die sog. natürliche Zunahme d. h. der Ueberschuss der Zahl der Geborenen über die Zahl der Sterbefälle in den Jahren 1881 bis 1885 63436 Personen, während bei den allgemeinen Volkszählungen in diesem Bezirk Ende 1880: 1144666 Civileinwohner, dagegen Ende 1885: 1159235 ,

also 14569 mehr ermittelt wurden, so ist angenommen, dass die Bevölkerung jenes Bezirks von Ende 1880 bis Ende 1885 im Ganzen 63436 — 14569 = 48867 und in jedem dieser Jahre also d u r c h s c h n i t t l i c h $\frac{48867}{5} = 9773$ durch Mehrwegzug verloren habe. Unter Zugrundlegung dieses wahrscheinlichen Mehrzu- oder Wegzuges und unter Zugrundlegung ferner des Ueberschusses der Zahl der Geburten über die der Todesfälle im e i n - z e l n e n Jahr konnte dann auch der wahrscheinliche Stand der Bevölkerung für das Ende und die Mitte jedes Jahres berechnet werden.

Allerdings hat diese Art der Rechnung manche Mängel. Sie lässt erstens, wie sich schon aus dem Gesagten ergibt, ausschliesslich den U e b e r s c h u s s der Zahl der Zu- über die der Weggezogenen resp. umgekehrt den Ueberschuss der Zahl der Weg- über die der Zugezogenen, und auch diesen Ueberschuss nicht nach seiner thatsächlichen Gestaltung im einzelnen Jahr, sondern nur für den D u r c h s c h n i t t des zwischen den einzelnen Volkszählungen liegenden 3, 4 oder 5jährigen Zeitraumes erkennen. Sodann waren die diesen Rechnungen zu Grunde gelegten Ergebnisse der Volkszählung von verschiedenem Wert, anfangs weniger zureichend, dann — namentlich seit 1834, da ihr Resultat Verteilungsmassstab für die Einnahmen des deutschen Zollvereins wurde, und seit 1840 in Folge der Einführung »namentlicher« Einwohnerlisten (sog. Nominalzählungen) erheblich besser. Und gerade diese Verbesserungen haben die üble Folge gehabt, dass, wie unten noch spezieller zu zeigen sein wird, manches als Mehrzuwanderung erscheint, was im Grunde nur auf jene Verbesserung der Aufnahmen zurückzuführen ist [1]). Dazu kommt dann drittens und viertens, dass einerseits die Z e i t der Aufnahme innerhalb der einzelnen Zählungsjahre nicht immer dieselbe war (bis 1834 das Ende des Jahrs, von 1834 bis 1867 der 3., von 1871 ab der 1. Dezember), andrerseits auch das O b j e k t der Aufnahme schwankte, insofern bis 1867 nur die sog. »Zollabrechnungsbevölkerung«, dagegen in diesem Jahre z u g l e i c h und seit 1871 sogar a l l e i n die »ortsanwesende Bevölkerung« gezählt wurde [2]). Und schliesslich entstanden Schwierigkeiten auch aus der Notwendigkeit, C i v i l - und M i l i t ä r b e v ö l k e r u n g zu trennen.

Es schien nehmlich geboten, bei Berechnung jener Ab- und Zuzüge nicht die ganze Bevölkerung ins Auge zu fassen, sondern von den Folgen des durch manche äussere Umstände veranlassten G a r n i s o n s wechsels des Militärs abzusehen und allein die Civilbevölkerung in Betracht zu ziehen. Das aber war nicht leicht durchzuführen. Denn die den preussischen amtlichen Tabellen anfangs zu Grunde gelegte Scheidung von Civil- und Militärbevölkerung

---

1) Vgl. Bergmann a. a. O. und Frhr. v. Fircks: »Rückblick auf die Bewegung der Bevölkerung im preussischen Staate während des Zeitraumes 1816 bis 1874«. Preussische Statistik XLVIII A. Ueber die Art der Berechnung der mittl. Bevölkerung vgl. Einleitung in Bd. I. dieser Beiträge.

2) Vgl. v. Bergmann a. a. O., sowie Statistik des deutschen Reiches Bd. I. S. 482 und Fircks a. a. O.

wurde sowohl bei den allgemeinen Volkszählungen, als auch bei
den jährlichen Aufnahmen über Geburten und Sterbefälle zu verschiedenen Zeiten verschieden aufgefasst und seit Anfang der 70er
Jahre ganz und gar aufgegeben, so dass für die spätere Zeit, um
vergleichbare Zahlen zu gewinnen, auf W a h r s c h e i n l i c h-
k e i t s r e c h n u n g e n zurückzugreifen war, bei denen aus der
Zahl der aktiven Militärpersonen auf die Grösse der Militärbevölkerung im früheren Sinne (d. h. incl. namentlich der Angehörigen
jener Personen) geschlossen werden musste [1]).

Trotz aller dieser Bedenken ist jedoch daran festzuhalten, dass
die Resultate der nach jener Methode durchgeführten Berechnungen
vor dem Ergebniss offizieller Auswanderungsstatistik bei weitem
den Vorzug verdienen. Denn erstens sind sie in Anbetracht der
Sorgfalt, die insbesondere seit der Begründung des deutschen Zollvereins jenen Volkszählungen zugewendet wurde, sowie namentlich
in Anbetracht der relativ grossen Zuverlässigkeit der auf die Zahl der
G e b u r t e n und S t e r b e f ä l l e bezüglichen Aufnahmen — selber
als besonders zuverlässig anzusehen, was von der officiellen Auswanderungsstatistik, wie noch spezieller dargelegt werden soll, nicht
behauptet werden kann. Zweitens aber kann jene Methode namentlich auch zur Ermittelung der i n n e r h a l b eines Staates von Provinz zu Provinz, Bezirk zu Bezirk, Kreis zu Kreis u. s. w. statt-
findenden Wanderungen sowie dazu benützt werden, viel specieller, als es an der Hand jener Auswanderungstatistik möglich ist,
das Heimatgebiet der Auswandernden nach Kreis, Gemeinde, Stadt
und Land u. s. w. zu erfassen.

Aus diesen Gründen hat der H e r a u s g e b e r dieser Beiträge,
der seit seiner ersten Arbeit über Kindersterblichkeit in Preussen
die Bewegung der Bevölkerung dort unausgesetzt verfolgt, ohne die
beträchtlichen Kosten und Mühen dieser Arbeit zu scheuen,
es sich angelegen sein lassen, die Entwickelung der »inneren« und
»äusseren« Wanderungen in der preussischen Monarchie und ihren
Teilen (Provinzen, Regierungsbezirken, Kreisen und Kreisgruppen,
Stadt und Land) seit 1819 auf jenem Wege zu berechnen. Und
dieses grosse Material, soweit es fertig gestellt war, wurde dem

---

1) Vgl. Bergmann a. a. O. Für die anderen deutschen Staaten konnte in
gleicher Weise Civil- und Militärbevölkerung nicht getrennt werden.

Verfasser dieses Bandes in zuvorkommender Weise zur Verfügung gestellt und von ihm zur Ausarbeitung des Folgenden benutzt.

Nach der Beschaffenheit dieses Materials bezieht sich diese Arbeit aber vorzugsweise auf die preussische Monarchie alten Umfangs (vor 1866). Auch ist aus den schon in der Einleitung zu Band I. entwickelten Gründen nicht das Jahr 1819 sondern das Jahr 1824 zum Ausgangspunkt gewählt worden.

THEIL I.

DIE ZUNAHME DER BEVÖLKERUNG

IN DER PREUSSISCHEN MONARCHIE UND IHREN
EINZELNEN THEILEN: PROVINZEN, BEZIRKEN
UND KREISGRUPPEN.

NACH DEN ERGEBNISSEN DER VOLKSZÄHLUNGEN
VON 1825 BIS 1885.
(SOG. FACTISCHE BEVÖLKERUNGSZUNAHME.)

Erstes Kapitel.

Die sog. factische Bevölkerungszunahme in der preussischen Monarchie und ihren Theilen in dem ganzen Zeitraume von 1825 bis 1885.

Die Civilbevölkerung innerhalb jenes Gebietes, das die alten Provinzen der preussischen Monarchie (ohne Hohenzollern) in sich einschliesst, hat in den 60 Jahren von 1825 bis 1885 sich etwa verdoppelt, genauer im Verhältnisse von 100 zu 191,20 zugenommen, denn es wurden dort ermittelt

1825: 12 075 657 Einwohner,

dagegen 1885: 23 088 178 » [1]).

Hieraus darf man natürlich nicht folgern, dass jene Bevölkerung jährlich durchschnittlich um $\frac{91,20}{60} = 1,52^0/_0$ zugenommen habe.

Aber ebenso wenig berechtigt wäre eine einfache Berechnung jener Steigerung der Bevölkerung in der Form der Zinseszins-.
rechnung, welche nach der Formel $Z(\text{unahme}) = 100\left(\sqrt[n]{\frac{p_1}{p}} - 1\right)$ eine Zunahme von $1,09^0/_0$ pro Jahr ergeben würde. Denn factisch war die Bevölkerungszunahme in dem ersten Theile jenes 6ojährigen Zeitraumes eine bedeutend grössere als später, und auch ganz abgesehen hievon lassen sich wechselnde Gestaltungen dieser Dinge als Folgen günstiger oder ungünstiger Verhältnisse innerhalb jenes Zeitabschnittes deutlich erweisen, weshalb es geboten ist, diese Dinge im Einzelnen für kleinere Zeiträume zu verfolgen.

Ehe dies indessen geschieht, vergleichen wir mit jenem Gesammtwachsthum der preussischen Bevölkerung innerhalb der sog. alten Provinzen die analoge Gestaltung dieser Dinge erstens in

---

1) Was »Civilbevölkerung« ist und weshalb hier auf sie zurückgegangen ist, ist in der Einleitung dargelegt.

Preussen nach dem j e t z i g e n Umfange dieses Staates, sodann im ausserpreussischen Deutschland und endlich auch in ausserdeutschen Staaten, wobei innerhalb der preussischen Monarchie auch die einzelnen Theile derselben: Provinzgruppen, Provinzen, Bezirke und je nach Umständen Kreisgruppen und Kreise ins Auge zu fassen sein werden.

Unterscheiden wir in letzterer Beziehung zunächst nur drei grosse Gruppen: mittlere, westliche und östliche preussische Provinzen, so ergibt sich uns während des Zeitraumes von 1825 bis 1885 für die m i t t l e r e n Provinzen, d. h. für die Provinzen Pommern, Brandenburg und Sachsen eine Bevölkerungszunahme im Verhältniss von 100 zu 207,50 (1825: 3 608 949 Seelen, 1885: 7 488 473 Seelen) und für die w e s t l i c h e Gruppe: Westphalen und Rheinland eine solche im Verhältniss von 100 zu 199,07 (1825: 3 264 893, 1885 : 6 499 238).

Diese beiden Gruppen übertrafen also in Bezug auf das Bevölkerungswachsthum Preussen im Allgemeinen nicht ganz unerheblich, während die Gruppe der ö s t l i c h e n Provinzen: Ost- und Westpreussen, Posen und Schlesien, (trotz der sogleich zu berührenden grossen Bevölkerungssteigerung in Westpreussen) mit einer Bevölkerungszunahme im Verhältniss von 100 zu 174,95 1825: 5 201 815 Einw., 1885: 9 100 467 Einw.) bedeutend zurückstand.

Gehen wir aber näher auf die Gestaltung dieser Dinge innerhalb jener drei Gruppen ein, so haben wir innerhalb jener mittleren Gruppe für die Stadt B e r l i n sogar eine Bevölkerungszunahme von 100 zu 634,39 zu constatiren (1825: 203 668, 1885: 1 292 047 Civileinwohner), während im Rest jener mittleren Provinzen nur eine Steigerung im Verhältniss von 100 zu 181,97, also eine erheblich geringere Bevölkerungszunahme stattfand, als im Durchschnitt von ganz Preussen und namentlich als in den westlichen Provinzen (100 zu 199,07). Diese scheinen dann allen Provinzen voranzustehen.

Und in der That hatte unter allen Provinzen Preussens — von Brandenburg mit Berlin abgesehen — die grösste Bevölkerungszunahme seit 1825 die R h e i n p r o v i n z, nämlich eine Zunahme im Verhältniss von 100 zu 206,22 (1825: 2 087 983, 1885: 4 305 815 Einw.). Und wenn die Provinz Westphalen in ihrer Gesammtheit von Westpreussen in dieser Beziehung übertroffen wurde, also unter allen Provinzen — von Brandenburg mit Berlin noch immer abgesehen — nur die dritte Stelle einnahm, so steigerte sich doch innerhalb dieser Provinz die Bevölkerung des sehr industriellen Regierungsbezirkes Arnsberg (von 1825 bis 1885) sogar im Verhältnisse von 100 zu 277,81, denn es wurden dort gezählt

1825: 427 652 Einw.,

dagegen schon 1885: 1 188 057 ».

Ja, innerhalb dieses Bezirkes stossen wir z. B. in dem die industriellen Kreise Bochum, Dortmund, Hagen und Iserlohn umfassenden Gebiete auf eine Zunahme von 147 718 Einw. auf 704 621 Einw. d. h. im Verhältniss von 100 zu 477,00, eine Zunahme, die, wie wir unten sehen werden, über der Bevölkerungszunahme in allen deutschen Staaten (Hamburg und Bremen nicht ausgeschlossen) steht.

Aehnlich wie der Regierungsbezirk Arnsberg hatte übrigens auch in der Rheinprovinz der Regierungsbezirk Düsseldorf ein sehr hohes Bevölkerungswachsthum, nämlich im Verhältniss von 100 zu 267,23 (1825 lebten 652 875 M., 1885: 1 744 680 M.) und wurde in dieser Beziehung überhaupt nur vom Regierungsbezirk Arnsberg übertroffen.

Vergleichen wir aber weiter und fassen (indem wir von Berlin noch immer absehen) zunächst die einzelnen preussischen Provinzen ins Auge, so folgten bez. der Bevölkerungszunahme auf die (I) Rheinprovinz (100 zu 206,22), wie bemerkt, Westpreussen und Westphalen:

II. Westpreusssen mit einer Bevölkerungszunahme im Verh. wie von 100 zu 188,50 (1825: 737 361 S., 1885: 1 389 925 S.),

III. Westphalen mit einer Zunahme im Verh. wie von 100 zu 187,22 (1825: 1 176 910, 1885: 2 193 423).

Sodann aber folgte

IV. Brandenburg (ohne Berlin) mit einer Zunahme im Verh. wie von 100 zu 186,93 (1825: 1 233 252, 1885: 2 305 366) und demnächst Pommern, Sachsen und Schlesien:

V. Pommern mit einer Zunahme im Verh. wie von 100 zu 179,26 (1825: 829 942 Einw., 1885: 1 487 762 E.),

VI. Sachsen mit einer Zunahme im Verh. wie von 100 zu 179,07 (1825: 1 342 087 E., 1885: 2 403 298 E.),

VII. Schlesien mit einer Zunahme im Verh. wie von 100 zu 178,56 (1825: 2 280 621, 1885: 4 072 266).

6

Dagegen zeigten die geringste Bevölkerungsvermehrung die jetzigen Provinzen Ostpreussen und Posen; denn es wurde dort gezählt: in

	1825	1885	also Steigerung von 100 zu
VIII. Ostpreussen	1 151 908 S.	1 941 637 S.	168,56.
IX. Posen	1 031 925 »	1 696 639 »	163,45.

Was sodann die einzelnen Regierungsbezirke als solche betrifft, so standen voran, wie wir oben sahen, Arnsberg (1.) mit einer Bevölkerungssteigerung im Verhältniss von 100 zu 277,81 und Düsseldorf (2.) mit einer solchen von 100 zu 267,23. Und es folgten dann noch fünf Bezirke, deren Wachsthum über das Durchschnittliche der preussischen Monarchie hinausging und zugleich grösser war als das Wachsthum aller ausserpreussischen Staatsgebiete mit Ausnahme von Sachsen, Hamburg und Bremen, nämlich

		1825	1885	also Steigerung von 100 zu
3.	Oppeln	647 399	1 485 521	229,46
4.	Cöln	363 826	743 492	204,35
5.	Potsdam	598 370	1 200 879	200,69
6.	Trier	342 684	667 417	194,76
7.	Marienwerder	427 117	819 587	191,89

Dagegen war — um hier nur der Extreme zu gedenken [1] —

1) In der Mitte standen:

A) mit einem Zuwachs von 80—90% (der immerhin noch grösser war als der in den anderen deutschen Staaten mit Ausnahme von Hamburg, Bremen, Sachsen):

		1825	1885	also Steigerung von 100 zu
8.	Cöslin	mit 298 218 Bew.	mit 563 617 Bew.	188,99
9.	Magdeburg	» 520 272 »	» 978 356 »	188,05
10.	Bromberg	» 325 529 »	» 603 035 »	185,25
11.	Stettin	mit 389 412 Bew.	mit 716 681 Bew.	184,04
12.	Danzig	» 310 244 »	» 570 338 »	183,84
13	Merseburg	» 558 584 »	» 1 017 345 »	182,13

B) mit einer Vermehrung von 60—80%

		1825	1885	also Steigerung von 100 zu
14.	Frankfurt	mit 634 882 Bew.	mit 1104 487 Bew.	173,97
15.	Breslau	mit 903 404 Bew.	mit 1 562 430 Bew.	172,95
16.	Königsberg	» 673 268 »	» 1 159 235 »	172,18
17.	Gumbinnen	mit 478 640 Bew.	mit 782 402 Bew.	163,46
18.	Aachen	» 336 025 »	» 541 728 »	161,22

und C) mit einem Wachsthum, das auch hinter dem von Lübeck, Anhalt und Braunschweig und den thüringischen Staaten zurückstand, die Regierungsbezirke

die Zunahme am geringsten in den vier Regierungsbezirken Stralsund, Liegnitz, Minden und Münster, die während der 60 Jahre von 1825 bis 1885 weniger als 50% Zunahme hatten und unter denen der Regierungsbezirk Münster sogar nur 29,04% Zunahme zeigte — sodass von allen unten spezieller in's Auge zu fassenden deutschen Staatsgebieten nur noch die Gruppe Waldeck, Lippe etc. (26,11%), Mecklenburg - Strelitz (23,01%) und Elsass-Lothringen (13,73%) in dieser Beziehung hinter dem Regierungsbezirk Münster zurückblieben.

Es wurden nämlich gezählt in

	1825	1885	also Steigerung von 100 zu
22. Stralsund	142 312 Seelen	207 464 Seelen	145,78
23. Liegnitz	729 818 »	1 024 315 »	140,35
24. Minden	369 204 Seelen	514 946 Seelen	139,48
25. Münster	380 054 »	490 420 »	129,04

II.

Werfen wir nun, ehe wir zur Betrachtung der Gestaltung dieser Dinge ausserhalb Preussens übergehen, noch einen Blick auf die neuerworbenen Provinzen Preussens, so zeigt sich in diesen im Allgemeinen eine sehr geringe Zunahme.

Ueberhaupt nahm die Bevölkerung im Gesammtgebiet dieser Provinzen 1825 bis 1885 nur im Verhältniss von 100 zu 141,71 zu (1825: 3 468 470 Civil- und Militärbewohner, 1885: 4 915 462 Civil- und Militärbewohner [1]). Im Einzelnen aber stieg die Bevölkerung in Hannover sogar nur im Verhältniss von 100 zu 132,65, also etwa wie in jenem Regierungsbezirke Münster, der die geringste Steigerung unter allen Regierungsbezirken des alten Gebietes aufwies (100 zu 129,04). Ja, in der Landdrostei Osnabrück war sogar nur ein Wachsthum von 262 947 Einw. (1825) auf 291 125 Einw. (1885), also im Verhältniss von 100 zu 110,72 (!) zu verzeichnen, so-

		1825	1885	also Steigerung von 100 zu
19. Koblenz	mit	392 573 Bew.	mit 608 498 Bew.	155,00
20. Erfurt	»	263 231 »	» 407 597 »	154,84
21. Posen	»	706 396 »	» 1 093 604 »	154,81

1) Bez. dieser Zahlen vgl. »Monatshefte zur Statistik des deutschen Reiches« Juliheft Band 37 (1879) und »Statistisches Jahrbuch für das deutsche Reich« Jahrg. 8 (1887) und 9 (1888). Weshalb hier auch der Militärbewohner gedacht wird, ist in der Einleitung gesagt.

8

dass dieser Bezirk selbst hinter Elsass-Lothringen (100 zu 113,73) zurückblieb.

Die Gebiete der beiden anderen Provinzen zeigten gleichzeitig ein Bevölkerungswachsthum im Verhältniss von 100 zu 146,94 (Hessen-Nassau) resp. von 100 zu 153,98 (Schleswig-Holstein), sodass diese Gebiete also etwa den Regierungsbezirken Stralsund (100 zu 145,78) und resp. Koblenz (100 zu 155,00) an die Seite zu stellen sind.

Gezählt wurden nämlich ¹) in

	1825	1885	also Steigerung von 100 zu
Hannover	1 637 906	2 172 702	132,65
Hessen-Nassau	1 083 769	1 592 454	146,94
Schleswig-Holstein	747 065	1 150 306	153,98

Nehmen wir endlich noch hinzu, dass im Gebiet von Hohen-zollern-Sigmaringen die Bevölkerung von 1825 bis 1885 von 57 860 auf 66 720 Civil- und Militäreinwohner, also nur im Verhältnisse von 100 zu 115,31 gestiegen ist, so erhalten wir für ganz Preussen in seinem jetzigen Umfange ein Bevölkerungswachsthum von 15 827 321 (1825) auf 28 318 470 Civil- und Militärpersonen (1885) ²), was ein Fortschreiten im Verhältnisse von 100 zu 178,92 erweist.

III.

Im übrigen Deutschland stand von den grösseren Staaten und Gebieten nur Sachsen in der hier in Rede stehenden Beziehung Preussen voran, alle anderen blieben erheblich zurück.

Gezählt wurden nämlich an Civil- und Militäreinwohnern

	1825 ³)	1885 ⁴)	also Steigerung im Verh. von 100 zu
in Sachsen	1 329 788	3 182 003	239,29
in Hessen	665 421	956 611	143,76
» Baden	1 132 970	1 601 255	141,33
in Bayern	3 938 399	5 420 199	137,62
» Württemberg	1 504 963	1 995 185	132,57
in Elsass-Lothringen	1 375 481	1 564 355	113,73

1) Vgl. die in Anmerkung 1 auf voriger Seite genannten Quellen.
2) Vgl. Anm. 1 und S. 3 Anm. 1.
3) Vgl. Anmerkung 2.
4) Vgl. »Monatshefte zur Statistik des deutschen Reiches« Februarheft 1887.

9

Vergleichen wir diese Zahlen aber mit jenen der einzelnen
Provinzen und Bezirke Preussens, so sehen wir, dass selbst das
Königreich Sachsen (100 zu 239,29) hinter den preussischen Regierungsbezirken Arnsberg (100 zu 277,81) und Düsseldorf (100 zu
267,23) nicht unerheblich zurückblieb, während die Rheinprovinz
in ihrer Gesammtheit (100 zu 206,22) allerdings von Sachsen überholt wurde. Dagegen wurden die anderen grösseren deutschen
Staaten und Gebiete (ausser Sachsen) von allen alten Provinzen
Preussens, selbst von jenen, die die geringste Zunahme hatten,
wie Ostpreussen (100 zu 168,56) und Posen (100 zu 163,45) weit
übertroffen.

Und selbst unter den neuen Provinzen blieb nur das ehemalige
Königreich Hannover mit einem Wachsthum im Verhältniss von
100 zu 132,65 hinter Hessen, Baden und Bayern zurück; Schleswig-
Holstein mit einer Bevölkerungssteigerung im Verhältniss von 100
zu 153,98 und Hessen-Nassau mit einer solchen im Verhältniss von
100 zu 146,94 standen ebenso wie die alten Provinzen Preussens
allen ausserpreussischen grösseren Staaten — von Sachsen abgesehen — voran.

Zerlegen wir dieses Sachsen übrigens in seine 4 Kreishauptmannschaften, so finden wir, dass die Zwickauer Kreishauptmannschaft, die an Zahl der Einwohner dem Regierungsbezirk
Arnsberg etwa gleichsteht (dort lebten 1885: 1 190 849 Civil- und
Militärpersonen, im Regierungsbezirk Arnsberg: 1 188 057 Civileinwohner), von 1825 bis 1885 eine Bevölkerungszunahme im Verhältniss von 100 zu 268,59 hatte, d. h. in dieser Beziehung etwa
dem Regierungsbezirk Düsseldorf (100 zu 267,23) gleichstand, und
nur hinter dem Regierungsbezirk Arnsberg (100 zu 277,81) zurückblieb. Auch zwei andere jener Kreishauptmannschaften zeigten
eine recht starke Zunahme:

die Leipziger im Verhältniss von 100 zu 254,74,
die Dresdener »   »   » 100 » 250,36,
sodass also diese Bezirke ausser von Arnsberg nur noch von
Düsseldorf übertroffen wurden[1]), während andererseits die Bautzener

---

[1]) Was die absoluten Zahlen (für die Kreishauptmannschaften) betrifft, so
lebten nach den in Anm. 1 S. 7 genannten Quellen und nach der Zeitschrift
des k. sächsischen statistischen Bureaus XXXII. Jahrg. 1886, Heft I und II in
der Kreishauptmannschaft

Kreishauptmannschaft mit einem Bevölkerungswachsthum im Verhältniss von 100 zu 149,27 hinter allen Regierungsbezirken der preussischen Monarchie alten Anfanges — mit Ausnahme allein von Stralsund (100 zu 145,78), Liegnitz (100 zu 140,35), Minden (100 zu 139,48) und Münster (100 zu 129,04) zurückblieb.

Zerlegen wir ähnlich wie Sachsen auch das Königreich Bayern in einzelne grössere Theile und unterscheiden dort, wie üblich, diese drei Gebiete:

1) die Pfalz,
2) Franken und
3) den Rest Bayerns, also die Bezirke Oberbayern, Niederbayern, Oberpfalz und Schwaben,

so sehen wir, dass die Pfalz, die an das preussische Rheinland und speziell an die Regierungsbezirke Trier und Koblenz grenzt und 1885 in Bezug auf die Zahl ihrer Einwohner etwa dem Regierungsbezirk Trier gleichstand (1885 lebten in der Pfalz 696 375 Menschen, in Trier 667 417 Einwohner), eine erheblich kleinere Bevölkerungszunahme als Trier und auch als Koblenz hatte, denn die Bevölkerung der Pfalz nahm 1825—85 im Verhältniss von 100 zu 138,91, dagegen die des Bezirkes Trier im Verhältniss von 100 zu 194,76 und die von Koblenz doch im Verhältniss von 100 zu 155,00 zu.

Noch ungünstiger aber waren die hier in Rede stehenden Verhältnisse in jenem fränkischen Gebiete, das theilweise an das Königreich Württemberg grenzt. Die Bevölkerung dort vermehrte sich 1825 bis 1885 nur etwa in demselben Verhältnisse wie im Königreich Württemberg (100 zu 132,57) und Hannover (100 zu 132,65), nämlich im Verhältnisse von 100 zu 132,88 (1825: 1 405 885, 1885: 1 868 105).

Am meisten wuchs die Bevölkerung in jenem dritten Gebiet. Und doch wurde auch die auf dieses Gebiet bezügliche Steigerungsziffer von jener in allen preussischen Provinzen (Hannover ausgenommen) übertroffen.

	1825		1885	
Zwickau	443 370	Civil- u. Militär-Einw.	1 190 849	Civil- u. Militär-Einw.
Leipzig	303 851	» » »	774 036	» » »
Dresden	343 700	» » »	860 558	» » »
Bautzen	238 867	» » »	356 560	» » ».

Es wurden nämlich in Oberbayern, Niederbayern, Oberpfalz
und Schwaben zusammen gezählt [1]):
1825: 2 031 193 Einw., 1885: 2 855 719 Einw.,
d. h. die Bevölkerung wuchs dort im Verhältnisse von 100 zu
140,59, dagegen selbst in Posen und Ostpreussen, wie wir sahen,
im Verhältniss wie von 163,45 resp. 168,56. —
Was die kleineren deutschen Gebiete betrifft, so übertrafen
Gesammtpreussen an Bevölkerungszunahme, wie leicht erklärlich,
die im wesentlichen städtischen Gebiete von Hamburg und
Bremen, wogegen Lübeck hinter Preussen zurückstand.
Denn es wurden gezählt [2]) in

	1825	1885	also Bevölkerungszunahme im Verh. wie von 100 zu
Hamburg	171 297	518 620	302,76 (!)
Bremen	56 332	165 628	294,02
Lübeck	38 363	67 658	176,36

Sehen wir aber ab von diesen Gebieten, die als wesentlich
städtischen Charakters natürlich weder mit dem ganzen
preussischen Staate, noch mit seinen einzelnen Provinzen und Bezirken
sondern höchstens etwa mit einzelnen preussischen Städten wie
z. B. Berlin verglichen werden können (wo die Bevölkerung übrigens
noch stärker zunahm, nämlich im Verhältniss von 100 zu 634,39),
und fassen allein den dann noch verbleibenden Rest deutscher
Staatsgebiete ins Auge, so gelangen wir, indem wir zur Erleichterung
der Uebersicht neben den besonders zu betrachtenden mittleren
Staatsgebieten die acht thüringischen Staaten und andererseits die westphälischen Gebiete Waldeck, Lippe und
Schaumburg-Lippe in zwei Gruppen zusammenfassen, zu folgenden
Resultaten:

Gross war die Bevölkerungszunahme namentlich in den Herzog-
thümern Anhalt und Braunschweig, sowie im Durchschnitte
jener thüringischen Gebiete. Es wurden nämlich ermittelt
(Civil- und Militärbevölkerung) [3]):

---

1) Vergl. S. 7 Anm. 1.
2) Vergl. S. 7 Anm. 1.
3) Vergl. S. 7 Anm. 1.

	1825	1885	also Zun. d. Bew. im Verh. v. 100 zu
1. in Anhalt	131 607 M.	248 166 M.	188,57
2. in Braunslhweig	237 966 M.	372 452 M.	156,47
3. in den 8 thüringschen Staaten (Sachsen - Weimar, S. - Meiningen, S. - Coburg - Gotha, S.-Altenburg, Schwarzburg-Sondershausen, Schw. - Rudolstadt, Reuss j. u. ält. Linie)	766 150 »	1 213 063 »	156,29

Und doch standen die beiden letzteren Gebiete (2. und 3.) an Wachsthum nicht nur hinter Preussen in seiner Gesammtheit (100 zu 191,20 resp. von 100 zu 178,92), sondern auch hinter jeder einzelnen der sog. alten preussischen Provinzen, selbst hinter den bei weitem meisten Regierungsbezirken zurück. Eine Ausnahme machten nur die Bezirke Koblenz (100 zu 155,00), Erfurt (100 zu 154,84), Posen (100 zu 154,81), Stralsund (100 zu 145,78), Liegnitz (100 zu 140,35), Minden (100 zu 139,48) und Münster (100 zu 129,04).

Anders allerdings in Anhalt.

Dieses Herzogthum, das bez. der Bevölkerungszahl etwa mit dem kleinsten preussischen Regierungsbezirke Stralsund verglichen werden kann (1885 lebten dort 207 464, in Anhalt ca. 248 000 Seelen), hatte eine Bevölkerungszunahme, die an die durchschnittliche von Preussen im alten Umfange nahe heranreicht, und was die Theile Preussens betrifft, nur noch von der Bevölkerungszunahme in den Bezirken Arnsberg, Düsseldorf, Oppeln, Cöln, Potsdam, Trier, Marienwerder und Cöslin (100 zu 188,99) übertroffen wurde (vgl. oben S. 6).

Viel langsamer folgten sodann Oldenburg, die beiden Mecklenburg und endlich jene Gruppe Waldeck, Lippe und Schaumburg-Lippe. Die Grösse der Bevölkerung war nämlich[1]) in

	1825	1885	also Zuw. d. Bew. im Verh. v. 100 zu
4. Mecklenburg-Schwerin	417 871 Seelen	575 152 Seelen	137,64
5. Oldenburg	255 292 »	341 525 »	133,78
6. Waldeck, Lippe etc.	172 071 »	216 991 »	126,11
7. Mecklenburg-Strelitz	79 967 »	98 371 »	123,01.

1) Vergl. S. 7 Anmerkung 1.

Und somit nähert sich die Bevölkerungszunahme in M.-Schwerin (100 zu 137,64) — wenn sie auch erheblich geringer als in der angrenzenden Provinz Pommern im Durchschnitt (100 zu 179,26) und besonders als in dem angrenzenden Regierungsbezirk Stettin (100 zu 184,04) war — doch etwa der Bevölkerungszunahme des Regierungsbezirks Stralsund (100 zu 145,78) und war grösser als in Hannover (100 zu 132,65), insbesondere in dem zunächst gelegenen Landdrosteibezirke Lüneburg (100 zu 132,57.)

Dagegen war in Oldenburg (100 zu 133,78) die Bevölkerungszunahme etwa gleich gross wie in der Provinz Hannover (100 zu 132,65) und im Königreich Württemberg (100 zu 132,57) und erheblich grösser als in der südlich angrenzenden Landdrostei Osnabrück, dessen Bevölkerung 1825—85 nur in einem Verhältniss von 100 zu 110,72 zunahm (vgl. S. 7).

Schliesslich blieb hinter Waldeck, Lippe etc. und hinter M.-Strelitz von den kleineren Gebieten Hohenzollern (100 zu 115,31), von grösseren Elsass-Lothringen (100 zu 113,73) zurück, ähnlich übrigens innerhalb Hannovers einzelne Landdrosteien : Hildesheim mit einer Bevölkerungssteigerung im Verhältniss von 100 zu 120,06 und Osnabrück mit einer solchen im Verhältniss von 100 zu 110,72.

In der Gesammtheit desjenigen Gebietes aber, welches heute das deutsche Reich umfasst, stieg die Bevölkerung in der Zeit von 1825 bis 1885 von 28 111 269 auf 46 855 704 Civil- und Militäreinwohner, d. h. im Verhältniss von 100 zu 168,68, d. h. — wie nach dem Gesagten leicht erklärlich — immerhin erheblich geringer als in Preussen alten und neuen Umfanges (100 zu 191,20 resp. 100 zu 178,92).

IV.

Vergleichen wir die Bevölkerungszunahme Preussens endlich mit der Zunahme in ausserdeutschen Staaten Europas, so scheinen nur Griechenland und einige vorzugsweise slavische und germanische Gebiete Preussen voranzustehen.

Für Griechenland sind die bez. Zahlen allerdings wenig verlässlich. Indessen ist nach in neuester Zeit von Roscher und Jannasch versuchten Feststellungen (»Colonien, Colonialpolitik und Auswanderung 3. Aufl. S. 398) anzunehmen, dass im jetzigen Umfange des Königreiches Griechenland im Jahre 1820 etwa

/

675 600 Seelen lebten, während die Zählung von 1880 1 829 716 Seelen ergab, wonach also in diesen 60 Jahren eine Steigerung im Verhältniss von 100 zu 270,81 oder nach der Formel

$$Z = 100\left(\sqrt[n]{\frac{p_1}{p}} - 1\right)$$ berechnet, durchschnittlich von jährlich 1,67 %

anzunehmen wäre [1]).

Aehnlich gross scheint aber auch das Wachsthum in den vorzugsweise slavischen Ländern Serbien, Russland und Polen gewesen zu sein.

In Serbien hat nämlich in den 46 Jahren von 1834—80 anscheinend eine Steigerung der Bevölkerung von 100 zu 204,51 (oder jährlich von 1,57 % nach jener Formel) und in Russland mit Polen und Finnland in den 53 Jahren von 1829—82 eine solche im Verhältniss von 100 zu 190,92 (oder jährlich um 1,23 % n. j. F.) stattgefunden und zwar in Russland ohne Polen und Finnland eine Vermehrung im Verhältniss von 100 zu 192,34 (oder jährlich um 1,24 % n. j. F.), dagegen im Czarthum Polen, sog. Congresspolen, in den 54 Jahren von 1828—82 eine Steigerung wie von 100 zu 181,43 (oder jährlich um 1,11 % n. j. F.).

Nach der Annahme von Bodio [2]) und Brachelli [3]) bewohnten nämlich Serbien (im Gebietsumfange vor dem russisch-türkischen Kriege)

im Jahre 1834: ca. 684 000 Menschen

dagegen » » 1880: ca. 1 399 000 ».

Und nach den Angaben von Schubert [4]), dessen Untersuchungen, soweit es das vorhandene Material gestattete, jedenfalls als besonders gründlich bezeichnet werden dürfen, lebten

---

1) Wie wenig verlässlich die Zahlen von Griechenland sind, lässt sich aus den Ausführungen über die Geburten und Sterbefälle Griechenlands ersehen Der Ueberschuss der Geburten über die Todesfälle beträgt nämlich in Griechenland anscheinend 0,75—1 %. Es müssten also 0,75 –0,90 %, nach Griechenland eingewandert sein — das ist aber kaum vorauszusetzen. (Näheres hierüber siehe in den folgenden Theilen dieser Arbeit.)

2) Vergl. »Movimento dello stato civile«. Confronti internazionali. Roma 1884 S. 376 ff.

3) Vergl. »Die Staaten Europas« 1884, Brünn, S. 62 und »Statistische Skizze der europäischen und amerikanischen Staaten« Leipzig 1887 II. Theil.

4) Vergl. »Handbuch der allgemeinen Staatskunde von Europa« 1835 I. Band, 1. Theil S. 130 (Russland), und S. 146 (Polen).

in Russland ohne Polen u. Finnland im Jahre 1829: ca. 40 500 000 S.,

> » mit » » » » » 1829: ca. 45 800 000 »

und im Czarthum Polen (Congresspolen)» » 1828: ca. 4 100 000 »,

Dagegen zählte man 1882 [1])

im europ. Russland (ohne Polen u. Finnland) ca. 77 880 000 M.

> » » (mit » » ») ca. 87 440 000 »

und im Czarthum Polen (Congresspolen) ca. 7 417 000 ».

Speciell das Grossfürstenthum Finnland mit seiner vorzugsweise finnischen (kurelischen) Bevölkerung hatte in den 64 Jahren von 1820 bis 1884 eine geringere Bevölkerungssteigerung als Russland, nämlich nur eine solche im Verhältniss von 100 zu 184,72, also jährlich (nach jener Formel berechnet) nur von 0,96 %.

Es lebten dort nämlich nach Brachelli a. a. O. und Bodio a. a. O. 1820: ca. 1 178 000 Seelen und 1884 [1]): ca. 2 176 000 Seelen.

Jedenfalls war dort die Bevölkerungssteigerung also auch bedeutend geringer als im Königreiche Preussen, während die erwähnten slavischen Länder Preussen in dieser Beziehung anscheinend voranstanden.

Dasselbe gilt dann aber auch von einigen anderen nicht deutschen Gebieten.

So wurden in Norwegen [8]) ermittelt:

1815: 886 374 Einwohner,

dagegen 1880: 1 913 500 ».

Die Bevölkerung steigerte sich in diesen 65 Jahren dort also etwa in demselben Maasse wie in Russland, genauer wie von 100 zu 216,00 oder jährlich um 1,19 % (n. j. F.)

Und ähnlich stand es in Grossbrittannien (England, Wales und Schottland). Dort wurden gezählt:

1821 [4]): 14 091 757 Menschen,

dagegen 1881 [5]): 29 710 012 » , wonach sich die

---

1) Vergl. A. Suworins Kalender (russisch). Auszüge aus demselben auch in dem Gothaischen Hofkalender, und Brachelli (1887) a. a. O.

2) Vergl. Anmerkung 1.

3) Vergl. Roscher und Jannasch a. a. O. Auch Bodio a. a. O.

4) Vergl. »General Report etc.« Vol. IV 1871, auch Aufsatz von Price Williams in dem »Journal of the statistical society in London« 1880: on the increase of population in England and Wales« Band 43 (Septemberheft), sowie Bodio und Brachelli a. a. O. und Kolb: »Handbuch der Statistik« 1875, 7. Aufl S. 393.

5) Vergl. »Journal of the statist. society in London« (1886) Decemberheft,

Bevölkerung also in diesen 60 Jahren ebenfalls mehr als verdoppelt, genauer wie von 100 zu 210,83 oder jährlich um 1,25 % (nach jener Formel) zugenommen hat.

Ganz anders gestalten sich diese Dinge freilich, wenn wir jener Bevölkerung noch diejenige Irlands hinzurechnen. Aus oft erörterten Gründen ist diese nämlich seit den 40er Jahren überhaupt nicht fortgeschritten, sondern sogar stetig zurückgegangen. Sie umschloss [1]):

im Jahre 1821: 6 801 827 Köpfe

» » 1831: 7 767 401 »

» » 1841: 8 175 124 »

sank dann aber der Art, dass bei jeder neuen Zählung immer weniger Köpfe ermittelt wurden, nämlich

1851: 6 552 385

1861: 5 798 967

1871: 5 412 377

1881: 5 174 836.

Bei einer Mitberücksichtigung dieser Zahlen ergibt sich nun für das europäische England überhaupt eine geringere Bevölkerungszunahme, als für Preussen, nämlich nur eine Zunahme im Verhältniss von 100 zu 165,67 oder jährlich 0,84 % (n. j. F).

Was sodann die anderen Länder zunächst germanischer Bevölkerung betrifft, so hatte Dänemark in seinem jetzigen Umfange (ohne Schleswig-Holstein und ohne die Nebenländer Island etc.) in den Jahren 1820 bis 1883 und Schweden in den Jahren 1820 bis 1885 eine der preussischen Verhältnisszahl ähnliche Steigerungsziffer, nämlich eine solche von 100 zu 186,57 resp. 100 zu 181,17 oder jährlich 1,00 % resp. 0,92 % (n. j. F.).

Denn nach den Feststellungen von Bodio und Brachelli a. a. O. lebten

in Dänemark	in Schweden
1820 : ca. 1 087 000 Menschen	1820 2 584 690 Menschen
dagegen 1880 : ca. 2 028 000 »	1885 [2]) 4 682 769 »

Band 49, S. 760, auch Bodio und »Gothaischer Hofkalender« (1887). Behm und Wagner in Petermanns Mittheilungen, Ergänzungsheft 15 — 1881—82, sowie Brachelli a. a. O. geben das vorläufige Ergebniss der Zählung von England, Wales und Schottland an (1881: 29 702 656), wie dieselbe Zählung auch im Journal of etc. 1881 Juniheft S. 411 mitgetheilt ist.

1) Vergl. Anmerkung 4 und 5 auf voriger Seite.

2) Vergl. »Gothaischer Hofkalender« und Brachelli (1887) a. a. O.

Geringer als diese Bevölkerungszunahme aber war jene von Holland und Oesterreich[1]).

In Holland belief sie sich in den 54 Jahren von 1829 bis 1883 auf 61,66 (jährlich 0,89 % nach jener Formel), in Oesterreich aber in den 65 Jahren von 1820 bis 1885 auf 62,18 % (oder jährlich auf 0,75 % n. j. F.).

Die bez. absoluten Zahlen waren nämlich

in Holland[2])	in Oesterreich[3])
1829: 2 613 487	1820: 14 200 000
1883: 4 225 065	1885: 23 030 000.

Gering war dann auch die Zunahme in den Ländern mit gemischter romanischer und germanischer Bevölkerung: Schweiz und Belgien.

In Belgien wuchs die Bevölkerung in den 54 Jahren von 1831 bis 1885 um 54,61 % (oder jährlich um 0,81 % n. j. F.) und in der Schweiz in den 48 Jahren von 1837—85 um 33,49 % (oder jährlich um 0,60% n. j. F.), denn die Einwohnerzahlen betrugen

in Belgien[4])	in der Schweiz[5])
1831: 3 785 810	1837: 2 190 258
1885: 5 853 278	1885: 2 923 678.

Und endlich standen die Staaten mit vorzugsweise romanischer Bevölkerung sämmtlich hinter Preussen wie hinter Deutschland überhaupt weit zurück.

Es wurden nämlich ermittelt:

in Portugal (ohne Azoren u. Madeira 1835[6]): 3 062 000 1881[7]): 4 307 000

---

1) Wir berücksichtigen hier nur das Cisleithanische Oesterreich. Was Ungarn betrifft, so hat seine Bevölkerung unter den europäischen Staaten mit Ausnahme von jener Frankreichs am geringsten zugenommen, nämlich — in dem Zeitraum von 1820—85 — nur um 28,88 %, oder jährlich um 0,41 % n. j. F. Denn es lebten dort nach Brachelli a. a. O.

1820: 12 880 000 Menschen,
dagegen 1885: c. 16 600 000 ».

2) Vergl. für 1829 Bodio und Brachelli a. a. O., für 1883 Bodio a. a. O.

3) Vergl. für 1820 Brachelli a. a. O., für 1885 Gothaischer Hofkalender a. a. O. und Brachelli 1887 a. a. O.

4) Vergl. Bodio, Brachelli und Gothaischer Hofkalender a. a. O.

5) Vergl. Bodio, Brachelli und Gothaischer Hofkalender a. a. O.

6) Vergl. für 1835 Bodio und Brachelli a. a. O.

7) Vergl. »Diario do governo« N. 188 von 1883. Auszüge im Gothaischen Hofkalender a. a. O.

in Italien 1818 [1]): 18 492 503 1885 [2]): 29 699 785

» Spanien 1822 [3]): 11 660 000 1884 [4]): 17 270 000

in Frankreich (I) mit Elsass-
Lothringen, ohne Sa-
voyen und Nizza 1821 [5]): 30 462 000 1881: ca. 38 470 000

in Frankreich (II) ohne Elsass-Lothringen, mit Sav.

und Nizza) [6]) 1821: 29 870 000 1881: ca. 37 670 000

so dass die Steigerung betrug

in Portugal (46 Jahre): 40,66 % (jährlich 0,74 % n. j. Formel)

» Italien (67 »): 60,60 » (» 0,71 » » » »)

» Spanien (62 »): 48,11 » (» 0,63 » » » »)

in Frankreich (I): (60 Jahre): 26,30 % (jährlich 0,39 % n. j. Formel)

» Frankreich (II): (60 »): 23,11 » (» 0,39 » » » »)

(ohne Elsass-Lothringen, mit Savoyen und Nizza)

Ordnen wir zum Schlusse alle hier betrachteten Staaten nach
der Grösse der Bevölkerungsvermehrung in den der Betrachtung
hier zu Grunde gelegten Zeiträumen zusammen, so ergab sich nach
der oft citirten Formel berechnet eine grössere Bevölkerungszunahme als in Preussen (alten Umfangs) mit 1,09 % jährlich:

Innerhalb Deutschlands	Ausserhalb Deutschlands	
1. (In Hamburg mit 1,86 % jährlich)	1. In Griechenland	mit 1,67 % jährlich
2. (» Bremen » 1,81 » »)	2. » Serbien	» 1,57 » »
3. » Sachsen » 1,47 » »	3. » England, Wales u.	
	Schottland	» 1,25 » »
	4. » Russland (ohne Po-	
	len u. Finnland)	» 1,24 » »

---

1) Vergl. Bodio a. a. O.

2) Vergl. »Movimento dello Stato civile« Roma 1886, auch Gothaischer
Hofkalender a. a. O.

3) Vergl. Bodio und Brachelli a. a. O.

4) Vergl. Gothaischer Hofkalender a. a. O. Der Redaction mitgetheilt
durch Seine Excellenz den Herrn General Iliänez, Generaldirector des geograph.
statist. Amtes.

5) Vergl. »Statistique de la France« Paris 1837 S. 214 und »Annuaire
Statistique de la France« Paris 1883 S. 46. Ebenso Bodio und Kolb a. a. O.
Etwas abweichende Angaben bei Brachelli a. a. O. (29,72 Mill.).

6) Vom Verf. berechnet. Vergl. auch Annuaire etc. S. 13, Schubert a. a. O.
und Roon, Völker und Staaten der Erde. 1845. III.

Ausserhalb Deutschlands:
5. » Russland (mit Po-
len u. Finnland) » 1,23 °/o »
6. » Norwegen » 1,19 » »
7. » Congresspolen » 1,11 » »

Dagegen standen hinter Preussen (mit jährlich 1,09 °/o) zurück:

Innerhalb Deutschlands					Ausserhalb Deutschlands:			
1. Anhalt	mit 1,06 °/o jährlich				1. Dänemark	mit 1,00 °/o jährlich		
2. Preussen neueren					2. Finnland	» 0,96 »	»
Umfangs (1866)	»	0,97 »	»		3. Schweden	» 0,92 »	»
3. (Lübeck	»	0,95 »	»	)	4. Holland	» 0,89 »	»
4. Deutschland überh.					5. Grossbritannien u.		
im jetzigen Umf.	»	0,87 »	»		Irland	» 0,84 »	»
5. Braunschweig	»	0,75 »	»		6. Belgien	» 0,81 »	»
6. Thüringen	»	0,71 »	»		7. Oestereich	» 0,75 »	»
7. Hessen	»	0,61 »	»		7. Portugal	» 0,74 »	»
8. Baden	»	0,58 »	»		9. Italien	» 0,71 »	»
9. Bayern	»	0,56 »	»		10. Spanien	» 0,63 »	»
10. Mecklenburg-					11. Schweiz	» 0,60 »	»
Schwerin	»	0,53 »	»		12. Ungarn	» 0,41 »	»
11. Oldenburg	»	0,49 »	»		13. Frankreich (I)	» 0,39 »	»
12. Württemberg	»	0,47 »	»		14. Frankreich (II)	» 0,39 »	»
13. Waldeck, Lippe u.							
Schaumburg-Lippe	»	0,39 »	»				
14. Meckl.-Strelitz	»	0,35 »	»				
15. Elsass-Lothringen	»	0,21 »	»				

Dass diese Zahlen nur mit Vorsicht zu gebrauchen sind, ergibt sich schon aus dem Gesagten. Einmal waren die Ergebnisse früherer Zählungen in vielen Staaten sehr ungenau, sodann konnten nach dem vorhandenen statistischen Material die hier ins Auge gefassten Zeitrechnungen nicht durchweg die gleichen Jahre umfassen und endlich war es unmöglich, die Scheidung von Militär- und Civilbevölkerung so durchzuführen, wie für Preussen.

Immerhin zeigen jene Zahlen die besonders grosse Bevölkerungs- zunahme Preussens im Vergleiche zu dem etwa gleichzeitigen Be- völkerungswachsthum in den meisten anderen deutschen und nicht deutschen Staaten.

Zweites Kapitel.

Die sog. factische Bevölkerungszunahme in der preussischen Monarchie und ihren Theilen in den drei Perioden 1825—49, 1849—67 und 1867—85.

Um zur Betrachtung kleinerer Zeiträume überzugehen, zerlegen wir die bisher betrachtete Periode von 1825 bis 1885 zunächst in folgende drei Hauptabschnitte:

A: einen älteren von 1825 bis 1849,
B: einen mittleren von 1849 bis 1867 und
C: einen neueren von 1867 bis 1885.

I.

In den alten Provinzen Preussens zeigte die ältere Zeit die grösste Bevölkerungssteigerung, die mittlere eine geringere und die neue endlich die geringste. Es ergab dort nämlich die Zählung von

$$\left.\begin{array}{l} 1825: \; 12\,075\,657 \\ 1849: \; 16\,081\,821 \\ 1867: \; 19\,368\,326 \\ 1885: \; 23\,088\,178 \end{array}\right\} \begin{array}{l} \text{Civileinwohner (in dem in der} \\ \text{Einleitung erörterten Sinne).} \end{array}$$

Und somit wuchs die Bevölkerung in den alten Provinzen Preussens (ohne Hohenzollern)

von 1825 bis 1849 um 33,18 % (jährlich um 1,20 % n. j. F.)
» 1849 » 1867 » 20,44 » (» » 1,04 » » » »)
» 1867 » 1885 » 19,21 » (» » 0,98 » » » »).

Diese Erscheinung einer Abnahme des Bevölkerungswachsthums zeigt sich aber nicht in allen drei oben unterschiedenen Gruppen von Provinzen, sondern nur in den östlichen und mittleren, während sich in der westlichen Gruppe gerade in neuester Zeit eine besonders starke Bevölkerungszunahme vollzog.

Es wurde nämlich gezählt:

in den	1825	1849	1867	1885
östlichen Provinzen	5 201 815	6 823 020	8 129 996	9 100 467
mittleren »				
(ohne Berlin)	3 405 281	4 622 322	5 444 011	6 196 426
westlichen Provinzen	3 264 893	4 235 325	5 111 967	6 499 238

Und die Steigerung betrug demnach

	1825 −49		1849−67		1867−85	
in den	(überh.)	jährl.	(überh.)	jährl.	(überh.)	·jährl.
östlichen Provinzen	(31,17)	1,14	(19,15)	0,98	(11,94)	0,63
mittleren »						
(ohne Berlin)	(35,74)	1,28	(17,78)	0,91	(13,82)	0,72
westlichen Provinzen	(29,72)	1,09	(20,70)	1,06	(27,14)	1,34

Jener für den Osten und das Centrum der preussischen Monarchie constatierte Entwickelungsgang lässt sich aber auch für jede der betreffenden Provinzen mit Ausnahme allein von Ostpreussen und Sachsen nachweisen.

Die Zählungen ergaben nämlich

in	1825	1849	1867	1885
Westpreussen	737 361	1 010 536	1 268 032	1 389 925
Posen	1 031 925	1 333 713	1 519 191	1 696 639
Schlesien	2 280 621	3 028 738	3 547 705	4 072 266
Pommern	829 942	1 184 935	1 426 430	1 487 762
Brandenburg (ohne				
Berlin)	1 233 252	1 682 620	1 981 162	2 305 366,

so dass also die Bevölkerung wuchs

	1825−49		1849−67		1867−85	
in	(überh.)	jährl.	(überh.)	jährl.	(überh.)	jährl.
Westpreussen	(37,05 %)	1,32 %	(25,48 %)	1,27	(9,61 %)	0,51
Posen	(29,25 »)	1,07 »	(13,91 »)	0,73	(11,68 »)	0,62
Schlesien	(32,80 »)	1,19 »	(17,13 »)	0,88	(14,79 »)	0,77
Pommern	(42,77 »)	1,49 »	(20,38 »)	1,04	(4,30 »)	0,23
Brandenburg						
(ohne Berlin)	(36,44 »)	1,30 »	(17,74 »)	0,91	(16,36 »)	0,85

Anders nur in Ostpreussen und Sachsen. Zwar fällt in Ostpreussen ebenfalls die kleinste Zunahme auf die neueste Zeit (1867—85), doch die grösste in die mittlere (1849—67), während in Sachsen umgekehrt gerade in dieser mittleren Zeit die Zunahme am geringsten war.

Man zählte nämlich

in	1825	1849	1867	1885
Ostpreussen	1 151 908	1 450 033	1 795 068	1 941 637
Sachsen	1 342 087	1 754 767	2 036 419	2 403 298,

d. h. die Bevölkerung stieg

	1825—49 (überh.) jährl.	1849—67 (überh.) jährl.	1867 85 (überh.) jährl.
in	um	um	um
Ostpreussen	(25,88"/o) 0,97⁰/o	(23,79⁰/o) 1,06⁰/o	(8,16⁰/⁰) 0,44"/⁰
Sachsen	(30,75 ») 1,12 »	(16,05 ») 0,83 »	(18,02 ») 0,98 » .

Aehnlich wie in Sachsen war die Bevölkerungsentwickelung nun aber auch in beiden westlichen Provinzen: am geringsten in der mittleren Zeit (1849—67), und bedeutend grösser in der neuesten, sodass das Wachsthum in dieser Zeit sogar stärker war, als in der ersten Periode, was für Sachsen nicht zutrifft.

Im Gesammtgebiet jener Provinzen zählte man

in	1825	1849	1867	1885
Westphalen	1 176 910	1 456 413	1 695 995	2 193 423
Rheinland	2 087 983	2 778 912	3 415 972	4 305 815.

Die Bevölkerung vermehrte sich dort also

	1825—49 (überh.) jährl.	1849—67 (überh.) jährl.	1867—85 (überh.) jährl.
in	um	um	um
Westphalen	(23,75"/o) 0,89"/o	(16,45⁰/o) 0,85"/o	(29,33"/o) 1,44⁰/o
Rheinland	(33,09 ») 1,20 »	(22,92 ») 1,16 »	(26,05 ») 1,22 » .

II.

Was die einzelnen Regierungsbezirke betrifft, so folgten jener im Osten und Centrum vorherrschenden Entwickelung: stetiger Abnahme der Bevölkerungsvermehrung innerhalb des östlichen Gebietes die Regierungsbezirke Oppeln, Breslau, Bromberg, Marienwerder und Liegnitz, die folgende Steigerungsziffer aufweisen[1]):

---

1) Die absoluten Zahlen vergl. in den Anlagen.

in	1825—49 (überh.) jährl.	1849—1867 (überh.) jährl.	1867—1885 (überh.) jährl.
Oppeln	$(47,67^n/0)$ $1,64^0/0$	$(28,43^n/0)$ $1,40^0/0$	$(20,99^n/0)$ $1,07^0/0$
Breslau	$(28,40$ » $)$ $1,05$ »	$(16,41$ » $)$ $0,85$ »	$(15,71$ » $)$ $0,81$ »
Bromberg	$(37,80$ » $)$ $1,34$ »	$(21,79$ » $)$ $1,10$ »	$(10,38$ » $)$ $0,55$ »
Marienwerder [1]	$(43,44''/0)$ $1,51^0/0$	$(24,29^{0.}/0)$ $1,22^n/0$	$(7,63^0/0)$ $0,41^0/0$
Liegnitz	$(25,06$ » $)$ $0,94$ »	$(6,23$ » $)$ $0,34$ »	$(5,64$ » $)$ $0,30$ ~ [2],

und innerhalb des Centrums: Frankfurt und die drei pommerischen
Bezirke: Stettin, Cöslin und Stralsund, von denen der Bezirk
Stralsund sogar ähnlich wie M.-Strelitz und Elsass-Lothringen
(vergl. unten) in der neuesten Zeit (1867—1885) eine nicht unerhebliche Abnahme der Bevölkerung aufzuweisen hatte.

Es wuchs nämlich die Bevölkerung:

im Reg.-Bezirk	1825—49 (überh.) jährl. um		1849—67 (überh.) jährl. um		1867—85 (überh.) jährl. um	
Frankfurt	$(34,45^n/0)$	$1,24^0/0$	$(18,28^0/0)$	$0,94^0/0$	$(9,40^0/0)$	$0,50^0/0$
Stettin [3]	$(42,47^u/0)$	$1,49''/''$	$(19,65^0/0)$	$1,00^0/0$	$(7,66''/0)$	$0,41^0/0$
Cöslin	$(49,30$ » $)$	$1,68$ »	$(23,54$ » $)$	$1,18$ »	$(2,47$ » $)$	$0,14$ »
Stralsund [4]	$(29,90^0/0)$	$1,10^0/0$	$(14,97^0/0)$	$0,78^0/0$	$(—2,39^0/0)$	$—0,13^u/0$

1) Innerhalb des Regierungsbezirks Marienwerder hat die Bevölkerung in
den sehr fruchtbaren Kreisen der oberen Weichselniederung: Stuhm, Marienwerder und Rosenberg 1867—85 sogar abgenommen. Die Bevölkerung wuchs
dort nämlich so

1825—49	1849—67	1867—85
um 38,40%	um 17,99%	um — 3,05% (!).

In den übrigen Kreisen aber nahm der Steigerungssatz der Bevölkerung
folgendermassen ab:

		1825—49	1849—67	1867—85
Löbau, Strassburg	(70—80% Polen)	$42,29^0/0$	$27,02^0/0$	$9,19^0/0$
Thorn, Culm, Graudenz	(40—50 » »)	$38,02$ »	$22,04$ »	$17,53$ »
Schwetz, Konitz	(40—50 » »)	$49,24$ »	$30,15$ »	$11,19$ »
Flatow, Schlochau, D. Krone	o » »)	$48,03$ »	$26,51$ »	$5,60$ ».

2) Die Reihenfolge der Regierungsbezirke blieb hierbei etwa dieselbe:
Oppeln z. B. stand 1867—85 mit 20,99% ebenso voran, wie 1825—49 mit
47,67 %. Und den Schluss bildete Liegnitz ebenso 1867—85 mit 5,64%, wie
1825—49 mit 25,06%.

3) Innerhalb des Regierungsbezirkes Stettin war besonders gross die Abnahme des Steigerungssatzes der Bevölkerung in den Kreisen Anklam und
Demmin, ja 1867—85 nahm die Bevölkerung dort sogar ab. Sie stieg nämlich
1825—49 um 44,46 %, 1849—67 um 2,07 %, und 1867—85 um —2,15%.

4) Im Regierungsbezirk Stralsund hatten alle Kreise, ausgenommen Greifs-
wald, in der neuesten Zeit abgenommen, nämlich

Und endlich begegnen wir im Westeń der preussischen Monarchie derselben Erscheinung stetiger Abnahme des Bevölkerungszuwachses im vorzugsweise landwirthschaftlichen Regierungsbezirke Trier (Rheinprovinz), wo die Bevölkerung wuchs 1825—49 um 41,90%, d. h. jährlich durchschnittlich 1,47%

1849—67 » 17,30», » » » 0,89 »

1867—85 » 17,01», » » » 0,88 ».

In den übrigen (15) Regierungsbezirken Preussens zeigte die Bevölkerung theils in der mittleren Zeit (1849—67), theils in der neuesten Zeit (1867—85) eine besonders starke Zunahme. Und zwar trat letztere Erscheinung vorzugsweise in den industriereichen westlichen Bezirken zn Tage, wo die Bevölkerungszunahme der letzteren Periode vielfach sogar grösser war, als in der ersten (1825—49). Letzteres traf insbesondere zu

in dem	1825—49		1849—67		1867—85	
Reg.-Bezirke	(überh.)	jährl.	(überh.)	jährl.	(überh.)	jährl.
Arnsberg [1]	(35,23%)	1,27%	(36,50%)	1,74%	(50,50%)	2,30%
Düsseldorf	(37,93 »)	1,35 »	(37,13 »)	1,77 »	(41,28 »)	1,94 »
Cöln	(34,28%)	1,23%	(20,13%)	1,03%	(26,67%)	1,32%
Münster	(10,02 »)	0,40 »	(4,09 »)	0,22 »	(12,68 »)	0,53 » [2].

	1825-49	1849-67	1867-85
Grimmen	um 34,95 %	um 8,02 %	um —4,59 %
Rügen	» 24,73 »	» 13,59 »	» —4,53 »
Franzburg	» 25,19 »	» 20,33 »	» —3,92 ».

1) An dieser Stelle können wir nicht umhin, auch einzelner Kreisgruppen des Bezirkes Arnsberg zu gedenken. Wir sehen da nämlich, dass nur die hochindustriellen Kreise Bochum, Dortmund, Hagen und Iserlohn eine stete Zunahme des Bevölkerungszuwachses ergaben, dagegen fand in den übrigen Kreisgruppen desselben Bezirkes eine erhebliche Verschiebung der Zunahmesätze bez. ihrer Reihenfolge statt, sodass wir z. B. in dem mehr ländlichen Gebiet der Kreise Soest und Wittgenstein auf eine Wiederholung der allgemeinen Erscheinung stetiger Abnahme des Bevölkerungswachsthums stossen.

Es nahm nämlich die Bevölkerung zu in:

	1825-49		1849-67		1867-85	
	überh.	jährl.	überh.	jährl.	überh.	jährl.
	um		um		um	
Bochum, Dortmund, Hagen, Iserlon	50,71%	1,72%	71,35%	3,04%	84,65%	3,44%
Altena, Siegen	34,54 »	1,24 »	24,47 »	1,22 »	37,29 »	1,78 »
Hamm, Lippstadt	26,82 »	1,00 »	21,64 »	1,10 »	17,87 »	0,92 »
Arnsberg, Brilon, Meschede, Olpe	23,96 »	0,90 »	8,57 »	0,46 »	11,99 »	0,63 »
Soest, Wittgenstein	23,92 »	0,90 »	5,81 »	0,31 »	2,76 »	0,15 » .

2) Die Stadt Berlin hatte, wie leicht erklärlich, in der neuesten Zeit

Nicht grösser als in der ersten, wohl aber grösser als in der mittleren Periode war die Bevölkerungszunahme der neuesten Zeit aber auch in Koblenz und Minden und ausserdem in den Regierungsbezirken Potsdam, Merseburg, Erfurt und Posen. Es vermehrte sich nämlich die Bevölkerung

Reg.-Bezirke	1825—49 (überh.) jährl.		1849—67 (überh.) jährl.		1867—85 (überh.) jährl.	
	um		um		um	
Koblenz	$(26,21\%)$	$0,97\%$	$(10,38\%)$	$0,55\%$	$(11,26\%)$	$0,59\%$
Minden	$(27,58 »)$	$1,02 »$	$(2,48 »)$	$0,14 »$	$(9,25 »)$	$0,49 »$
Potsdam	$(38,55 »)$	$1,37 »$	$(17,19 »)$	$0,89 „$	$(23,61 »)$	$1,18 »$
Merseburg	$(31,36\%)$	$1,14\%$	$(16,31\%)$	$0,84\%$	$(19,43\%)$	$0,99 »$
Erfurt	$(29,47 »)$	$1,08 »$	$(6,67 »)$	$0,36 »$	$(12,12 »)$	$0,64 »$
Posen	$(25,30 »)$	$0,94 »$	$(9,91 »)$	$0,53 »$	$(12,41 »)$	$0,65 »$.

Dagegen zeigte sich ein besonders starker Bevölkerungszuwachs gerade in der mittleren Periode in den meisten Regierungsbezirken der früheren Provinz Preussen und daneben auch in den Bezirken Magdeburg und Aachen, wo sich die Zunahme so gestaltete:

in	1825—49 (überh.) jährl.		1849—67 (überh.) jährl.		1867—85 (überh.) jährl.	
Königsberg	$(24,52\%)$	$0,92\%$	$(25,60\%)$	$1,27\%$	$(10,09\%)$	$0,53\%$
Gumbinnen	$(27,79 »)$	$1,03 »$	$(21,32 »)$	$1,08 »$	$(5,44 »)$	$0,30 »$
Danzig	$(28,25 »)$	$1,04 »$	$(27,31 »)$	$1,35 »$	$(12,59 »)$	$0,66 »$
Magdeburg	$(30,73\%)$	$1,12\%$	$(23,41\%)$	$1,18\%$	$(16,56\%)$	$0,86\%$
Aachen	$(21,45 »)$	$0,81 »$	$(16,92 »)$	$0,87 »$	$(13,53 »)$	$0,71 »$.

III.

In den neuerworbenen Provinzen: Schleswig-Holstein, Hannover und Hessen-Nassau scheinen sich die in Rede stehenden Verhältnisse insoweit ähnlich wie in den westlichen und manchen mittleren Bezirken Preussens gestaltet zu haben, als auch dort die grösste Bevölkerungssteigerung der neuesten Zeit (1867—85) anzugehören scheint.

Es wurden dort nämlich überhaupt gezählt:

(1867—85) die stärkste Zunahme und in der älteren Zeit die geringste erfahren, nämlich:

1825—49: 96,96%	1849—67; 69,02%	1867—85: 89,98%
jährlich 2,87 »	jährlich 2,96 »	jährlich 3,63 ».

1825	1849	1867	1885
3 468 740 Einw.	4 024 418 Einw.	4 366 268 [1]) E. 4 351 962 [2]) »	4 915 462 Einw.,

d. h. die Bevölkerung vermehrte sich dort:

1825—49 um (16,02%) jährlich 0,62%

1849—67 » (8,49 ») » 0,45 »

1867—85 » (12,95 ») » 0,68 »

Indessen sind diese Zahlen nur das Resultat eigenthümlicher Combination. Innerhalb jener Gruppe fand nämlich in keiner der einzelnen Provinzen eine Entwickelung dieser Art statt. Hannover zeigte ähnlich wie die Regierungsbezirke Arnsberg und Düsseldorf mit jeder Periode eine Steigerung des Bevölkerungszuwachses, in Hessen-Nassau übertraf die Bevölkerungssteigerung der neuesten Periode nur die der mittleren, dagegen nahm das Bevölkerungswachsthum in der Provinz Schleswig-Holstein — ähnlich wie im Osten und im Durchschnitt der preussischen Monarchie überhaupt — von Periode zu Periode ab.

Die Zählungen ergaben nämlich:

in der Provinz	1825	1849	1867	1885
Hannover	1 637 906	1 772 389	1 946 508 [1]) 1 940 521 [2])	2 172 702
Hessen-Nassau	1 083 769	1 343 305	1 384 982 [1]) 1 379 745 [2])	1 592 454
Schleswig-Holstein	747 065	908 724	1 034 778 [1]) 1 031 696 [2])	1 150 306,

so dass die Bevölkerung also wuchs

in	1825—49 (überh.) jährl. um	1849—67 (überh.) jährl. um	1867—85 (überh.) jährl. um
Hannover	(8,21%) 0,33%	(9,82%) 0,52%	(11,96%) 0,63%
Hessen-Nassau	(23,95 ») 0,90 »	(3,10 ») 0,17 »	(15,42 ») 0,80 »
Schleswig-Holstein	(21,64 ») 0,82 »	(13,87 ») 0,72 »	(11,50 ») 0,61 ».

Erwähnt sei noch, dass die Bevölkerung des Gebiets von Hohenzollern-Sigmaringen [3]) 1849—67 um 0,54% abnahm, dagegen

---

1) Zollabrechnungs-Bevölkerung.

2) Ortsanwesende Bevölkerung.

3) Es lebten nämlich in Hohenzollern-Sigmaringen:

in der neuesten Zeit (1867—85) eine erhebliche Zunahme zeigte (Steigerung 3,23%), sodass dort also die Entwickelung ähnlich wie in der Provinz Hessen-Nassau oder den einzelnen Regierungsbezirken Koblenz und Minden war.

Fassen wir zum Schluss aber Preussen im ganzen jetzigen Umfange ins Auge, so zeigte sich in diesem Gebiete eine ähnliche Entwickelung wie in Preussen alten Umfanges, nur dahin modificirt, dass dort der Bevölkerungszuwachs in der letzten Periode dem der mittleren kaum nackstand.

Die Einwohnerzahlen für die Gesammtheit des jetzigen preussischen Gebietes waren nämlich:

1825	1849	1867	1885
15 827 321	20 430 748	24 099 270 [1]) 24 022 774 [2])	28 318 470,

und somit wuchs die Bevölkerung dort

1825—49 um 29,09%, d. h. durchschnittlich jährlich um 1,07%

1849—67 » 17,96 », »   »   » » 0,92 »

1867—85 » 17,88 », »   »   » » 0,92 ».

IV.

In den nichtpreussischen Landesgebieten Deutschlands ist eine ähnliche Abnahme des Bevölkerungswachsthums von Periode zu Periode für Oldenburg, die beiden Mecklenburg und Elsass-Lothringen zu constatiren. In Mecklenburg-Strelitz und Elsass-Lothringen hat die Bevölkerung während der neuesten Zeit sogar ähnlich, wie dies oben für den Regierungsbezirk Stralsund constatirt ist, absolut abgenommmen.

Es wurden nämlich ermittelt:

1825	1849		1867	1885
57 860 Einw.	65 612 Einw.	dagegen	65 261 resp. 64 632	66 720 Einw.,

d. h. die Bevölkerung stieg

1825—49	1849—67	1867—85
um 13,40%	—0,54%	3,23%.

1) Zollabrechnungs-Bevölkerung.

2) Ortsanwesende Bevölkerung.

in	1825	1849	1867	1885
Oldenburg	255 292	289 496	315 814 [1]) 314 475 [2])	341 525
Mecklenburg-Schwerin	417 871	534 394	560 586 [1]) 560 628 [2])	575 152
M.-Strelitz	79 967	96 120	98 698 [1]) 98 770 [2])	98 371
Elsass-Lothringen	1 375 481	1 568 806	1 603 685 [1]) 1 592 449 [2])	1 564 355.

Und demnach betrug das Wachsthum der Bevölkerung

in	1825—49 (überh.) jährl.		1849—67 (überh.) jährl.		1867—85 (überh.) jährl.	
Oldenburg	(13,40%)	0,53%	(9,09%)	0,48%	(8,60%)	0,45%
M.-Schwerin	(27,88 »)	1,03 »	(4,90 »)	0,27 »	(2,59 »)	0,14 »
M.-Strelitz	(20,20 »)	0,77 »	(2,68 »)	0,15 »	(—0,01 »)	—0,00 »
Elsass-Lothringen	(14,05 »)	0,55 »	(2,22 »)	0,12 »	(—0,02 »)	—0,00 ».

Dagegen gestalteten sich diese Dinge anders im Allgemeinen und namentlich in den deutschen Mittelstaaten. Hier hat nämlich — ähnlich wie in den westlichen und einigen mittleren Provinzen des preussischen Staates — in der neueren Zeit (1867—85) eine erhebliche S t e i g e r u n g der Bevölkerungszunahme Platz gegriffen. Und in S a c h s e n , B a y e r n und W ü r t t e m b e r g fällt sogar wie in den besonders industriereichen Bezirken des preussischen Westens auf die neueste Zeit das grösste Wachsthum überhaupt.

Die Zählungen ergaben nämlich

für	1825	1849	1867	1885
Baden	1 132 970	1 362 774	1 438 872 [1]) 1 434 970 [2])	1 601 255
Hessen	665 421	812 092	822 244 [1]) 831 949 [2])	956 611.

Und demnach betrug die Steigerung

in	1825—49 (überh.) jährl.		1849—67 (überh.) jährl.		1867—85 (überh.) jährl.	
Baden	(20,29%)	0,77%	(5,58%)	0,30%	(11,59%)	0,61%
Hessen	(22,04 »)	0,81 »	(1,25 »)	0,07 »	(14,98 »)	0,78 ».

Dagegen zählte man

---

1) Zollabrechnungs-Bevölkerung.
2) Ortsanwesende Bevölkerung.

in	1825	1849	1867	1885
Sachsen	1 329 788	1 894 431	2 423 586 ¹) 2 426 300 ²)	3 182 003
Bayern	3 938 399	4 484 996	4 824 421 ¹) 4 814 268 ²)	5 420 199
Württemberg	1 504 963	1 744 595	1 778 396 ¹) 1 774 653 ²)	1 995 185.

Die Zunahme betrug dort also:

	1825—49		1849—67		1867—85	
für	(überh.)	jährl.	(überh.)	jährl.	(überh.)	jährl.
Sachsen	(42,46%)	1,48%	(27,93%)	1,38%	(30,73%)	1,50%
Bayern	(13,88 »)	0,55 »	(7,57 »)	0,41 »	(12,58 »)	0,66 »
Württemberg	(15,92 »)	0,62 »	(1,94 »)	0,11 »	(12,43 »)	0,65 »

Innerhalb Sachsens freilich ergaben nur die Leipziger und Dresdener Kreishauptmannschaft und innerhalb Bayerns nur jenes Gesammtgebiet von Oberpfalz, Oberbayern, Niederbayern und Schwaben eine ähnliche, besonders grosse Steigerung des Bevölkerungszuwachses in neuester Zeit. Dagegen war in der Zwickauer Kreishauptmannschaft und in der Pfalz — ähnlich wie in Baden und Hessen — die Bevölkerungsvermehrung in der neuesten Zeit nur grösser als in der mittleren, und in der wenig industriellen Bautzener Kreishauptmannschaft fiel das Bevölkerungswachsthum sogar von Periode zu Periode ³).

Es wurden nämlich gezählt:

in	1825	1849	1867	1885
der Leipziger Kreishauptm.	303 851	425 735	555 170 ¹) 555 979 ²)	774 036
» Dresdener »	343 700	485 540	637 879 ¹) 639 630 ²)	860 558

1) Zollberechnungs-Bevölkerung.

2) Ortsanwesende Bevölkerung.

3) Ein ähnlicher Entwickelungsgang, wie im Durchschnitt der gesammten bayerischen Monarchie, fand innerhalb Bayerns nur in Franken statt, wo 1825: 1 405 885, 1849: 1 585 574, 1867: 1 699 720, 1 696 143, 1885: 1 868 105 Köpfe gezählt wurden, also stieg die Bevölkerung:

1825—49 1849—67 1867—85
um (12,78%) jährl. 0,50% um (7,20%) jährl. 0,39% um (10,14%) jährl. 0,54%.

Innerhalb Sachsens war in keiner der einzelnen Kreishauptmannschaften eine Entwickelung, die mit der des Durchschnittes des gesammten Königreiches harmonirte.

in	1825	1849	1867	1885
Ober- u. Niederbayern, Oberpfalz u. Schwaben	2 031 193	2 283 052	2 498 635 [1]) 2 493 376 [1])	2 855 719
der Zwickauer Kreishauptmannschaft	443 370	693 107	907 050 [1]) 906 856 [1])	1 190 849
der Pfalz	501 321	616 370	626 066 [1]) 624 749 [2])	696 375
der Bautzener Kreishauptmannschaft	238 867	290 049	323 487 [1]) 323 835 [2])	356 560.

Die Bevölkerung vermehrte sich demnach

in	1825 - 49 (überh.) jährl.		1849—67 (überh.) jährl.		1867 - 85 (überh.) jährl.	
	um		um		um	
d. Leipziger Kreishauptm.	$(40,11^0/_0)$	$1,42^0/_0$	$(30,40^0/_0)$	$1,48^0/_0$	$(39,22^0/_0)$	$1,85^0/_0$
» Dresdener »	(41,27 »)	1,45 »	(31,38 »)	1,53 »	(34,54 »)	1,66 »
Ober- u. Niederbayern, Oberpfalz, Schwaben	(12,35 »)	0,49 »	(9,51 »)	0,50 »	(14,53 »)	0,76 »
d. Zwickauer Kreishauptm.	(56,33 »)	1,88 »	(30,87 »)	1,50 »	(31,32 »)	1,52 »
der Pfalz	(22,95 »)	0,87 »	(1,57 »)	0,09 »	(11,46 »)	0,60 »
d. Bautzener Kreishauptm.	(21,43 »)	0,81 »	(11,53 »)	0,61 »	(10,16 »)	0,54 ».

Aehnlich wie in diesen Mittelstaaten und in Preussens Westen gestalteten sich diese Dinge nun endlich aber auch in den kleineren und kleinsten Staaten Deutschlands. Auch dort begegnen wir in der neuesten Zeit n i c h t wie in Preussen im Durchschnitt ein schwächeres Wachsthum der Bevölkerung, sondern im Gegentheil ein stärkeres.

Die Grösse der Bevölkerung betrug nämlich

in	1825	1849	1867	1885
Hamburg	171 297	220 800 ·	303 911 [1]) 306 507 [2])	518 620
Bremen	56 332	80 078	109 572 [1]) 110 352 [2])	165 628
Lübeck	38 363	42 719	49 085 [1]) 49 183 [2])	67 658
Braunschweig	237 966	270 507	303 822 [1]) 303 185 [2])	372 452
Anhalt	131 607	154 499	196 858 [1]) 197 041 [2])	248 166

1) Zollabrechnungs-Bevölkerung.
2) Ortsanwesende Bevölkerung.

in	1825	1849	1867	1885
Thüringen	776 150	949 464	1 049 497 [1]) 1 049 899 [2])	1 213 063
Waldeck, Lippe etc.	172 071	191 879	202 508 [1]) 201 218 [2])	216 991.

Und somit wuchs die Bevölkerung

in	1825—49 (überh.) jährl. um	1849—67 (überh.) jährl. um	1867—85 (überh.) jährl. um
Hamburg	(28,90"/o) 1,06"/o	(37,64 /o) 1,79"/o	(69,20"/o) 2,96"/o
Bremen	(42,15 ») 1,47 »	(36,83 ») 1,76 »	(50,09 ») 2,28 »
Lübeck	(11,35 ») 0,45 »	(14,90 ») 0,77 »	(37,56 ») 1,79 »
Braunschweig	(13,67 ») 0,53 »	(12,32 ») 0,65 »	(22,85 ») 1,15 »
Anhalt	(17,39 ») 0,67 »	(27,42 ») 1,36 »	(25,95 ») 1,29 »
Thüringen	(22,33 ») 0,84 »	(10,54 ») 0,56 »	(15,54 ») 0,81 »
Waldeck,Lippe etc.	(11,51 ») 0,46 »	(5,54 ») 0,30 »	(7,84 ») 0,42 ».

Demnach hat sich der Grad der Bevölkerungsvermehrung in Hamburg, Bremen, Lübeck und in Braunschweig — ähnlich wie in der Stadt Berlin und in den Bezirken Arnsberg und Düsseldorf — von Periode zu Periode gesteigert, und in der Gesammtheit der thüringischen Staaten, sowie in der Gruppe Waldeck, Lippe und in Anhalt wurde wenigstens die mittlere oder die ältere Periode von der der neuesten Zeit in dieser Beziehung übertroffen.

Nach alledem ist es denn aber auch leicht erklärlich, dass selbst in dem Gesammtgebiet des heutigen Deutschen Reiches die Entwickelung eine andere als in Preussen (alten oder neuen Umfangs) im Durchschnitt gewesen ist. Auch in jenem Gesammtgebiet war, ähnlich wie in den deutschen Mittelstaaten, in neuester Zeit der Grad des Bevölkerungswachsthums grösser als in der mittleren Periode.

Es berechnet sich nämlich die Gesammtbevölkerung des Gebiets des heutigen Deutschen Reiches:

> für 1825 auf 28 111 269 Pers.
> » 1849 » 35 128 398 »
> » 1867 » 40 180 825 [1])
 40 088 621 [2]) »
> » 1885 » 46 855 704 »,

---

1) Zollabrechnungs-Bevölkerung.
2) Ortsanwesende Bevölkerung.

d. h. die Bevölkerung wuchs

$$1825-49 \text{ um } (24,96\,\%) \text{ jährlich } 0,93\,\%$$
$$1849-67 \text{ » } (14,33\,\text{»}) \text{ » } 0,75\,\text{»}$$
$$1867-85 \text{ » } (16,88\,\text{»}) \text{ » } 0,87\,\text{»},$$

ist also in neuester Zeit nicht sehr viel weniger gestiegen, als in der ältesten der hier ins Auge gefassten Perioden.

V.

Ziehen wir zum Schlusse noch einen Vergleich zwischen Preussen und den wichtigeren n i c h t d e u t s c h e n Staaten, so finden wir, dass sich im Wesentlichen nur in Schweden und Frankreich den preussischen ähnliche Verhältnisse ergaben, d. h. nur dort der Procentsatz der Steigerung von Periode zu Periode abnahm.

Die Grösse der Bevölkerung betrug nämlich:

	1830	1855	1870	1885
in Schweden [1])	2 888 082	3 639 332	4 168 525	4 682 769
	1821	1841	1861	1881
» Frankreich [2])	30,46 M.	34,25 M.	36,70 M.	38,47 M.

und die Bevölkerung nahm also zu

	1830—55	1855—70	1870—85
Schweden	(um 26,01%) j. 0,93%	(14,54%) j. 0,91 %	(12,34%) j. 0,78%
	1821—41	1841—61	1861—81
Frankreich	(um 12,44%) j.0,59%	(7,15%) j. 0,35%	(4,82%) j.0,23%.

In N o r w e g e n fand zwar ähnlich wie in Preussen die g e ringste Zunahme in der n e u e s t e n Zeit statt, die g r ö s s t e aber in der mittleren Periode.

Es wurde dort [3]) nämlich gezählt

1825	1845	1865	1880
1 051 318 Pers.	1 328 471 Pers.	1 701 478 Pers.	1 913 500 Pers.

Danach betrug also die Vermehrung der Bevölkerung

1825—45	1845—65	1865—80
(26,36%) j. 1,18%	(28,08%) j. 1,24%	(12,46%) j. 0,79%.

---

1) Vergl. für 1830 und 1855: Wappäus »Allgemeine Bevölkerungsstatistik« I. Theil (Leipzig), 1835 S. 130; für 1870 Kolb a. a. O. und für 1885 oben p. 7.

2) Vergl. Quellenangaben auf S. 9.· Uebrigens ist hier die Rede von Frankreich I o h n e Savoyen und Nizza, m i t Elsass-Lothringen (vgl. S. 18).

3) Vergl. für 1825, 1845 und 1865 Kolb und Wappäus a. a. O. und für 1880 Roscher und Jannasch a. a. O.

Viele grössere Staaten, insbesondere z. B. I t a l i e n, R u s s l a n d (ohne Polen und Finnland) und E n g l a n d, d. h. Grossbritannien für sich (England, Wales, Schottland) und auch Grossbritannien und Irland zusammen zeigten ähnlich wie Gesammtdeutschland (und im Einzelnen z. B. Baden, Hessen und die thüringischen Staaten) die g r ö s s t e Steigerung der Bevölkerung in dem ä l t e r e n Zeitraum, dann ein Sinken und erst in der neuesten Zeit wieder ein Steigen der Bevölkerungszunahme.

Es wurden nämlich ermittelt:

in	(1829)	(1851)	(1867)	(1882)
Russland [1])				
(ohne Polen u. Finnland)	40,49 M.	55,82 M.	63,66 M.	77,88 M.

	(1821)	(1841)	(1861)	(1881)
Engld., Wales, Schottld.[2])	14 091 757	18 534 332	23 128 518	29 710 012
Grossbritt. u. Irland [2])	21 272 187	27 036 450	29 321 079	35 241 482

	(1818)	(1850)	(1871)	(1885)
Italien [3])		18 492 503	23 929 135	26 801 154	29 699 785

und somit betrug die Zunahme:

in	(1829—51)	(1851 - 67)	(1867—82)
Russland	(37,86°/$_0$) j. 1,47°/$_0$	(14,05°/$_0$) j. 0,81°/$_0$	(22,34°/$_0$) j. 1,35°/$_0$

	(1821 - 41)	(1841 - 61)	(1861 - 81)
Engl.,Wales, Schottland	(31,53°/$_0$) j. 1,38°/$_0$	(24,79°/$_0$) j. 1,11°/$_0$	(28,46°/$_0$) j. 1,26°/$_0$
Grossbritt. u. Irland	(27,10 ») j. 1,21 »	(8,45 ») j. 0,41 »	(20,19 ») j. 0,92 »

	(1818 - 50)	(1850—71)	(1871—85)
Italien	(29,40°/$_0$) j. 0,81°/$_0$	(12,00°/$_0$) j. 0,54°/$_0$	(10,82°/$_0$) j. 0,74°/$_0$.

Aehnlich stand es auch in B e l g i e n, nur dass dort die Bevölkerungszunahme der letzteren Periode so gross war, dass diese auch jene Zunahme der ersten ältesten Periode überflügelte (ähnlich also wie in Sachsen, Bayern und Württemberg). Und in H o l l a n d und P o l e n (»Congresspolen«) steigerte sich das Wachsthum der Bevölkerung sogar ähnlich wie in manchen kleineren

---

1) Die Zahlen für Russland haben wir (für 1829 u. 1882 siehe oben S. 14 u. 15) entnommen für 1851 aus Bodio a. a. O. und für 1867 aus dem statistischen »Jahrbuch des russischen Reiches«, herausgegeben vom statistischen Centralcomité des Minist. des Innern (russ. 1871) S. 3. Auch Bodio a. a. O.

2) Vergl. die Quellenangabe auf S. 15 u. 16.

3) Vergl. für 1818 und 1885 oben S. 18, für 1850 und 1871 aus Bodio a. a. O.

Zur Gesch. der Bevölkerung. III.

deutschen Staaten (Braunschweig, Hamburg, Bremen, Lübeck) von Periode zu Periode.

Gezählt wurden nämlich:

in	(1828)	(1851)	(1867	(1882)
Congresspolen [1])	4 088 000	4 852 000	5 706 000	7 417 000
	(1829)	(1849)	(1869)	(1883)
Holland [2])	2 613 487	3 056 879	3 579 529	4 225 065
	(1831)	(1850)	(1866)	(1885)
Belgien [3])	3 785 814	4 426 205	4 829 320	5 853 278

und die Bevölkerung wuchs also:

in	(1828—51)	(1851—67)	(1867—82)
Congresspolen	(18,69%) j. 0,75%	(17,60%) j. 1,02%	(29,99%) j. 1,76%
	(1829—49)	(1849—69)	(1869—83)
Holland	(16,97%) j. 0,79%	(17,10%) j. 0,79%	(18,03%) j. 1,19%
	(1831—50)	(1850—66)	(1866—85)
Belgien	(16,92%) j. 0,83%	(9,11%) j. 0,55%	(21,20%) j. 1,02%.

Endlich stieg die Bevölkerung in Oesterreich, Dänemark, (ohne die Nebenländer und ohne Schleswig-Holstein) und anscheinend d. h. soweit die betreffenden Zahlen als zuverlässig gelten können, auch in Spanien und Griechenland am wenigsten in der älteren und am meisten in der mittleren Periode.

Es wurden nämlich ermittelt (Einwohner):

in	(1820)	(1857)	(1869)	(1884)
Oesterreich [4])	14,2 M.	18,22 M.	20,39 M.	22,86 M.
	(1830)	(1850)	(1870)	(1883)
Dänemark [5])	1 199 894	1 407 747	1 784 741	2 028 000
	(1822)	(1846)	(1870)	(1884)
Spanien [6])	11,66 M.	12,16 M.	16,81 M.	17,27 M.
	(1820)	(1840)	(1861)	(1880)
Griechenland [7])	675 600	856 470	1 325 000	1 829 700,

d.· h. die Vermehrung betrug:

---

1) Siehe Anmerkung 4 auf S. 14 u. Anm. 1 auf S. 33.
2) Vergl. Bodio a. a. O.
3) Vergl. für 1831 und 1850 Bodio und Brachelli (für 1831) a. a. O., für 1866 Kolb a. a O. S. 598; für 1885 s. oben S. 17.
4) Vergl. für 1820 und 1884 s. oben S. 17; für 1857 und 1869 Kolb a. a. O.
5) Vergl. Bodio und Brachelli a. a. O.
6) Vergl. Bodio, Brachelli und den Gothaischen Hofkalender a. a. O.
7) Vergl. für 1840 von Roon: Grundzüge der Erd- und Völker- und Staatenkunde III. Abtheilung II., Berlin 1845, S. 839, für 1861 Kolb a. a. O., für 1820 und 1880 s. oben S. 13 u. 14.

in   (1820—57)   (1857—69)   (1869 · 84)

Oesterreich (28,17 °/o) j. 0,65°/o (11,91°/o) j. 0,94°/o (12,11"/o) j. 0,77°/.

          (1830—50)   (1850 · 70)   (1870—83)

Dänemark   (17,32°/o) j. 0,80°/o (26,78°/o) j. 1,08°/o (13,63°/o) j. 0,99°/o

          (1822—46)   (1846—70)   (1870 84)

Spanien   (4,29°/o) j. 0,18°/o (38,24°/o) j. 1,36°/o (2,74°/o) j. 0,19°/o

          (1820—40)   (1840—61)   (1861—80)

Griechenland (26,76°/o) j. 1,19°/o (54,74°/o) j. 2,10°/o (37,30°/o j. 1,68°/o.

VI.

Blicken wir nach alledem zurück, so ergibt sich uns als besonders bemerkenswerthes Resultat, auf das später zurückzukommen sein wird, neben dem Gesagten noch folgendes:

A) Innerhalb Deutschlands.

Das Uebergewicht, das Preussen oder genauer gesagt: das östliche und bez. das centrale Gebiet von Preussen bez. der Bevölkerungszunahme in der älteren Zeit für sich in Anspruch nehmen konnte, ist in den folgenden Zeiträumen, speciell in dem neuesten von 1867—85 ein viel geringeres geworden, was sich u. A. auch darin zeigte, dass Preussen in der älteren Zeit (1825—49) nur von Sachsen in der Bevölkerungszunahme überholt wurde, während in der mittleren Periode (1849—67) auch Anhalt und in der neuesten (1867—85) Anhalt und Braunschweig Preussen in dieser Beziehung übertrafen[1]).

Es wuchs nämlich die Bevölkerung:

1) Natürlich sehen wir von den wesentlich städtischen Gebieten Hamburg, Bremen und Lübeck ab, von denen Bremen in allen drei Perioden, Hamburg nur in der mittleren und neuesten Zeit und Lübeck sogar nur in der einen: in der neuesten Zeit über Preussen standen. — Es wuchs nämlich die Bevölkerung

in	1825—49	1849—67	1867—85
Bremen	um 42,15%	um 36,83%	um 50,09%
Hamburg	» 28,90 »	» 37,64 »	» 69,20 »
Lübeck	» 11,35 »	» 14,90 »	» 37,56 », dagegen
Preussen	» 33,18 »	» 20,44 »	» 19,21 ».

Anders allerdings im Vergleiche zu der Stadt Berlin, denn da Berlin 1825—49 um 96,96%, 1849—67 um 69,63% und 1867—85 um 89,88% gewachsen war, so stehen alle jene städtischen Gebiete erheblich hinter der Stadt Berlin zurück.

in	(1825—49)	(1849—67)	(1867—85)
Preussen (im Umf. v. 1825)	um 33,18 % ·	um 20,44%	um 19,21%
Preussen (jetzigen Umf.)	» 29,09 »	» 17,96 »	» 17,88 ».

Dagegen vermehrte sich die Bevölkerung

in	(1825—49)	(1849—67)	(1867—85)
Sachsen	um 42,46 %	um 27,93 %	um 30,73 %
Anhalt	» 17,39 »	» 27,42 »	» 25,95 »
Braunschweig	» 13,67 »	» 12,32 »	» 22,85 »

Allerdings gilt das soeben Ausgeführte nur vom Osten und Centrum der preussischen Monarchie, nicht vom Westen, denn es wuchs die Bevölkerung

	(1825—49)	(1849—67)	(1867—85)
in den mittleren Provinzen	um 35,74 %	um 17,78 %	um 13,82 %
» » östlichen »		» 31,17 »	» 19,15 »	» 11,94 »
» » westlichen »		» 29,72 »	» 20,70 »	» 27,14 ».

Demnach war 1825—49 die Verhältnisszahl des Westens (29,72) noch weit von der gleichzeitigen Sachsens (42,46%) entfernt, näherte sich aber in der neuesten Zeit dieser (30,73) mit 27,14 der Art, dass der Unterschied kein sehr erheblicher mehr war.

Dagegen stossen wir im Osten und Centrum der Monarchie auf eine immer grösser werdende Kluft.

So hatte z. B. die Provinz Pommern 1825—49 noch um 42,77% zugenommen, d. h. um einen Satz, der über dem aller deutschen Staaten (Sachsen = 42,46%, Bremen = 42,15%) stand; jenes Wachsthum sank dann aber in Pommern 1849—67 schon auf 20,38% und 1867—85 sogar auf 4,30 %; und danach übertraf Pommern in der neuesten Zeit nur noch Mecklenburg-Schwerin (mit 2,59 %), M.-Strelitz (mit —0,01 %) und Elsass-Lothringen (mit —0,02 %) [1]).

Aehnlich in Westpreussen.

Anfangs, 1825—49 stand der dortige Zunahmesatz (von 37,05%) nur hinter dem Sachsens (42,46%) und Bremens (42,15 %) zurück; dagegen sank er 1867—85 auf 9,61 %, d. h. Westpreussen wird jetzt von allen deutschen Staaten mit Ausnahme von Oldenburg (mit 8,60%), von Waldeck, Lippe etc. (mit 7,84%), beiden Mecklenburg und Elsass-Lothringen überholt.

Dasselbe trifft dann namentlich aber in einzelnen Bezirken des preussischen Ostens und Centrums zu. So wuchs die Bevölke-

---

[1]) Vergl. S. 21 u. 28.

rung in den Bezirken Coeslin (mit 49,30%), Oppeln (mit 47,67 %), Marienwerder (mit 43,44 %) und Stettin (mit 42,47 %) in der ersten Periode erheblich stärker als in allen deutschen Staaten ohne Ausnahme, dagegen stieg in der neuesten Zeit von 1867—85 die Bevölkerung [1])

z. B. in Stettin   nur um 7,66%,
in Marienwerder » » 7,63 »,
und in Cöslin sogar » » 2,47 », d. h. die Bevölkerung im Regierungsbezirk Coeslin, der früher über allen deutschen Staaten gestanden, vermehrte sich in der neuesten Zeit nur noch stärker als in M.-Strelitz (mit —0,01 %) und Elsass-Lothringen (mit —0,02 %). Selbst Hohenzollern-Sigmaringen (mit 3,23 %) und M.-Schwerin (mit 2,59 %) übertrafen das Gebiet von Coeslin (vergl. oben S. 27 u. 28).

Ganz und gar anders die einzelnen Gebiete des preussischen Westens.

So hatte die Provinz Westphalen mit dem Vermehrungssatze von 23,75 % in der älteren Periode (1825—49) die letzte Stelle unter allen preussischen Provinzen eingenommen und stand auch weit hinter dem Königreich Sachsen (42,46) zurück, dagegen beanspruchte Westphalen 1867—85 schon die erste Stelle unter den preussischen Provinzen — mit dem Wachsthum von 29,33 % — und kam in dieser Beziehung dem Königreich Sachsen (30,73) nahe.

Und innerhalb dieser Provinz hatte der Regierungsbezirk Arnsberg, der 1825—49 mit dem Satze von 35,23% nicht nur von dem gesammten Königreiche Sachsen (mit 42,46%), sondern auch von den einzelnen Kreishauptmannschaften wie der Zwickauer (mit 56,33%), der Dresdener (mit 41,27 %) und der Leipziger (mit 40,11%) bedeutend übertroffen wurde, in der neuesten Zeit alle diese Gebiete erheblich überholt,

denn der Reg.-Bez. Arnsberg   wuchs 1867—85 um 50,50%
dagegen die Zwickauer Kreishauptm. » » » 31,32 »
» Dresdener » » » » 34,54 »
» Leipziger » » » » 39,22 »
das Königreich Sachsen überhaupt » » » 30,73 »

Aehnlich in der Rheinprovinz.

Dort hatte die Bevölkerung 1825—49 um 33,09 % und 1867—85

1) In Oppeln allerdings noch um 20,99 %, also nur weniger als in Sachsen (42,46), Bremen (42,15 %), Anhalt (25,95 %) und Braunschweig (22,85).

um 26,05 % zugenommen, und da im Königreich Sachsen die Zunahmesätze für 1825—49: 42,46 % und für 1867—85: 30,73 % waren, fand also dort ebenfalls in der neuesten Zeit eine bedeutende Annäherung an die Verhältnisse Sachsens statt. Ja, der Regierungsbezirk D ü s s e l d o r f hat mit dem Vermehrungssatze von 41,28 % (1867—85) nicht nur Sachsen im Durchschnitt, sondern auch alle vier Kreishauptmannschaften Sachsens übertroffen.

Sehen wir von Sachsen ab und vergleichen Preussen mit den anderen Mittelstaaten Deutschlands: Bayern, Württemberg, Baden, Hessen und Thüringen, so sehen wir, dass diese Gebiete während der ersten und mittleren Periode (1825—49 resp. 1849—67) noch erheblich hinter Preussen zurück-, dagegen in der neuesten Zeit (1867—85) Preussen schon recht nahe standen. Und eben dasselbe gilt dann auch von Gesammtdeutschland im Durchschnitt. Nur jene Gruppe Waldeck, Lippe etc. blieb trotz der neueren Steigerung des Vermehrungssatzes dort auch während der neuesten Zeit erheblich hinter Preussen zurück.

Es steigerte sich nämlich, wie wir sahen, die Bevölkerung:

	1825—49 um	1849—67 um	1867—85 um
von Preussen (Umf. v. 1825)	33,18 %	20,44 %	19,21 %
dagegen von Hessen	22,04 »	1,25 »	14,98 »
» » Bayern	13,88 »	7,57 »	12,58 »
» » Württemberg	15,92 »	1,94 »	12,43 »
» » Baden	20,29 »	5,58 »	11,59 »
» vom deutschen Reiche	24,96 »	14,33 »	16,88 »
» von Thüringen	22,33 »	10,54 »	15,54 »
» » Waldeck, Lippe etc.	11,51 „	5,54 »	7,84 ».

Somit sind die Differenzen in den Steigerungsziffern zwischen Preussen und den anderen deutschen Staaten in neuester Zeit, namentlich jener mittleren Periode gegenüber ganz erheblich geringer geworden.

Wiederum aber gelten diese Ausführungen nur in Bezug auf die ö s t l i c h e n und c e n t r a l e n Theile der preussischen Monarchie, nicht für die westlichen, wo der Steigerungssatz ganz erheblich über dem der genannten Staaten blieb.

Es vermehrte sich nämlich die Bevölkerung, wie bemerkt:

	1825—49	1849—67	1867—85
in Preussens Osten	um 31,17 %	um 19,15 %	um 11,94%
» » Centrum	» 35,74 »	» 17,78 »	» 13,82 »
» » Westen	» 29,72 »	» 20,70 »	» 27,14 ».

Und hiernach stehen Thüringen, Hessen, Bayern und Württemberg ebenso wie Gesammtdeutschland im Durchschnitt, obwohl diese Gebiete in dem älteren und namentlich im mittleren Zeitraume von den östlichen und centralen preussischen Provinzen erheblich an Zuwachs übertroffen wurden, in dieser Beziehung nunmehr den meisten dieser Provinzen schon erheblich voran, ja die Gebiete von Gesammtdeutschland, Thüringen und Hessen übertrafen sogar auch das centrale Gebiet Preussens in jener Beziehung durchaus.

Fassen wir nämlich die einzelnen Provinzen besonders in's Auge, so hatten während der älteren Zeit noch alle alten preussischen Provinzen erheblich stärker zugenommen, als jeder der obengenannten Staaten:

Pommern	um 42,77 %
Westpreussen	» 37,05 »
Brandenburg ohne Berlin	» 36,44 »
Rheinland	» 33,09 »
Schlesien	» 32,80 »
Sachsen .	» 30,75 »
Posen	» 29,25 »
Ostpreussen	» 25,88 »
Westpreussen	» 23,75 »
dagegen selbst Thüringen nur	» 22,33 »
Hessen	» 22,04 »
Baden	» 20,29 » u. s. w.

Dagegen wurde in der neusten Zeit z. B. Schlesien (mit 14,79%) von Thüringen (mit 15,54%) und Hessen (mit 14,98%); Posen (mit 11,68%) ausser von diesen beiden Gebieten auch von Bayern (12,58%) und Württemberg (mit 12,43%); die Provinzen Westpreussen mit 9,61% und Ostpreussen (mit 8,16%) sogar von Baden (mit 11,59%) und die Provinz Pommern (mit 4,30%) selbst von jenem Gebiet Waldeck, Lippe etc. (mit 7,84%) übertroffen.

Anders verhielt es sich nur im kleinen Gebiete von Oldenburg, dann in Mecklenburg und Elsass-Lothringen. Da hat sich zufolge der neueren zum Theil sehr erheblichen Abnahme des Vermehrungssatzes die Kluft den preussischen Verhältnissen gegenüber noch gesteigert.

Denn die bez. Zahlen betrugen:

	1825—49	1849—67	1867—85
in Preussen (alten Umf.)	33,18 %	20,44 %	19,21 %
dagegen in Oldenburg	13,40 »	9,09 »	8,60 »
in Mecklenburg-Schwerin	27,88 »	4,90 »	2,59 »
» M.-Strelitz	20,20 »	2,68 »	—0,01 »
» Elsass-Lothringen	14,05 »	2,22 »	—0,02 » [1]).

Sehen wir aber von diesen Ausnahmeverhältnissen ab, so ist jener Gegensatz zwischen der Bevölkerungsvermehrung innerhalb und ausserhalb Preussens in neuerer Zeit durchaus geringer geworden.

B) Und ähnlich stand es mit dem Verhältniss zwischen Preussen und ausserdeutschen Gebieten.

In der ersten Periode wurde Preussen nur von Russland und England (namentlich ohne Irland), aber von keinem Staate romanischer Bevölkerung übertroffen, denn es wuchs die Bevölkerung

in Preussen (1825—49)	um 33,18 % (jährl. 1,20%)
dagegen in Russland (1829—51)	» 37,86 » (» 1,47 »)
» » England (ohne Irland) (1821—41)	» 31,53 » (» 1,38 »)
» » » (mit »)	» » 27,10 » (» 1,21 »).

Dagegen blieb Preussen in der mittleren Zeit auch hinter mehreren anderen Staaten: Griechenland, Spanien, Norwegen und Dänemark zurück; es nahmen nämlich zu:

Preussen (1849—67)	um 20,44 % (jährl. 1,04 %)
dagegen Griechenland (1840—61)	» 54,74 » (» 2,10 »)
» Spanien (1846—70)	» 38,24 » (» 1,36 »)
» Norwegen (1845—65)	» 28,08 » (» 1,24 »)
» Dänemark (1850—70)	» 26,78 » (» 1,08 »).

Und endlich zeigten während der neuesten Zeit eine grössere Zunahme als Preussen neben Griechenland, Russland, »Congresspolen« und England, Wales und Schottland auch Holland, Dänemark und Belgien, während die übrigen Staaten allerdings auch in dieser Periode noch hinter Preussen erheblich zurückstanden.

---

1) Es sei hier noch hervorgehoben, dass der Regierungsbezirk Stettin (2,47 %) in der neuesten Zeit um einen kleineren Satz als M.-Schwerin (2,59 %) zunahm und der Reg.-Bez. Stralsund (mit —2,39 %) stärker sank als M.-Strelitz mit —0,01 % und Elsass-Lothringen (—0,02 %).

Es steigerte sich nämlich die Bevölkerung:

in Preussen (1867—85)   um 19,21^0_o (jährl. 0,98^0/$_0$)

dagegen im Czarthum Polen (1867—82)   » 29,99 » (» 1,76 »)

»   » Griechenland (1861—80)   » 37,30 » (» 1,68 »)

»   » Russland (1867—82)   » 22,34 » (» 1,35 »)

»   » Engl., Wales u. Schottl. (1861—81)   » 28,46 » (» 1,26 »)

»   » Holland (1869—83)   » 18,03 » (» 1,19 »)

»   » Belgien (1866—85)   » 21,20 » (» 1,02 »)

»   » Dänemark (1870—83)   » 13,63 » (» 0,99»).

Drittes Kapitel.

Die sog. factische Bevölkerungszunahme in der preussischen Monarchie und ihren Theilen in kleineren Zeitabschnitten.

Gehen wir an dieser Stelle noch auf einige bemerkenswerthe Gestaltungen der in Rede stehenden Dinge in k l e i n e r e n Abschnitten der bisher unterschiedenen drei Perioden ein, so begegnen wir innerhalb der ersten Periode der grössten durchschnittlichen Bevölkerungssteigerung auf dem Gebiet der alten Provinzen Preussens in den Jahren von 1837 bis 1849.

In jenen Jahren übertraf Preussen in dieser Beziehung a l l e deutschen Staaten, soweit dieselben hier unterschieden sind.

Die Zählungen ergaben nämlich

für 1825: 12 075 657 Seelen
» 1837: 13 883 612 »
» 1849: 16 081 821 »,

so dass die Vermehrung betrug

für 1825—37: 14,97%
» 1837—49: 15,83 ».

Diese besonders grosse Bevölkerungszunahme gerade in den Jahren von 1837—49 ist um so bemerkenswerther, als ausserhalb Preussens damals die Bevölkerungszunahme in Deutschland im Allgemeinen geringer wurde als bisher.

So vermehrte sich z. B. die Bevölkerung [1]

in	1825—37	1837—49
Sachsen	um 14,49 %	um 14,44 %
Baden	» 12,44 »	» 7,82 »
Deutschland	» 12,37 »	» 11,20 »
Hessen	» 12,05 »	» 8,09 »
Elsass-Lothringen	» 8,05 »	» 5,55 »
Bayern ·	» 8,76 »	» 4,70 ».

1) Bez. der absoluten Zahlen verweisen wir auf die Anlagen und das genannte Quellenwerk »die Monatshefte zur Statistik des deutschen Reiches.«

Und ähnlich stand es auch in den meisten kleineren Staaten Deutschlands. Es wuchs z. B. die Bevölkerung

	in	1825—37	1837—49
Mecklenburg-Schwerin		um 14,03 %	um 12,15 %
Thüringen		» 12,61 »	» 8,63 »
Anhalt		» 11,54 »	» 5,25 »
Mecklenburg-Strelitz		» 10,48 »	» 8,80 »
Braunschweig		» 9,38 »	» 3,93 »
Oldenburg		» 8,46 »	» 4,71 »
Waldeck, Lippe u. Schaumburg-Lippe		» 7,42 »	» 3,81 ».

Eine abweichende Gestaltung ähnlich der in Preussen war damals nur für Württemberg zu constatiren, wo die Bevölkerungszunahme in der ersten jener beiden Perioden 7,07 % und in der zweiten 8,27 % betrug.

Uebrigens trifft jene immerhin auffällige Erscheinung innerhalb Preussens auch nur für den Osten und das Centrum zu.

Die Bevölkerung wuchs nämlich (bezüglich der absoluten Zahlen vergl. Anlagen)

	in den	1825—37	1837—49
mittleren Provinzen		um 15,65 %	17,37 %
östlichen	»	» 13,99 »	15,07 »
westlichen	»	» 14,88 »	12,92 ».

Und auch innerhalb jenes östlichen und centralen Gebiets boten die aneinander grenzenden Provinzen Schlesien und Sachsen ein ähnliches Bild wie der Westen.

Die Bevölkerung wuchs nämlich:

	in	1825—37	1837—49
Schlesien		um 15,98 %	um 14,50 %
Sachsen		» 14,70 »	» 13,99 ».

Dagegen war besonders hoch die Steigerung des Zunahmesatzes von 1837—49 in Westpreussen und Pommern. Es wuchs nämlich die Bevölkerung

	in	1825—37	1837 49
Westpreussen		um 13,05 %	um 21,23 %
Pommern		» 16,89 »	» 22,14 » [1]).

Und innerhalb dieser Provinzen nahm 1837—49 die Bevölkerung des Bezirks Marienwerder zu um 24,62 % (gegenüber 15,10 % in den Jahren 1825—37), in Coeslin um 23,46 % (gegenüber 20,93 %

[1] Die übrigen Provinzen nahmen zu

1825—37) und in Stettin um 22,64⁰⁰ (gegenüber 16,17⁰⁰). ' Ja, innerhalb des Regierungsbezirkes Marienwerder nahm im Gebiet der deutschen Kreise: Flatow, Schlochau und D. Krone die Bevölkerung sogar um 36,79⁰⁰ (1837—49) und innerhalb des Reg.-Bez. Coeslin im Gebiet der Kreise Lauenburg, Bütow, Rummelsburg und Stolp um 26,16⁰⁰ zu!

Gehen wir aber zur besseren Verfolgung dieser Dinge noch einen Schritt weiter und unterscheiden 6jährige Perioden, so stossen wir, was zunächst Gesammtpreussen (älteren Umfangs) betrifft, auf die stärkste Bevölkerungszunahme in den 2 Perioden 1831—37 und 1837—43, d. h. also in den Jahren des Zustandekommens des **deutschen Zollvereins** und unmittelbar danach.

Es nahm nämlich die Bevölkerung der alten Provinzen Preussens zu

1825—31	1831—37	1837—43	1843—49
um 5,84 %	um 8,63 %	um 9,96 %	um 5,34 %.

Und auch in den einzelnen Theilen der preussischen Monarchie gestalteten sich diese Dinge fast durchweg so, dass die höchsten Zunahmesätze auf die Perioden von 1831—37 und 1837—43 fielen. Eine Abweichung finden wir allerdings wieder im Westen. Dort war nämlich der Zunahmesatz von 1837—43 geringer, als jener von 1831—37, während im Osten und Centrum das Gegentheil der Fall war.

Es stieg nämlich die Bevölkerung

in den	1825—31	1831—37	1837—43	1843—49
östlichen Provinzen	um 5,00 %	um 8,57 %	um 10,95 %	um 3,73 %
mittleren »	» 6,41 »	» 8,68 »	» 9,24 »	» 7,45 »
westlichen »	» 6,16 »	» 8,21 »	» 8,03 »	» 4,53 ».

Von den beiden Provinzen des Westens war es im Grunde aber nur die **Rheinprovinz**, die eine Sonderstellung jener Art einnahm. In Westphalen war wie im Osten und im Centrum die Volksvermehrung von 1837—43 die stärkste.

Es wuchs die Bevölkerung nämlich:

	1825—37	1837—49
Posen	um 12,28 %	um 15,11 %
Ostpreussen	» 12,16 »	» 12,24 »
Brandenburg (ohne Berlin)	» 15,84 »	» 17,78 »
Rheinland	» 16,54 »	» 14,21 »
Westphalen	» 11,95 »	» 10,54 ».

	1825—31	1831–37	1837—43	1843—49
in Rheinland	um 6,50"/o	um 9,42"/o	um 8,47°/o	um 5,29"/o
dagegen in Westphalen	» 5,57 »	» 6,04 »	» 7,21 »	» 3,10 ».

Dieses besondere Wachsthum in der 2. Hälfte der 30er Jahre kann nun zwar auffallen, da die Segnungen des 1834 wirksam werdenden Zollvereins in jener Zeit noch geringen Einfluss gehabt haben mögen. Indessen mögen die der Errichtung dieses Vereins vorangehenden Ereignisse von 1819, 1829 u. s. w. in Verbindung namentlich mit den damaligen a g r a r i s c h e n Reformen in gleicher Richtung gewirkt haben. Und jedenfalls haben wir ein grösseres Wachsthum beim Ausgange der 30er Jahre als bei Beginn derselben auch ausserhalb Preussens zu konstatiren.

So stieg die Bevölkerung

in	1825 31	1831—37	1837—43	1843 49
Baden	um 6,54°/o	um 4,72°/o	um 5,61°/o	um 2,09°/o
Hessen	» 5,84 »	» 5,87 »	» 6,53 »	» 2,24 »
Württemberg	» 5,30 »	» 1,54 »	» 4,31 »	» 3,80 ».

Anders freilich in Sachsen und Bayern, wo die Bevölkerung ähnlich wie im Westen der preussischen Monarchie gerade zu Anfang der 30er Jahre besonders rasch stieg, nämlich

in	1825 31	1831–37	1837—43	1843—49
Sachsen	um 11,53"/o	um 11,61°/o	um 6,39"/o	um 7,57°/o
Bayern	» 4,91 »	» 3,67 »	» 2,91 »	» 1,74 ».

Uebrigens darf nicht unbeachtet gelassen werden, dass die hier in Rede stehenden Steigerungen zum Theil auf Rechnung der v e r - b e s s e r t e n Z ä h l u n g e n der Jahre 1834 und 1840 zu setzen sind [1]). Darauf deutet auch, dass jene grosse Zunahme namentlich in den ö s t l i c h e n und mittleren Provinzen, spezieller in Westpreussen und Pommern zu Tage trat, wo der verbesserten Aufnahme ein ganz besonders weites Feld geöffnet gewesen sein mag. Das wird später noch specieller darzulegen sein. Hier sei nur bemerkt, dass wenn wir die Periode von 1837—43 in zwei d r e i j ä h r i g e Zeit- räume theilen, wir allerdings als Resultat der verbesserten »Nominal- zählung« von 1840 (vgl. Einleitung) eine recht erhebliche Ver-

---

1) Vgl. J. G. H o f f m a n n in »Die Bevölkerung des preussischen Staates (1837)« — 1839, der auf S. 22 wörtlich sagt, dass »die verhältnissmässig stärkere Vermehrung in den östlichen Provinzen z u m T h e i l nur eine scheinbare sei« u. s. w.; auch E. v. B e r g m a n n »Zur Geschichte der Entwickelung deutscher, polnischer und jüdischer Bevölkerung in der Provinz Posen« Band I dieser Beiträge.

mehrung gegen 1837 (von 6,05 %) zu constatiren haben, dass sich aber auch für die Periode von 1840—43 eine Steigerung von 3,69% ergiebt, die schwerlich allein aus der verbesserten Zählung zu erklären sein möchte. Auch lässt die Betrachtung kleinerer Theile jener Provinzen Westpreussen und Pommern keinen Zweifel darüber, dass dort wirklich in jener Zeit grössere Einwanderungen als bisher stattgefunden haben.

So wanderten nach den Rechnungen von Fr. J. Neumann Polen (resp. Katholiken) und Deutsche (resp. Evangelische) durchschnittlich wahrscheinlich mehr ein als aus:

| | 1829—33 | | 1834—38 | | 1839—43 | |
in	Polen	Deutsche	Polen	Deutsche	Polen	Deutsche
Marienwerder	+0,20%	+0,69%	+0,82%	+0,90%	+0,74%	+1,00%
Danzig	—0,00 »	+0,37 »	+0,47 »	+0,76 »	+0,45 »	+0,80 ».

Wir sehen zugleich, dass nach diesen Berechnungen der Bevölkerungsbilanz der grössere Mehrzuzug immer auf die Deutschen fiel, während, wenn dieser Zuzug nur ein scheinbarer, nur das Resultat verbesserter Zählungen gewesen wäre, solche Ergebnisse vor allem bei den Polen zu erwarten gewesen wären, deren Bevölkerung grösser und bei früheren Aufnahmen schwerer zu ermitteln war [1]). —

Fassen wir sodann die zweite jener oben unterschiedenen grösseren Perioden, die von 1849—67, ins Auge, so traten in der ersten Hälfte derselben die Folgen vieler Missstände jener Zeit (Theuerungsjahre, Stockung im Verkehr und Handel, durch innere Unruhen und Krimkrieg hervorgerufen) deutlich auch in der Bevölkerungszunahme zu Tage — ähnlich übrigens wie in den meisten anderen deutschen Staaten, von denen viele damals sogar eine absolute Abnahme der Bevölkerung aufzuweisen hatten.

In Preussen (im Umfang von 1825) wurden gezählt

---

1) Vergl. hierüber auch die trefflichen Ausführungen von E. v. Bergmann a. a. O., der S. 56 sagt: »wo (in Posen und Bromberg) er — der Mehrzuzug — doch, falls er nur ein Resultat verbesserter Zählungen gewesen wäre, sowohl nach der Grösse dieser Bevölkerung (polnischen), als nach manchen, gerade ihr gegenüber besonders grossen Schwierigkeiten früherer Aufnahmen vor allem zu erwarten gewesen wäre« u. s. w.

1849: 16 081 821 Köpfe,

dagegen 1858: 17 473 228 », so dass die Vermehrung sich auf 8,65 " ● oder jährlich 0,96 "/ʊ belief, während diese Vermehrung in den Jahren 1825—37 und 1837—49 1,25 ".ʊ resp. 1,32 "/ₙ jährlich betragen hatte.

Dagegen zeigten unter den anderen grösseren Gebieten Deutschlands eine Abnahme der Bevölkerung insbesondere

	1849 mit	1858 mit	d. h. Abnahme um
Hessen	812 092 Seelen	806 882 Seelen	0.64"/ₒ
Elsass-Lothringen	1 568 806 »	1 551 122 »	1,13 »
Baden	1 362 774 »	1 340 735 '	1,62 »
Württemberg	1 744 595 '	1 690 898 '	3,08 ».

Eine ähnlich grosse Abnahme findet sich gleichzeitig' aber auch in einzelnen angrenzenden Gebieten Preussens und Bayerns. So sank z. B. im Reg.-Bez. Minden die Bevölkerung von 459 954 Einw. im Jahre 1849 auf 455 912 Einw. im Jahre 1858, also um 0,88 %, und im Gebiet der jetzigen Provinz Hessen-Nassau gleichzeitig (1849—58) sogar um 1,21 % [1]), ja im Gebiet von Hohenzollern-Sigmaringen um 2,10 und in der Pfalz um 3,45 %.

Man zählte nämlich

	in 1849	1858	also Abnahme um
Hohenzollern-Sigmaringen	65 612 Einw.	64 235 Einw.	2,10"/ₙ
der Pfalz	616 370 »	595 129 »	3,45 ».

Die übrigen deutschen Staaten zeigten eine Zunahme, aber ausser Sachsen und Anhalt eine sehr geringe Zunahme, nämlich

		1849—58
Oldenburg	eine solche von	5,86 " ●
Mecklenburg-Strelitz	» » »	3,19 »
Thüringen	» » »	3,17 »
Bayern	» » »	2,17 »
Mecklenburg-Schwerin	» » »	1,43 »
Braunschweig	» » »	1,21 »
Waldeck, Lippe etc.	» » »	0,99 »,

1) 1849: 1 343 305 Einw., 1858: 1 327 010 Einw.

während für Preussen alten Umfangs damals eine Zunahme von 8,65 $^o/_o$

> » Sachsen » » » 12,06 »
> » Anhalt sogar » » » 13,62 »

zu konstatiren war (vgl. Anm. S. 42).

Unter den einzelnen Gebieten Preussens aber standen damals die mittleren und westlichen über,· die östlichen unter dem Durchschnitt, letztere aber trotzdem über allen deutschen Staatsgebieten, ausgenommen Sachsen und Anhalt. Es wuchs nämlich 1849—58 die Bevölkerung in den

mittleren Provinzen um 9,26 $^o/_o$

westlichen » » 9,13 »

östlichen » » 6,42 ».

Selbstverständlich ist bei alledem aber von den städtischen Gebieten Hamburg, Bremen und Lübeck wieder abgesehen. Von diesen hatte Lübeck 1849—58 ebenfalls eine ziemlich geringe Zunahme, dagegen Hamburg und Bremen eine hohe, ja eine höhere als Berlin, nämlich

Bremen 16,75 $^o/_o$

Hamburg 15,75 »

dagegen Lübeck 1,67 »

und Berlin 11,61 ».

Gehen wir endlich zur letzten Periode 1867—85 über, so dürfte zunächst zu beachten sein, dass jenes Uebergewicht, welches Braunschweig neben Sachsen und Anhalt in dieser Periode gewann (vgl. oben S. 36), im Grunde schon auf frühere Zeit, nämlich auf die Zeit von 1858—67 zurückzuführen ist. Es wuchs nämlich 1858—67 die Bevölkerung von Preussen alten Umfangs um 10,84 $^o/_o$

» » » » im Umf. v. 1866 » 10,03 »,

dagegen » » » Braunschweig » 10,93 »

» » » Anhalt » 12,14 »

und » » » Sachsen » 14,16 ».

Aehnliches gilt für einzelne Gebiete Preussens.

Damit hatte Braunschweig übrigens nicht nur das östliche und mittlere, sondern auch das westliche Preussen überflügelt. Denn es steigerte sich 1858—67 die Bevölkerung der

westlichen Provinzen um 10,60 $^o/_o$

mittleren » » 10,44 »

östlichen » » 7,80 »

neuen » » 5,21 ».

Fassen wir aber jene letzte Periode von 1867—85 selber in's Auge und verfolgen die Gestaltung der Bevölkerungszunahme inner- halb derselben von Zählung zu Zählung, so finden wir, dass jene Abnahme des Vermehrungssatzes, welche oben für diese Pe- riode nachgewiesen ist, (S. 20), im Grunde zwei Zeiträumen ange- hört: einerseits der Zeit von 1867—71, andererseits der von 1880—85, während die Jahre 1875—80 sogar eine ziemlich hohe Zunahme erwiesen.

Offenbar waren es aber recht verschiedene Ursachen, die zu jener geringeren Zunahme der Bevölkerung zu Anfang und Ende der hier in Rede stehenden Periode führten.

In den Jahren von 1867—71 war jene Zunahme deshalb eine geringere, weil — wie wir später sehen werden — der Geburten- überschuss in Folge des Krieges 1870/71 ein geringerer war, z. B. 1871 nur 0,52 %. Die Auswanderung betrug im Durchschnitte der Jahre 1867—71 nur 0,23 % und ähnlich auch im Jahr 1871 selbst nur 0,24 %.

Ganz anders in den Jahren 1880—85. Damals war der Ge- burtenüberschuss ein sehr hoher, nämlich ein solcher von 1,23 %, die Auswanderung aber ebenfalls gross, nämlich 0,39 % und in den Jahren 1883—85 sogar 0,42 % der Bevölkerung. Und das erklärte damals die geringe Zunahme.

Gehen wir zur speciellen Betrachtung der einzelnen Zählungs- ergebnisse über, so betrug die absolute Civilbevölkerung in Preussens alten Provinzen:

1867	1871	1875	1880	1885
19 368 326 E.	19 968 063 E.	20 884 608 E.	22 178 110 E.	23 088 178 E.,

so dass die Steigerung sich belief

für 1867—71	für 1871—75	für 1875—80	für 1880—85
auf 3,10 %	auf 4,59 %	auf 6,20 %	auf 4,10 %.

Und in Preussen jetzigen Umfangs wurden gezählt:

1867	1871	1875	1880	1885
24 022 774 E.	24 691 085 E.	25 742 404 E.	27 279 111 E.	28 318 470 E.,

sodass dort die Bevölkerung erheblich weniger stieg, nämlich

1867—71	1871—75	1875—80	1880—85
um 2,78 %	um 4,26 %	um 5,97 %	um 3,81 %.

Eine besonders geringe Zunahme der Bevölkerung am An- fange und Ausgange der ganzen Periode ist aber auch in den einzelnen Theilen Preussens, insbesondere freilich im Osten und Centrum zu constatiren.

Es wuchs die Bevölkerung nämlich

in den	1867—71	1871—75	1875—80	1880—85
westlichen Provinzen um 3,82 %	um 6,66 /o	um 7,26 %	um 7,05 %
mittleren »	» 1,06 »	» 3,80 »	» 5,75 »	» 2,61 »
östlichen »	» 2,75 »	» 2,57 »	» 4,68 »	» 1,47 »
neuen »	» 1,31 »	» 3,41 »	» 5,32 »	» 2,37 » [1]).

Und wenn wir auf die einzelnen Provinzen eingehen, so finden wir nur in der Provinz Westphalen eine Ausnahme. Dort wuchs die Bevölkerung nämlich gerade in der Periode 1880—85 am raschesten und zugleich so stark, dass alle deutschen Staaten überholt wurden.

Die Zunahmesätze waren für Westphalen folgende:

1867—71	1871—75	1875—80	1880—85
4,02 %	7,38 %	7,36 %	7,85 %.

Für alle anderen Provinzen gilt das oben Ausgeführte.

Es nahmen nämlich zu:

	1867—71	1871—75	1875—80	1880—85
	um	um	um	um
Rheinland	3,72 %	6,29 %	7,23 %	6,65 %
Sachsen	2,03 »	3,09 »	6,73 »	5,13 »
Brandenburg (ohne Berlin)	1,41 »	5,77 »	5,08 »	3,35 »
Schlesien	3,49 »	3,66 »	4,32 »	2,56 »
Ostpreussen	0,83 »	1,84 »	4,19 »	1,10 »
Posen	3,34 »	1,30 »	6,10 »	0,55 »
Westpreussen	2,66 »	2,03 »	4,69 »	—0,03 »
Pommern	—0,81 »	2,02 »	5,38 »	—2,19 » (!) [2]).

1) Bez. absoluter Zahlen vergl. Anlagen, sowie die mehrfach genannten Quellen der »Statistik des Deutschen Reiches«.

2) Was die Provinz Pommern betrifft, so haben alle Bezirke innerhalb dieser Provinz abgenommen und zwar um ziemlich hohe Sätze. So hat sich die Bevölkerung des Regierungsbezirks

Stralsund (1867—71) um 3,46% und (1880 - 85) um 2,82 %

Stettin (») » 0,43 » » (») » 1,25 »

und Coeslin (») » 0,25 » » (») » 3,13 » vermindert.

Ausser diesen Bezirken haben noch folgende Reg.-Bez. an Bevölkerung verloren:

1867—71	1867—71	1880-·85
Münster 0,72 %	Gumbinnen 0,28 %	Marienwerder 1,22 %
Minden 0,69 »	Koblenz 0,06 »	Bromberg 0,03 ».

Näheres hierüber vergl. Theil IV.

Aehnlich stand es damals aber auch im nichtpreussischen Deutschland, so dass nur Sachsen, Anhalt und Braunschweig 1880—85 eine stärkere Bevölkerungszunahme als Preussen hatten. Die Bevölkerung dieser Staaten wuchs nämlich

in	1867—71 um	1871—75 um	1875–80 um	1880–85 um
Sachsen	5,36 %	7,99 %	7,69 %	7,04 %
Anhalt	3,25 »	4,98 »	8,91 »	6,70 »
Braunschweig	2,96 »	4,91 »	6,68 »	6,61 »
Preussen (alten Umfangs)	3,10 »	4,59 »	6,20 »	4,10 ».

Zuletzt sei hervorgehoben, dass jene für die Jahre von 1875—80 konstatirte besondere Steigerung der Bevölkerungszunahme vorzugsweise den kleineren deutschen Staaten zu Gute gekommen ist, welche von 1867—75 am wenigsten an Bevölkerung gewonnen hatten.

Es wuchs nämlich die Bevölkerung

in	1867–71 um	1871–75 um	1875—80 um	1880—85 um
Thüringen	1,67 %	2,99 %	6,43 %	3,69 %
Waldeck, Lippe, Sch.-Lippe	0,89 »	0,46 »	5,90 »	2,29 »
Oldenburg	0,04 »	1,50 »	5,69 »	1,20 »
Mecklenburg-Schwerin	—0,52 »	—0,70 »	4,20 »	—0,33 »
M.-Strelitz	—1,81 »	—1,35 »	4,80 »	—1,89 ».

In den grösseren Gebieten Deutschlands hat sich während jener Jahre von 1875—80 besonders die Bevölkerung von Hessen, Bayern und Württemberg stark vermehrt.

Es wuchs nämlich die Einwohnerzahl

von	1867—71 um	1871—75 um	1875—80 um	1880—85 um
Hessen	2,52 %	3,67 %	5,90 %	2,17 %
Bayern	1,02 »	3,27 »	5,22 »	2,56 »
Württemberg	2,47 »	3,46 »	4,76 »	1,22 »
Baden	1,85 »	3,12 »	4,19 »	1,97 »
Elsass-Lothringen	—2,68 »	—1,09 »	2,28 »	—0,15 ».

THEIL II.

DIE GESTALTUNG DER GEBURTSZIFFER

IN DER PREUSSISCHEN MONARCHIE UND IHREN
EINZELNEN THEILEN: PROVINZEN, BEZIRKEN UND
KREISGRUPPEN

IN DEN JAHREN VON 1824 BIS 1885.

Erstes Kapitel.

Die Gestaltung der Geburtsziffer in der preussischen Monarchie und ihren einzelnen Theilen in dem ganzen Zeitraume von 1824 bis 1885.

In den 62 Jahren von 1824 bis 1885 wurden in den alten Provinzen der preussischen Monarchie (ohne Hohenzollern) im Ganzen 42 907 151, d. h. durchschnittlich im Jahr 692 051 Kinder geboren.

Berechnet für die Bevölkerung M i t t e j e d e n J a h r e s im grossen Durchschnitt des ganzen Zeitraumes von 1824 bis 1885 17 099 890 Menschen (Civileinwohner) beträgt die sog. Geburtsziffer der preussischen Monarchie (im Umfang von 1815) hienach 4,05 %.

Leider sind wir nun nicht in der Lage, diese Geburtsziffer mit der gleichzeitigen in den übrigen deutschen und ausserdeutschen Staaten so vollständig vergleichen zu können, wie dies im ersten Theile dieses Werkes bezüglich der sog. factischen Bevölkerungszunahme geschehen ist, da das überhaupt zu beschaffende Material uns für die ä l t e r e Zeit vielfach im Stiche liess. Wollten wir jenen Vergleich nicht ganz und gar aufgeben, so mussten wir uns auf die Betrachtung kürzerer Zeiträume beschränken.

Immerhin sind wir bemüht gewesen, Nachrichten für möglichst lange Perioden zu beschaffen, da wir uns wohl bewusst sind, wie bedenklich es ist, eine Geburtsziffer, die aus dem Durchschnitte eines 60jährigen Durchschnittes resultiert, mit einer solchen für den Durchschnitt nur weniger Jahre zu vergleichen.

Wir werden daher, um in der That möglichst lange Perioden einander gegenüberstellen zu können, in diesem wie in den folgenden Theilen dieses Werkes von den deutschen Staaten nur behandeln Bayern, Sachsen, Württemberg, Baden, Hessen und Elsass-

Lothringen und daneben das Gebiet des jetzigen deutschen Reichs als solches, theils in seiner Gesammtheit, theils mit Ausschluss Preussens (alten Umfangs) und der Mittelstaaten Bayern, Sachsen, Württemberg, Baden und Hessen, theils auch nur mit Ausschluss dieser letzteren Staaten.

Von den ausserdeutschen Staaten aber sollen Behandlung finden einmal alle Staaten vorzugsweise germanischer Bevölkerung, also Schweden, Norwegen, Dänemark, Holland, England und Wales, sodann Oesterreich, Frankreich, Belgien und von den slavischen Gebieten: Russland, daneben das sog. Congresspolen für sich, Serbien und Griechenland, soweit Schlüsse aus dem für diese Staaten vorliegenden Material gerechtfertigt erscheinen.

Was endlich die zu betrachtenden Zeiträume betrifft, so soll ins Auge gefasst werden, je nach dem uns zugänglichen Material,

1. bei den deutschen Staaten :

für Württemberg   der Zeitraum von 1826—85 (60 Jahre)

» Elsass-Lothringen   »   »   »   1826—85 (excl. 1869—71,

also 57 Jahre)

» Sachsen   »   »   »   1835—85 (51 »)

» Bayern und Hessen   »   »   »   1838—85 (48 »)

» Baden u. d. deutsche
Reich überhaupt, so-
wie die genannten an-   »   »   »   1841—85 (45 »)
deren Gebiete

2. bei den ausserdeutschen Staaten :

für Russland   die Jahre von 1801—80 (excl. 1859—66,

also 73 Jahre)

» Dänemark   »   »   »   1820—80 (61 »)

» Schweden u. Frankreich   »   »   »   1821—80 (60 »)

» Oesterreich   »   »   »   1830—80 (51 »)

» Croatien u. Slavonien   »   »   »   1870—82 (13 »)

» England u. Wales   »   »   »   1838—86 (49 »)

» Holland   »   »   »   1840—79 (40 »)

» Belgien u. Norwegen   »   »   »   1841—80 (40 »)

» Griechenland   »   »   »   1865—83 (19 »)

» Serbien   »   »   »   1865—82 (18 »)

» Congresspolen   »   »   »   1865—77 (13 »).

Gedenken wir zunächst der einzelnen Gebiete Preussens, so zeigten unter diesen in dem ganzen Zeitraume von 1824 bis 1885 die höchste Geburtsziffer die Gruppe der vier ö s t l i c h e n, stark mit slavischen (polnischen, masurischen, wendischen) und littauischen Elementen durchsetzten Provinzen : Ostpreussen, Westpreussen, Schlesien und Posen. — Es wurden nämlich geboren (1824—85):

in	Kinder	mithin durchschn. pro Jahr	mittlere Bevölk.	mithin auf 100 Einw.
den östlichen Provinzen	19 069 391	307 571	7 175 328	4,29
» mittleren »	12 980 671	209 366	5 340 526	3,92
» westlichen »	10 856 225	175 100	4 580 015	3,82
Preussen i. Umf. v. 1815	42 907 151	692 051	17 099 890	4,05 [1]).

Innerhalb jenes östlichen Gebietes aber hatten eine besonders hohe Geburtsziffer Westpreussen und Posen (4,58 % resp. 4,45 %) und innerhalb dieser Provinzen wieder die Regierungs - Bezirke M a r i e n w e r d e r und B r o m b e r g (4,70 % resp. 4,67 %), die in dieser Beziehung nur von einigen Gebieten ganz slavischer Länder, wie Russland und Serbien, übertroffen wurden [2]).

In den beiden anderen östlichen Provinzen Ostpreussen und Schlesien betrug die durchschnittliche Geburtsziffer: 4,25 % und 4,13 %. Doch war innerhalb Schlesiens in dem Regierungsbezirk O p p e l n (mit etwa 60 % polnischer Bevölkerung nach der Aufnahme von 1867) die Geburtsziffer wieder besonders hoch, ja höher (4,59 %) als in Posen (4,45 %) und Westpreussen (4,58 %) im Durchschnitt.

Es wurden nämlich 1824—85 nach Neumann geboren:

in		mithin durchschn. pro Jahr	mittlere Bevölk.	mithin auf 100 Einw.
Westpreussen	3 054 304 Kinder	49 263	1 075 550	4,58
Posen	3 782 662 »	61 011	1 372 461	4,45
Ostpreussen	4 104 327 »	66 199	1 556 138	4,25
Schlesien	8 128 098 »	131 098	3 171 178	4,13
Rg.-Bez. Oppeln	2 985 294 »	48 150	1 049 049	4,59.

Ausser Schlesien stand hienach jede dieser östlichen Provinzen

---

1) Der kleine Unterschied in den nach Fr. J. N e u m a n n hier mitgetheilten absoluten Geburtenzahlen ist ohne Einfluss auf die Verhältnisszahlen und dürfte aus den Berechnungen der Militärzahlen zu erklären sein.

2) Die Zahl der Geborenen betrug im Durchschnitt der Jahre von 1824 bis 1885 in Marienwerder 30 271 bei einer mittleren Bevölkerung von 643 333 Menschen und in Bromberg 22 065 Kinder bei einer mittleren Bevölkerung von 472 923 Menschen.

in Bezug auf die Höhe der Geburtsziffer allen deutschen Staaten voran. Dagegen hatten Schlesien im Ganzen und die Provinzen des Centrums und des Westens der Monarchie allerdings eine geringere Geburtsziffer, als die Königreiche Sachsen und Württemberg. Es wurden nämlich geboren (1824—85):

in der Provinz		mithin durchschn. pro Jahr	mittlere Bevölk.	mithin auf 100 Einw.
Pommern	3 015 996 Kinder	48 645 K.	1 217 536	4,00
Sachsen	4 447 525 »	71 734 »	1 828 808	3,92
Brandenburg (ohne Berlin) [1])	} 4 195 658 »	67 672 »	1 751 553	3,86
Rheinland	7 188 721 »	115 947 »	3 015 680	3,84
Westphalen	3 667 504 »	59 153 »	1 564 334	3,78

Dagegen stellt sich für die Königreiche Sachsen und Württemberg, wie wir sogleich sehen werden, die Geburtsziffer (für die Jahre 1835—85 resp. 1826—85) auf 4,28 resp. 4,15 '/' heraus.

Gehen wir aber näher auf die einzelnen Theile jener Provinzen ein, so zeigte, wie schon erwähnt, die mit slavischen Elementen stark gemischten Regierungsbezirke Marienwerder[2]), Bromberg und Oppeln die höchsten Geburtsziffern. Aber auch in allen übrigen Bezirken des Ostens ausser in Liegnitz waren die Geburtsziffern nach den Rechnungen von Fr. J. Neumann erheblich höher, als in irgend einer Provinz des Centrums und des Westens.

Es wurden danach nämlich geboren (1824—85):

1) Was die Stadt Berlin anbelangt, so wurden dort im Durchschnitt der Jahre von 1824—85 21 314 Kinder geboren; bei einer mittleren Bevölkerung von 542 630 Menschen beträgt die Geburtsziffer also 3,93 %.

2) Innerhalb des Regierungsbezirkes Marienwerder fielen z. B. in den etwa zur Hälfte polnischen Kreisen Schwetz und Konitz-Tuchel auf 100 Einw. durchschnittlich 4,76 Geburten (pro Jahr 5 494 Geburten bei einer mittleren Bevölkerung von 115 307), und im Gesammtgebiet der Kreise Thorn, Culm, Graudenz (ebenfalls 40—50 % Polen) war die Geburtsziffer sogar 4,86 % (pro Jahr 7 163 Geburten bei einer mittleren Bevölkerung von 147 411 M.). Ja, im Einzelnen ergab der Kreis Kulm sogar 5,08 Geb. auf 100 Einw. (2 304 Geb. bei einer mittleren Bevölkerung von 46 306 M.), und die polnischen Kreise Löbau und Strassburg 5,10, der Kreis Strassburg allein 5,14. Es kamen nämlich zur Welt (1824—85)

in den Kreisen		mithin durchschn. pro Jahr	mittlere Bev.	mithin auf 100 E.
Löbau, Strassburg	291 657	4 704	92 211	5,10
Strassburg	167 761	2 706	52 618	5,14.

im Reg.-Bez.		mithin durchsch. pro Jahr	mittlere Bevölk.	mithin auf 100 Einw.
Marienwerder	1 876 815 Kinder	30 271 K.	643 333	4,70
Bromberg	1 368 042 »	22 065 »	472 923	4,67
Oppeln	2 985 294 »	48 150 »	1 049 049	4,59
Danzig	1 177 489 »	18 992 »	432 217	4,39
Posen	2 414 620 »	38 945 »	899 538	4,33
Gumbinnen	1 717 114 »	27 695 »	648 798	4,27
Königsberg	2 387 213 »	38 503 »	907 340	4,24
Breslau	3 059 493 »	49 347 »	1 216 401	4,06
Liegnitz	2 083 311 »	33 602 »	905 728	3,07.

Annähernd ähnlich grosse Geburtsziffern wie in diesen östlichen Bezirken (ausser Liegnitz) finden wir dann namentlich noch in den beiden östlichen pommerschen Bezirken (Coeslin und Stettin) und in Merseburg.

Es kamen nämlich zur Welt (1824—85)

im Reg.-Bez.		mithin durchschn. pro Jahr	mittlere Bevölk.	mithin auf 100 Einw,
Coeslin [1])	1 160 760 Kinder	18 722 K.	459 110	4,08
Stettin	1 433 038 »	23 114 »	572 449	4,04
Merseburg	1 904 479 »	30 717 »	766 497	4,01
Magdeburg	1 736 146 »	28 002 »	724 191	3,88
Potsdam	2 087 090 »	33 663 »	867 908	3,88
Frankfurt	2 108 568 »	34 009 »	883 645	3,85
Erfurt	806 900 »	13 015 »	339 733	3,83
Stralsund	422 198 »	6 810 »	185 976	3,66.

Dagegen gestalteten sich die in Rede stehenden Verhältnisse sehr verschieden im Westen, verschieden namentlich nach der Art der Beschäftigung der Bevölkerung.

In den hochindustriellen Bezirken Arnsberg und Düsseldorf finden wir eine Geburtsziffer von 4,11 "/o resp. 3,99 °/o, dagegen in den mehr ländlichen Gebieten von Aachen und Koblenz

---

1) Nicht unerwähnt mag an dieser Stelle bleiben, dass einzelne Kreise innerhalb des Regierungsbezirks Coeslin, die an die Provinz Westpreussen grenzen, eine erheblich grössere Geburtsziffer aufweisen, als der Durchschnitt des ganzen Bezirkes. So betrug dieselbe im Kreise
Neustettin 4,14 °/o (durchschn. pro Jahr 1824—85 wurden geboren 2492 Kinder bei einer mittl. Bevölk. v. 60 185)
Rummelsberg 4,42 °/o (durchn. pro Jahr 1824—85 wurden geboren 1 171 Kinder bei einer mittl. Bevölk. v. 26 482).

eine solche von 3,61 % resp. 3,71 und z. B. im Regierungsbezirke Münster nur eine solche von 3,12 %.

Es wurden nämlich geboren (1824—85):

im Reg.-Bez.			mithin durchschn. pro Jahr	mittlere Bevölk.	mithin auf 100 Einw.
Arnsberg	1 760 574	Kinder	28 396 K.	690 177	4,11
Düsseldorf	2 610 915	»	42 112 »	1 054 620	3,99
Koblenz	1 154 380	»	18 619 »	502 088	3,71
Aachen	964 254	»	15 552 »	430 653	3,61
Münster	821 912	»	13 257 »	424 572	3,12.

Die drei anderen Bezirke Cöln, Minden und Trier standen mit den Geburtsziffern von 3,91 — 3,89 — 3,80 zwischen diesen Extremen [1]).

Begnügen wir uns aber auch im Westen nicht mit den Ergebnissen für ganze Bezirke, sondern fragen nach der Gestaltung der bez. Dinge in einzelnen Kreisen und Kreisgruppen, so stossen wir z. B. innerhalb des Regierungsbezirkes Arnsberg auf Geburtsziffern, die jenen der östlichen Provinzen und Bezirke nicht nachstehen, ja hie und da sie übertreffen. So war 1824 bis 1885 die durchschnittliche Geburtsziffer in den Kreisen:

Bochum Dortmund, Hagen, Iserlohn	4,64"/₀	(14 777 Geb. bei mittl. Bev. v. 318 215 M.)
Altena, Siegen	3,76 »	(3 666 » » » » » 97 502 »)
Hamm, Lippstadt	3,70 »	(3 015 » » » » » 81 560 »)
Arnsberg, Brilon, Meschede, Olpe	3,66 »	(4 687 » » » » » 128 009 »)
Soest, Wittgenstein nur	3,47 »	(2 258 » » » » » 65 036 »).

Wir finden also insbesondere in der ersteren Gruppe Bochum, Dortmund, Hagen, Iserlohn eine Geburtsziffer, die höher war, als in den geburtsreichsten P r o v i n z e n des Ostens (4,59 und 4,45) und etwa gleichstand mit jenen in den geburtsreichsten B e z i r k e n Marienwerder und Bromberg (4,70 und 4,67.)

Ja, im Einzelnen hatte z. B. der S t a d t k r e i s B o c h u m im Durchschnitt der Jahre 1824—85 eine Geburtsziffer von 5,24 "/o (!), der L a n d k r e i s B o c h u m eine solche von 5,00 und der Stadtkreis Dortmund eine solche von 4,99 % (absolute Zahlen in Anlagen).

Das waren Zahlen, die zum Theil noch über jenen der deutsch-

1) Geboren wurden 1824—85:

im Reg.-Bez.		mithin durchschn. pro Jahr	mittlere Bevölk.	mithin auf 100 Einw.
Cöln	1 267 577	20 445	522 637	3,91
Minden	1 085 018	17 500	449 585	3,89
Trier	1 191 595	19 219	505,682	3,80.

polnischen Kreise Strassburg (5,14 %), Löbau (5,10 %) und Kulm, Thorn etc. (4,86 %) hinausgingen.

So im Regierungsbezirk Arnsberg.

Aber auch in anderen Bezirken Westphalens, insbesondere im Regierungsbezirk M i n d e n finden wir hohe Geburtsziffern in den mehr städtischen Gebieten; so zeigte z. B. das Gesammtgebiet der Kreise B i e l e f e l d, M i n d e n und H e r f o r d im Durchschnitt der Jahre von 1824 bis 1885 eine Geburtsziffer von 4,16 % (7526 Geburten bei einer mittleren Bevölkerung von 181 019 Menschen), ja der S t a d t k r e i s B i e l e f e l d sogar eine Geburtsziffer von 4,74 %. Es bestätigt sich da in gewissem Sinne, was z. B. schon E n g e l in Bezug auf das Königreich Sachsen darlegte, dass innerhalb einer industriellen Bevölkerung die Zahl der Geburten im Allgemeinen grösser ist, als innerhalb einer ackerbauenden.

Lassen wir zum Schluss die einzelnen Regierungsbezirke nach der Grösse der Geburtsziffer in vier Abtheilungen auf einander folgen, so waren

I. Bezirke mit besonders hoher Geburtsziffer:

Marienwerder mit 4,70 %	Posen mit 4,33 %
Bromberg » 4,67 »	Gumbinnen » 4,27 »
Oppeln » 4,59 »	Königsberg » 4,24 »
Danzig » 4,39 ».	

II. Bezirke mit mässig hoher Geburtsziffer:

Arnsberg mit 4,11 %	Stettin mit 4,04 %
Coeslin » 4,08 »	Merseburg » 4,01 »
Breslau » 4,06 »	Düsseldorf » 3,99 ».

III. Bezirke mit mittlerer Geburtsziffer:

Cöln mit 3,91 %	Erfurt mit 3,83 %
Minden » 3,89 »	Trier » 3,80 »
Magdeburg » 3,88 »	Coblenz » 3,71 »
Potsdam » 3,88 »	Stralsund » 3,66 »
Frankfurt » 3,85 »	Aachen » 3,61 ».

IV. Bezirke mit kleiner Geburtsziffer:

Münster mit 3,12 %	Liegnitz mit 3,07 %.

Wenden wir uns den grösseren deutschen Staaten ausserhalb Preussens zu, so finden wir eine höhere Geburtsziffer als in Preussen älteren Umfangs (4,05) nur in den Königreichen Sachsen und Württemberg.

Es wurden nämlich geboren:

	mithin durchschn. pro Jahr	mittlere Bevölk.[1]	mithin auf 100 Einw.
Sachsen [2] (1835—85 = 51 Jahre)	4 893 160 Kinder	95 944 K.	2 242 645	4,28
Württemberg [3] (1826—85 = 60 Jahre)	4 322 165 »	72 036 »	1 735 618	4,15
Bayern [4] (1838—85 = 48 Jahre)	8 630 958 »	179 812 »	4 781 913	3,76
Baden [5] (1841—85 = 45 Jahre)	2 411 538 »	53 590 »	1 423 815	3,76
Hessen [6] (1838—85 = 48 Jahre)	1 460 547 »	30 428 »	839 036	3,63
Elsass-Lothringen [7] (1826—85 [ohne 1869—71] = 57 Jahre	2 914 757 »	51 136 »	1 526 700	3,45
Preussen (alt. Umf. 1841—85 = 45 Jahr)	34 033 281 »	756 295 »	18 637 688	4,06.

1) Die mittlere Bevölkerung ist hier und für die deutschen Staaten überhaupt von uns nach der Methode von Fr. J. Neumann ausgerechnet. Vergl. hierüber: »Einleitung«, sowie E. v. Bergmann: »Zur Geschichte der Entwickelung der Bevölkerung« etc. Band I dieser Beiträge a. a. O.

2) Vergl. »Zeitschrift des k. sächsischen statistischen Büreaus XXXII. Jahrg. 1886, Heft I und II S. 4.

3) Vergl. »Das Königreich Württemberg« 2. Bandes 1. Hälfte, S. 376 ff. — Uebrigens mit Vorsicht zu benützen, da viele Druckfehler eingeschlichen sind — und »Statistisches Jahrbuch des deutschen Reiches« Band 4-8 (1883—87).

4) Vergl. »Statistischer Abriss für das Kön. Bayern«, I. Lieferung, herausgegeben vom kön. statist. Büreau, München 1876, S. 32 (Tab. 39), sowie »Monatshefte zur Statistik des deutschen Reiches« 1876 u. 1877 und »Statist. Jahrbuch« a. a. O.

5) Vergl. »Das Grossherzogthum Baden«, Karlsruhe 1885, S. 354 Tab. VII und »Statistisch. Jahrbuch für d. deutsche Reich« a. a. O.

6) Vergl. »Beiträge zur Statistik des Grossherzogthums Hessen«, Darmstadt 1870, 10. Band, sowie die mehrfach genannten Quellen zur Statistik des deutschen Reiches.

7) Vergl. »Statistique de la France« seit 1837 bis 1871. Merkwürdigerweise fehlen die Zahlen für die Jahre von 1869 bis 1871 in der französischen und der deutschen Statistik. Die Geburtszahlen stellten wir so auf: wir zogen die Geburtszahlen für Moselle, Rhin bas und Rhin haut zusammen und zogen dann die Zahlen für Belfort ab. Allerdings ist gemäss Art. 1 des Präliminarfriedens vom 26. Febr. 1871, Art. I des Friedenvertrages vom 10. Mai 1871, Zusatzartikel 3 hierzu und Art. 10 der zusätzlichen Uebereinkunft vom 12. Okt. 1871 nicht das ganze Departement Moselle an Deutschland übergegangen, andrerseits hatte Deutschland Theile der Dep. Meuse (Maas) und Vosges (Vogesen) erhalten — und zwar willigte Frankreich in die Verlegung der deutschen Grenze

Das Gebiet des östlichen Preussen (Ost- und Westpreussen, Posen und Schlesien), für das oben eine Geburtsziffer von 4,29 %, berechnet ist, stand in dieser Beziehung aber auch Sachsen und Württemberg voran und besonders gilt dies von Westpreussen und Posen (mit 4,58 % resp. 4,45 %), während Ostpreussen mit der Geburtsziffer 4,25 % (1824 bis 1885) Sachsen etwa gleichstand und nur Württemberg (mit 4,15 %) erheblich übertraf. Dagegen hatten Bayern (3,76) und Baden (3,76) etwa eine gleiche Geburtsziffer wie Westphalen (mit 3,78 % in den Jahren von 1824 bis 1885). Und nur Hessen und Elsass-Lothringen zeigten so geringe Geburtsziffern, dass sie keiner preussischen P r o v i n z voran- oder etwa gleichstanden, und dass selbst von den einzelnen R e g i e r u n g s - b e z i r k e n nur Aachen (mit 3,61 % 1824 85), Münster (mit 3,12 %) und Liegnitz (mit 3,07 %) dagegen zurückstanden.

Wollen wir endlich das besonders industrielle Königreich Sachsen noch mit den ebenfalls besonders industriellen preussischen Provinzen des Westens vergleichen, so blieben allerdings diese Provinzen in ihrer Gesammtheit wie auch die einzelnen besonders industriellen Regierungsbezirke Arnsberg und Düsseldorf erheblich h i n t e r Sachsen zurück. Denn Westphalen zeigte, wie wir sahen, eine durchschnittliche Geburtsziffer von 3,78 %., die Rheinprovinz eine solche von 3,84 %, und die Regierungsbezirke Düsseldorf und Arnsberg solche von 3,99 resp. 4,11 %, dagegen das Königreich Sachsen eine Geburtsziffer von 4,28 %. Uebrigens stand innerhalb des Regierungsbezirkes Arnsberg z. B. das Gebiet der Kreise Bochum, Dortmund, Hagen und Iserlohn mit durchschnittlich 4,65 Geburten auf 100 Einw. dem Königreich Sachsen erheblich voran.

Was die einzelnen Gebiete B a y e r n s betrifft, so ergab sich für die Pfalz (mit 24 076 Geburten im Durchschnitt der Jahre

in den Kantonen Kattenhofen und Diedenhofen (im Dep. Meuse) und bei Saales (im Dep. Vosges) ein, während Deutschland an Frankreich drei Theile im Dep. Moselle abtrat: einen Theil um Chambley, die Gemeinde von Igney mit einem Theile von Avricourt und einen Theil um Châtillon. Wegen Mangel an statistischen Angaben konnten wir nicht feststellen, wie weit jene Theile an Grösse der Bevölkerungszahl zusammenfallen. Es dürfte aber vorauszusetzen sein, dass der Unterschied nicht gross ist. Wir waren auch nicht in der Lage, die Todtgeborenen in diesem Gebiete für die Jahre von 1826 bis 1835 festzustellen. Jedenfalls sind die Zahlen für Elsass-Lothringen mit Vorsicht zu benutzen. Für die Jahre von 1872 bis 1885 benutzten wir die Quellen der Statistik des deutschen Reiches.

1838—85) eine etwas höhere Geburtsziffer (3,88 %) als in den angrenzenden Bezirken von Trier (3,80 %) und Koblenz (3,71 %). Und ähnlich hoch (3,87 %) gestaltete sich die Geburtsziffer auch in dem rechtsrheinischen Bayern ausserhalb Frankens.

Es wurden nämlich in dem Gesammtgebiet von Oberbayern, Niederbayern, Schwaben und Oberpfalz im Durchschnitt der Jahre von 1838 bis 1885 94 580 Kinder geboren, d. h. bei einer mittleren Bevölkerung von 2 446 600 Einw. 3,87 Geb. auf 100 Einwohner.

Dagegen war im fränkischen Gebiet die Geburtsziffer erheblich geringer.

Es wurden nämlich in den drei Bezirken Mittel-, Ober- und Unterfranken. (1838—85) durchschnittlich pro Jahr 60 305 Kinder bei einer mittleren Bevölkerung von 1 669 930 Menschen geboren, also 3,61 Geburten auf 100 Einwohner, was der Geburtsziffer von Hessen ziemlich nahe kommt. —

Fassen wir endlich noch das Gesammtgebiet der Staaten Bayern, Württemberg, Baden und Hessen zusammen, so erhalten wir eine niedrigere Geburtsziffer als in Preussen, denn es wurden dort (1841—85) 19 795 394 Kinder, und durchschnittlich pro Jahr 439 897 Kinder geboren, d. h. bei einer durchschnittlichen Bevölkerung von 11 188 700 Einw. 3,93 Geburten auf je 100 Köpfe.

Auch das Gesammtgebiet des heutigen Deutschland steht bez. der Höhe seiner Geburtsziffer, wie sich schon aus den mitgetheilten Zahlen schliessen lässt, hinter Preussen.

Es wurden nämlich dort in den Jahren von 1841 bis 1885 67 862 254 Kinder, mithin pro Jahr 1 508 050 Kinder geboren, die Grösse der mittleren Bevölkerung aber belief sich für diesen Zeitraum auf 39 113 188 M. und es gab mithin 3,86 Geburten auf 100 Köpfe (abs. Zahlen im »Stat. Jahrbuch für d. deutsche Reich«, 1887).

Vergleichen wir die bisher gewonnenen Resultate endlich mit den analogen Zahlen in anderen Staaten, so stand Preussen am nächsten Oesterreich, das während des Zeitraumes von 1830 bis 1880 eine Geburtsziffer von unter 4 auf 100 Köpfe hatte.

Es wurden dort [1]) nämlich in diesen 51 Jahren im Gebiet des jetzigen cisleithanischen Oesterreichs geboren

---

1) Vergl. »Statistische Monatsschrift« (IX. Jahrg. 1883, Wien) Aufsatz von Prof. Dr. Juraschek »Die unehelichen Geburten in Oesterreich seit dem Jahre 1830« S. 62.

durchschnittlich pro Jahr   bei mittlerer Bev.   mithin auf 100 Einw.

721 728 Kinder   18 340 886   3,93.

In Holland und England und Wales blieb die Geburtsziffer nicht nur hinter der von Preussen, sondern auch hinter der aller grösseren und mittleren deutschen Staatsgebiete, ausgenommen Elsass-Lothringen zurück, denn es wurden geboren:

in	durchschn. pro Jahr	mittlere Bevölk.	mithin auf 100 Einw.
Holland [1] (1840—79 = 40 Jahre)	4 893 291 Kinder	122 332 K.	3 409 744	3,59
Engl. u. Wales[2] (excl. Todtg). (1838—86 = 49 Jahre)				3,40.

Und die geringste Geburtsziffer unter allen germanischen Gebieten hatten Norwegen, Schweden und Dänemark, was um so bemerkenswerther erscheint, als Norwegen und Schweden, wie im ersten Theile dieser Arbeit ausgeführt ist, bez. der »factischen« Bevölkerungszunahme die erste Stelle unter den germanischen Staaten beanspruchen.

Es wurden nämlich geboren:

in	durchschn. pro Jahr	mittlere Bevölk.	mithin auf 100 Einw.
Schweden [3] (1821—80 = 60 Jahre)	6 966 008	116 100	3 546 650	3,27
Dänemark [4] (1820—80 = 61 »)	2 918 509	47 845	1 468 151	3,26
Norwegen [5] (1841 — 80 = 40 »)	2 061 229	51 531	1 590 299	3,24.

Sehr gering war die Geburtsziffer sodann aber auch in Belgien und am geringsten unter allen europäischen Staaten in Frankreich, denn es kamen zur Welt:

---

1) Vergl. »Statistique internationale« Bruxelles 1865 p. 291, sodann »statistical abstract for the principal and other foreign countries« (1865—76/77) London 1878, S. 10 u. 11, ferner »Statistique internationale. Etat de la population« I Stockholm 1875—76 und Bodio a. a. O.

2) Vergl. 49th ann. Rep. of Reg. Gen. of births etc. 1887 p. XXXIII; abs. Geburtenzahlen sind an gen. Stelle nicht angegeben. Nach unseren Berechnungen aus dieser Quelle und dem Reprint of statistical abstract etc. 1870 wurden 1840—86 in England und Wales 33 819 831 Kinder, durchschn. pro Jahr: 719 571 geboren.

3) Vergl. Wappäus »Bevölkerungsstatistik« I, S. 337, schweizerische Statistik 63. Band 1886, S. 50, Bodio und die »Statistique internationale«.

4) Vergl »Statistik Tavelvaerk« 1868, Tabeller over Voelser, Födsler ag Dödsfald p. 10, dasselbe Kopenhagen 1873; Bodio a. a. O., sowie »Statistique internationale« a. a. O.

5) Vergl. »Schweizerische Statistik«, Bodio und die »Statistique internationale« a. a. O.

Zur Gesch. d. Bevölkerung. III.

66

durchschn. mittlere mithin auf
pro Jahr Bevölkerung 100 Einw.

Belgien [1])   (1841—80 = 40 Jahre) 6 218 070 K.   155 452   4 789 346   3,25
Frankreich [2]) (1821—80 = 60   »   durchschn. Verhältnisszahl aus den Geburtsziffern der einz. Jahre) 2,75.

Auffallend kann es auch erscheinen, dass G r i e c h e n l a n d, welches bez. der Höhe der »factischen« Bevölkerungs z u n a h m e (vergl. Theil I) anscheinend nicht nur erheblich über Preussen, sondern ü b e r allen europäischen Staaten überhaupt stand, eine sehr geringe Geburtsziffer gehabt hat, die anscheinend nur wenig grösser als jene in Frankreich war.

Nach den Ermittelungen von Bodio [3]) fielen nämlich in den Jahren von 1865—82 auf je 100 Köpfe nur 2,84 Geburten (die Zahl der Todtgeburten ist in diesem Staate anscheinend sehr gering: ihre absolute Zahl betrug 1870: 36, 1871: 30, 1872: 42, 1873: 30 [4]). —

Ganz anders steht es in den slavischen Ländern des Nordostens. Dort ist eine erheblich höhere Geburtsziffer als in Preussen nachweisbar, ja es scheint dort die höchste zu finden zu sein, die überhaupt innerhalb europäischer Staaten nachweisbar ist. Nach den Angaben von Jahnson [5]), der leider die absolute Geburtszahl nicht angibt, betrug die Geburtsziffer im e u r o p ä i s c h e n R u s s - l a n d

1801—10: 4,12 %   1841—50: 4,89 %
1811—20: 3,72 »   1851—60: 5,04 »
1821—30: 4,17 »   1861—63: 5,00 »
1831—40: 4,43 »   1867—70: 4,98 »
                     1871—73: 4,17 ».

Und nach unseren Berechnungen betrug sie
1875—78:   4,88 % [6]).

---

1) Vergl. »Statistique internationale«, Bruxelles 1865, Bodio a. a. O. und Statistical abstract, sowie »Statistique internationale«, 1875 – 76 Stockholm a. a. O.

2) Vergl. »Annuaire statistique de la France« 1883 p. 43 ff.

3) Vergl. Bodio a. a. O.

4) Vergl. Bodio Anmerkung 6 auf S. CCI.

5) Vergl. »Jahnson: vergleichende Statistik Russlands und der europäischen Staaten« (russisch), Band I, Petersburg 1878, S. 160 – 161.

6) Was die absoluten Geburtenzahlen betrifft, so haben wir aus dem trefflichen Werke Schnitzlers »L'Empire des Tsars« p. 165 (Tome second, population 1862) folgendes entnommen.

Es wurden geboren:

In grossen Theilen des russischen Reiches scheint die Geburtsziffer in den Jahren von 1859—63 sogar erheblich über 5 % betragen zu haben; so im Gouv. Perm (5,58 %), Wjatka (5,53 %) und
Ufa (5,40 %) — ja im Gouv. Simbirsk sogar 6,17 ⁰ ᵘ (vergl. Jahnson).
Aehnlich hoch scheint sich die Geburtsziffer aber auch in anderen slavischen Ländern zu gestalten. In Croatien und Slavonien z. B. belief sie sich 1870—82 nach den Angaben von
Bodio a. a. O. auf 4,53 % und in Serbien nach derselben Quelle
auf 4,29 % (1865—83) [1]), während sie im sog. »Congresspolen« [2])
nach unseren Berechnungen 4,50 % (1865—77) betrug.

Resümiren wir das Gesagte, so finden wir etwa für den Zeitraum von 1840—85 eine höhere Geburtsziffer als in Preussen

1801	1 179 476	1811	1 341 250	1821	1 545 679	1831	1 821 052
02	1 304 471	12	1 264 391	22	1 539 988	32	1 925 105
03	1 277 321	13	1 099 406	23	1 633 601	33	1 845 045
04	1 358 287	14	1 228 077	24	1 646 224	34	1 908 678
05	1 361 134	15	1 336 320	25	1 705 615	35	1 869 842
06	1 346 165	16	1 491 700	26	1 722 021	36	2 046 608
07	1 334 592	17	1 473 296	27	1 844 779	37	2 091 911
08	1 334 130	18	1 456 845	28	1 771 346	38	2 163 704
09	1 321 303	19	1 422 134	29	1 922 695	39	2 317 844
1810	1 374 926	1820	1 570 399	1830	1 844 266	1840	2 000 482

Alle Confessionen:

1841	2 485 739	1851	2 725 881
42	2 445 710	52	2 782 636
43	2 623 071	53	2 907 404
44	2 719 049	54	2 881 655
45	2 679 076	55	2 833 017
46	2 613 361	56	2 724 486
47	2 710 729	57	2 993 101
48	2 839 503	1858	2 996 189.
49	2 665 673		
1850	2 846 548.		

Und aus dem »statistischen Jahrbuch des russischen Reiches« (russisch) und
Bodio a. a. O. haben wir entnommen:

1867	3 200 515	1871	3 344 448	1875	3 548 157	1879	3 661 534
68	3 093 187	72	3 312 993	76	3 549 472	80	3 670 647.
69	3 178 970	73	3 499 791	77	3 531 124		
70	3 180 223	74	3 493 803	78	3 418 316		

1) Vergl. Bodio a. a. O. Für 1879—83 ist das neue Territorium berücksichtigt.

2) Vergl. Bodio a. a. O.

5 *

(mit 4,05 resp. 4,06 auf je 100 Köpfe im Zeitraum von 1824 bis 1885 resp. 1841—85):

innerhalb Deutschlands	ausserhalb Deutschlands
in Sachsen mit 4,28 %	anscheinend in Russland mit 4,50—5,00 %
» Württemberg » 4,15 »	» » Croatien u. Slavonien mit 4,53 »
	» » sog. Congresspolen » 4,50 »
	» » Serbien » 4,29 »,

Dagegen eine niedrigere Geburtsziffer:

innerhalb Deutschlands   ausserhalb Deutschlands

in d. Gesammtgebiet v. Bayern, Sachsen, Württemberg, Baden, Hessen	mit 3,93 %	in Oesterreich	mit 3,93 %
		» Holland	» 3,59 »
		» England u. Wales	» 3,40 »
» Deutschland überhaupt	» 3,86 »	» Schweden	» 3,27 »
» Bayern	» 3,76 »	» Dänemark	» 3,26 »
» Baden	» 3,76 »	» Belgien	» 3,25 »
» Hessen	» 3,63 »	» Norwegen	» 3,24 »
» Deutschland ausser Preussen alt. Umf., Bayern, Württemberg, Sachsen, Baden u. Hessen	» 3,36 »	» Griechenland	» 2,84 »
		» Frankreich	» 2,75 ».
» Elsass-Lothringen	» 3,35 »		

Freilich sind alle diese Zahlen, besonders für manche ausserdeutschen Staaten mit Vorsicht zu benützen. Immerhin dürfte in Anbetracht der Constanz der bezüglichen Zahlen das keinem Zweifel unterliegen, dass die preussischen Geburtsziffern relativ hohe sind.

Zweites Kapitel.

Die Gestaltung der Geburtsziffer in der preussischen Monarchie und ihren Theilen in den drei Perioden: 1824—48, 1849--66 und 1867—85.

I.

Verfolgen wir die Gestaltung der hier in Rede stehenden Dinge innerhalb Preussens für kürzere Zeiträume und unterscheiden hiebei wieder drei Perioden:

A: von 1824—48

B: » 1849—66

C: » 1867—85,

so fällt zuerst auf, dass sich die Entwickelung der Geburtsziffer im Laufe dieser Perioden umgekehrt gestaltet hat, wie die der sog. factischen Bevölkerungszunahme, indem sie sich von Periode zu Periode steigerte, während die Bevölkerungszunahme sich minderte.

Es wurden in Preussen (alten Umfangs) nämlich geboren:

		mittl. Bev.	mithin auf 100 Einw.	(sog. factische Bevölkerungszunahme)
1824—48:	13 715 678 Kinder	13 807 346	3,97 Geb.	(1,23 %)
durchschn: 548 627	»			
1849—66:	12 688 956 »	17 472 675	4,03 »	(1,03 »)
durchschn: 704 942	»			
1867—85:	16 502 513 »	21 126 390	4,11 »	(0,97 ».)
durchschn: 868 553	»			

Indessen ist schon an dieser Stelle darauf hinzuweisen, dass diese Minderung der Bevölkerungszunahme Folge zunehmender Auswanderung war. Die sog. natürliche Bevölkerungszunahme (Ueberschuss der Zahl der Geborenen über die der Gestorbenen) stieg ähnlich wie die Geburtsziffer von Periode zu Periode, sie betrug

1824—48: 1,01 %

1849—66: 1,10 »

1867—85: 1,25 », während die Ein- resp.

Auswanderungen sich so gestalteten, dass 1824—48 ein Mehr-
zuschluss von 0,22 %, dagegen in den folgenden Zeitabschnitten
eine Mehrauswanderung stattfand, und zwar

1849—66 von 0,07 %
1867—85 von 0,27 ». —

Innerhalb der preussischen Monarchie stossen wir nun aber
auf eine Steigerung der Geburtsziffer nur in den Gruppen der mittleren und westlichen Provinzen. Und zwar fand in der mittleren
Gruppe ebenso wie im Durchschnitt der preussischen Monarchie
eine Steigerung von Periode zu Periode statt, während in den
westlichen Provinzen zwar die höchste Geburtsziffer wieder auf die
neueste Zeit fiel, die niedrigste dagegen nicht auf die ältere, sondern
auf die mittlere Periode. Endlich wurde in den östlichen
Provinzen die grösste Zahl gerade in dieser mittleren Periode geboren, in der vorhergehenden und folgenden erheblich weniger.
Es kamen nämlich zur Welt:

	1824—48		
	durchschn. pro Jahr [1])	mittl. Bev. [2])	mithin auf 100 Einw.
in den mittleren Prov.	160 076	4 173 768	3,83
» » westlichen »	137 159	3 700 103	3,71
» » östlichen »	251 380	5 926 279	4,24
in der preuss. Monarchie	548 627	13 807 346	3,973

	1849—66		
	durchschn. pro Jahr [1])	mittl. Bev. [2])	mithin auf 100 Einw.
in den mittleren Prov.	215 024	5 489 470	3,92
» » westlichen »	168 327	4 598 755	3,66
» » östlichen »	321 582	7 381 195	4,36
in der preuss. Monarchie	704 942	17 472 675	4,0345

	1867—85		
	durchschn. pro Jahr [1])	mittl. Bev. [2])	mithin auf 100 Einw.
in den mittleren Prov.	268 860	6 734 630	3,99
» » westlichen »	231 388	5 720 039	4,05
» » östlichen »	368 232	8 676 414	4,24
in der preuss. Monarchie	868 553	21 126 390	4,11.

Wenn wir danach zur Betrachtung der einzelnen Provinzen
übergehen, so finden wir, dass innerhalb jenes mittleren Gebietes

---

1) Die absoluten Zahlen bringt die Beilage.
2) Vgl. hiezu (Methode der Berechnung) Einleitung.

in den Provinzen Brandenburg (ohne Berlin [1])) und in Sachsen, sowie innerhalb des östlichen Gebiets in der Provinz Posen und speciell im Regierungsbezirk Posen eine Steigerung der Geburtsziffer von Periode zu Periode stattfand.

Es wurden nämlich geboren:

	durchschn. pro Jahr	1824—48 mittl. Bev.	mithin auf 100 Einw.
in Brandenburg	54 380	1 411 841	3,85
» Sachsen	57 656	1 519 708	3,79
» Posen	49 759	1 157 399	4,30
» Reg.-Bez. Posen	32 482	779 578	4,17

	durchschn. pro Jahr	1849—66 mittl. Bev.	mithin auf 100 Einw.
in Brandenburg	70 328	1 824 258	3,86
» Sachsen	73 686	1 882 769	3,91
» Posen	63 493	1 417 178	4,48
» Reg.-Bez. Posen	39 950	921 863	4,33

	durchschn. pro Jahr	1867—85 mittl. Bev.	mithin auf 100 Einw.
in Brandenburg	82 645	2 129 664	3,88
» Sachsen	88 409	2 184 397	4,05
» Posen	73 464	1 613 076	4,55
» Reg.-Bez. Posen	46 498	1 036 230	4,49.

Dagegen zeigte sich im Osten die Provinz Schlesien insofern den westlichen Provinzen Westphalen und Rheinland ähnlich, als dort ebenfalls die niedrigste Geburtsziffer auf die mittlere Zeit (1849—66) fiel.

Es wurden nämlich geboren:

	durchschn. pro Jahr	1824—48 mittl. Bev.	mithin auf 100 Einw.
in Rheinland	89 776	2 392 820	3,75
» Westphalen	47 423	1 307 283	3,63
» Schlesien	109 497	2 625 196	4,17

1) Was die Stadt Berlin anbelangt, so stieg hier die Geburtsziffer ebenfalls von Periode zu Periode, denn es wurden geboren:

	mittlere Bev.	mithin auf 100 Einw.
1824—48: 241 878 Kinder	273 661	3,54 Geb.
durchschn 9675 »		
1849—66: 324 107 »	475 700	3,79 »
durchschn. 18006 »		
1867—85: 755 507 »	959 945	4,14 ».
durchschn. 39 764 »		

	1849—66		
	durchschn. pro Jahr	mittl. Bev.	mithin auf 100 Einw.
in Rheinland	112 463	3 044 116	3,69
» Westphalen	55 863	1 554 641	3,59
» Schlesien	132 276	3 248 234	4,09
	1867—85		
	durchschn. pro Jahr	mittl. Bev.	mithin auf 100 Einw.
in Rheinland	153 683	3 866 244	4,04
» Westphalen	77 705	1 911 742	4,06
» Schlesien	157 931	3 816 576	4,14.

Und endlich wiesen die Provinzen Ost- und Westpreussen und Pommern eine gleiche Reihenfolge der Geburtsziffern auf, wie wir sie oben für die Gesammtgruppe der östlichen Provinzen verzeichneten, nämlich die höchste Steigerung in der mittleren Periode.

Es kamen nämlich zur Welt:

	1824—48		
	durchschn. pro Jahr	mittl. Bev.	mithin auf 100 Einw.
in Westpreussen	37 882	845 353	4,48
» Ostpreussen	54 243	1 298 331	4,18
» Pommern	38 365	968 559	3,96
	1849—66		
	durchschn. pro Jahr	mittl. Bev.	mithin auf 100 Einw.
in Westpreussen	52 850	1 120 673	4,71
» Ostpreussen	72 462	1 595 111	4,54
» Pommern	53 004	1 306 743	4,06
	1867—85		
	durchschn. pro Jahr	mittl. Bev.	mithin auf 100 Einw.
in Westpreussen	60 839	1 335 694	4,55
» Ostpreussen	75 997	1 858 437	4,09
» Pommern	58 042	1 460 625	3,97.

Verfolgen wir aber die Gestaltung dieser Dinge noch weiter in die einzelnen Regierungsbezirke hinein, so finden wir

A. eine stete Steigerung der Geburtsziffer von Periode zu Periode, also eine Entwickelung ähnlich jener für den Gesammtdurchschnitt der preussischen Monarchie constatirten, im Osten der Monarchie in dem Regierungsbezirke Posen, im Centrum der Monarchie in Frankfurt, Merseburg und Magdeburg, und im Westen der Monarchie in Arnsberg und Düsseldorf.

Denn es wurden geboren:

	durchschn. pro Jahr	mittl. Bev.	mithin auf 100 Einw.
		1824 bis 1848	
in Posen	32 482	779 578	4,17
» Frankfurt	27 540	722 105	3,81
» Magdeburg	21 885	587 263	3,73
» Merseburg	24 547	634 349	3,87
» Arnsberg	18 450	495 406	3,72
» Düsseldorf	28 350	755 254	3,75
		1849 bis 1866	
in Posen	39 950	921 863	4,33
» Frankfurt	35 735	926 066	3,86
» Magdeburg	29 110	739 454	3,94
» Merseburg	31 503	791 617	3,98
» Arnsberg	25 837	659 493	3,92
» Düsseldorf	39 818	1 040 175	3,83
		1867 bis 1885	
in Posen	46 498	1 036 230	4,49
» Frankfurt	40 886	1 056 008	3,87
» Magdeburg	35 001	884 637	3,96
» Merseburg	38 091	916 577	4,16
» Arnsberg	43 908	975 525	4,50
» Düsseldorf	62 392	1 462 207	4,27.

In den Regierungsbezirken Arnsberg und Düsseldorf stieg auch die »factische« Bevölkerungszunahme ebenso wie die »natürliche« und die Geburtsziffer von Periode zu Periode [1]), denn es betrug:

	1824—48		1849 - 66		1867—85	
	(die sog.	die sog.	(die sog.	die sog.	(die sog.	die sog.
im Reg.-Bez.	nat. Zun.)	fact. Zun.	nat. Zun.)	fact. Zun.	nat. Zun.)	fact. Zun.
Arnsberg	(1,08 %)	1,27 %	(1,29 %)	1,69 %	(1,71 %)	2,25 %
Düsseldorf	(1,09 »)	1,37 »	(1,26 »)	1,72 »	(1,52 »)	1,92 ».

Nicht so in den östlichen und centralen Gebieten Preussens. Dort entwickelte sich die »factische« Bevölkerungszunahme z. B. in den Regierungsbezirken Frankfurt und Magdeburg geradezu umgekehrt wie die Geburtsziffer und nur die sog. natürliche Bevölkerungszunahme nahm gleich der Geburtsziffer von Periode zu

1) Es dürfte schon an dieser Stelle hervorzuheben sein, dass die »natürliche« Bevölkerungszunahme der Bezirke Arnsberg und Düsseldorf, die mit dem Fortschreiten der Zeiträume sich ebenfalls steigerte, durch die zunehmenden Einwanderungen noch bedeutend vergrössert wurde (vergl. Theil III und IV dieses Werkes).

Periode zu. In den Bezirken Posen und Merseburg aber fiel die geringste »factische« Bevölkerungszunahme auf die mittlere Periode, denn es betrug:

	1824—48		1849 - 66		1867—85	
	Geburts-	»factische«	Geburts-	»factische«	Geburts-	»factische«
in	ziffer	Bevölk.	ziffer	Bevölk.	ziffer	Bevölk.
Frankfurt	(3,81)	1,25	(3,86)	0,95	(3,87)	0,51
Magdeburg	(3,73)	1,14	(3,94)	1,04	(3,96)	0,99
Posen	(4,17)	1,10	(4,33)	0,50	(4,49)	0,65
Merseburg	(3,87)	1,14	(3,98)	0,86	(4,16)	0,97.

B. An zweiter Stelle sollen hier diejenigen Regierungsbezirke genannt werden, die — wie die Gruppe der westlichen Provinzen im Allgemeinen — zwar keine stete Steigerung der Geburtsziffer ergaben, deren höchste Geburtsziffer jedoch ebenfalls auf die neueste Zeit (1867—85) fiel. Dies sind im Westen die Regierungsbezirke: Aachen, Cöln, Trier, Münster und im Osten Erfurt und Breslau.

Es wurden nämlich geboren:

in	durchschn. pro Jahr	mittl. Bev.	mithin auf 100 Einw.
		1824 bis 1848	
Breslau	40 869	1 010 353	4,04
Cöln	16 130	415 910	3,88
Erfurt	11 223	298 096	3,77
Aachen	13 050	367 121	3,55
Trier	15 429	412 944	3,74
Münster	12 036	399 679	3,01
		1849 bis 1867	
Breslau	49 629	1 244 394	3,99
Cöln	20 065	532 857	3,77
Erfurt	13 073	351 698	3,72
Aachen	15 353	440 368	3,49
Trier	18 981	518 604	3,66
Münster	12 834	430 774	2,98
		1867 bis 1885	
Breslau	60 235	1 460 998	4,12
Cöln	26 482	653 438	4,05
Erfurt	15 316	383 183	4,00
Aachen	19 035	505 048	3,77
Trier	24 432	615 464	3,97
Münster	15 263	451 449	3,38.

C. Endlich stossen wir bei einer Reihe von Bezirken auf ähnliche Verhältnisse, wie die für den Osten der preussischen Monarchie oben verzeichneten, wonach die h ö c h s t e Geburtsziffer auf die m i t t l e r e Periode (1849—66), und die niedrigste theils auf die letzte (1867—85), theils auf die älteste Periode (1824—48) fiel. In die erstere Categorie gehören die nordöstlichen Regierungsbezirke Gumbinnen, Marienwerder und Cöslin.

Es wurden nämlich geboren:

	durchschn. pro Jahr	mittl. Bev.	mithin auf 100 Einw.
in		1824 bis 1848	
Gumbinnen	23 687	554 580	4,27
Marienwerder	23 444	500 979	4,68
Coeslin	14 512	356 870	4,07
		1849 bis 1866	
Gumbinnen	30 258	666 053	4,54
Marienwerder	32 503	677 415	4,80
Coeslin	20 363	494 204	4,12
		1867 bis 1885	
Gumbinnen	30 541	756 423	4,04
Marienwerder	37 139	798 353	4,65
Coeslin	22 707	560 390	4,05.

Zu der zweiten Categorie aber, d. h. zu den Bezirken, in denen die Geburtsziffer der neuesten Zeit höher ist, als die der älteren, gehören die Regierungsbezirke: Königsberg, Danzig, Bromberg, Stettin und Stralsund.

Es kamen nämlich zur Welt:

	durchschn. pro Jahr	mittl. Bev.	mithin auf 100 Einw.
		1824 bis 1848	
Königsberg	30 556	743 751	4,11
Danzig	14 438	344 375	4,19
Bromberg	17 276	377 821	4,57
Stettin	18 152	453 425	4,00
Stralsund	5 701	158 263	3,60
		1849 bis 1867	
Königsberg	42 204	929 057	4,54
Danzig	20 347	443 258	4,59
Bromberg	23 544	495 315	4,75
Stettin	25 143	612 457	4,11
Stralsund	7 497	200 082	3,75

in	durchschn. pro Jahr	1867 bis 1885 mittl. Bev.	mithin auf 100 Einw.
Königsberg	45 456	1 102 013	4,12
Danzig	23 700	537 340	4,41
Bromberg	26 966	576 846	4,67
Stettin	27 719 .	691 157	4,01
Stralsund	7 617	209 078	3,64.

D. Endlich lassen sich die übrigbleibenden Regierungsbezirke noch zerlegen

1. in solche, in denen die Geburtsziffer der neuesten Zeit (1867—85) höher war, als die der mittleren und
2. in einen solchen, in dem die Geburtsziffer von Periode zu Periode abnahm.

Zu den ersteren gehören: Liegnitz, Potsdam, Minden und Coblenz, denn es kamen zur Welt:

in	durchschn. pro Jahr	mittl. Bev.	mithin auf 100 Einw.
		1824 bis 1848	
Liegnitz	30 773	815 641	3,77
Potsdam	26 839	689 736	3,89
Minden	16 937	412 198	4,11
Koblenz	16 818	441 592	3,81
		1849 bis 1866	
Liegnitz	33 627	938 860	3,58
Potsdam	34 593	898 192	3,85
Minden	17 193	464 374	3,70
Koblenz	18 247	623 223	3,56
		1867 bis 1885	
Liegnitz	37 299	992 876	3,76
Potsdam	41 759	1 073 656	3,89
Minden	18 534	484 768	3,82
Koblenz	21 341	572 193	3,73.

Jener eine Bezirk aber, in dem die Geburtsziffer von Periode zu Periode abgenommen hat, war der Regierungsbezirk Oppeln.

Dort wurden geboren:

1824 bis 1848			1849 bis 1866			1867 bis 1885		
durchschn. pro Jahr	mittl. Bev.	mithin auf 100 Einw.	durchschn. pro Jahr	mittl. Bev.	mithin auf 100 Einw.	durchschn. pro Jahr	mittl Bev.	mithin auf 100 Einw.
37 855	799 202	4,74	49 520	1 064 980	4,65	60 397	1 362 702	4,43.

II.

Was die grösseren deutschen Gebiete ausserhalb Preussens betrifft, so haben Sachsen und Bayern ähnlich wie Preussen eine S t e i g e - r u n g der Geburtsziffer v o n P e r i o d e zu P e r i o d e zu verzeich- nen, alle übrigen Gebiete zeigten die geringste Geburtsziffer in der mittleren Periode und die höchste bald in der älteren, bald und namentlich in der neuesten, wobei freilich zu beachten ist, dass jener ältere Zeitraum wegen mangelhafter Unterlagen im All- gemeinen n i c h t schon die 20er und 30er Jahre umschloss. Es wurden nämlich geboren:

in	durchschn. pro Jahr	mittl. Bev.	mithin auf 100 Einw.
		1841 bis 1848	
Sachsen [1])	70 253	1 730 130	4,06
Bayern	155 567	4 579 082	3,49
Württemberg [2])	67 569	1 620 070	4,17
Hessen	29 895	837 500	3,52
Elsass-Lothringen [3])	49 600	1 476 000	3,36
Baden	52 461	1 337 463	3,92
Preussen (alten Umf.)	605 302	15 460 799	3,91
		1849 bis 1866	
Sachsen	88 506	2 116 626	4,18
Bayern	164 634	4 630 825	3,56
Württemberg	67 740	1 719 388	3,94
Hessen	28 268	847 000	3,34
Elsass-Lothringen	50 788	1 566 000	3,24
Baden	49 212	1 364 140	3,61
Preussen (alten Umf.)	704 942	17 422 675	4,03
		1867 bis 1885	
Sachsen	121 922	2 737 674	4,45
Bayern	208 758	5 079 718	4,11
Württemberg	81 509	1 890 868	4,31
Hessen	32 722	892 377	3,90
Elsass-Lothringen [3])	53 983	1 544 311	3,47
Baden	58 212	1 516 708	3,84
Preussen (alten Umf.)	868 553	21 126 390	4,11.

1) Für Sachsen ist die Periode 1835—48 gemeint.
2) Für Württemberg ist die Periode 1826—48 gemeint.
3) Für Elsass-Lothringen ist die Periode 1826—48 gemeint, anstatt 1867—85 ist nur 1872—85 genommen. Vergl. hierüber Cap. I. dieses Theiles.

Demnach ist die Geburtsziffer in Sachsen und Bayern von
Periode zu Periode gestiegen, wie im Gesammtdurchschnitt der
preussischen Monarchie und der mittleren preussischen Provinzen.
Und ähnlich gestalteten sich diese Dinge auch in Württemberg,
Hessen und Elsass-Lothringen, insofern auch dort die grösste Geburtenzahl (wie in den westlichen Provinzen) auf die letzte Periode fiel, wenn auch die Geburtsziffer der mittleren Periode geringer
war als die der ersten. Dagegen stand es in Baden etwa so wie
in der Provinz Schlesien; denn es fand dort zwar auch in der
mittleren Periode eine Abnahme und sodann in der neuesten Zeit
eine Steigerung der Geburtsziffer statt, diese Steigerung war aber
nicht der Art, dass die Geburtsziffer dieser letzten Periode die der
ältesten übertroffen hätte.

Fassen wir endlich die Gesammtheit jener fünf Gebiete (Sachsen,
Bayern, Württemberg, Baden und Hessen) in's Auge, so stossen wir
auf etwa dieselben Verhältnisse, wie im Westen der preussischen
Monarchie und in Württemberg, Hessen und Elsass-Lothringen
allein, d. h. die höchste Geburtsziffer begegnet uns dann in dem
neuesten Zeitraume, die geringste in der mittleren Periode:

Es kamen nämlich zur Welt:

in	durchschn. pro Jahr	mittl. Bev.	mithin auf 100 Einw.
		1841 bis 1848	
Sachsen, Württemberg, Baden, Hessen, Bayern	383 000	10 126 000	3,78
		1839 bis 1848	
den westlichen Provinzen	14 840	4 037 844	3,67
		1849 bis 1866	
Sachsen, Württemberg, Baden, Hessen, Bayern	398 000	10 461 000	3,73
den westlichen Provinzen	168 327	4 598 755	3,66
		1867 bis 1885	
Sachsen, Württemberg, Baden, Hessen, Bayern	504 000	12 119 000	4,15
den westlichen Provinzen	231 388	5 720 039	4,05.

Für die Gesammtheit aller Gebiete des d e u t s c h e n R e i c h e s
aber gestaltete sich die Geburtsziffer so, wie im Durchschnitt der
preussischen Monarchie und im Centrum Preussens, d. h., sie nahm
von Periode zu Periode zu.

Es wurden dort nämlich geboren:

	abs.		durchschn.	mittl. Bev.	mithin auf 100 E.
1841—48	10 110 505	Kinder	1 263 813	34 018 645	3,72
1849—66	25 145 384	»	1 396 966	37 094 525	3,77
1867—85	32 606 365	•	1 716 124	43 170 677	3,98.

III.

Werfen wir zum Schlusse noch einen Blick auf einige nicht-deutsche europäische Staaten, so finden wir, dass ebenso wie in Preussen überhaupt und in den mittleren Provinzen Preussens eine Steigerung der Geburtsziffer von Periode zu Periode auch in England und Wales, Holland, Belgien stattgefunden hat. Aehnlich übrigens auch in Oesterreich, nur dass die Geburtsziffer dort in der mittleren Periode eine kleine Senkung zeigt (bez. der Quellen vergl. Theil II Cap. I).

Es wurden nämlich geboren:

	durchschn.	mittl. Bev.	mithin auf 100 Einw.
		(1830 bis 1849)	
Oesterreich	644 550	16 466 000	3,91
		(1841 bis 1850)	
Holland	104 202	3 024 520	3,45
		(1841 bis 1850)	
England u. Wales			3,26
		(1841 bis 1850)	
Belgien	135 652	4 291 320	3,16
		(1841 bis 1848)	
Preussen	605 302	15 460 799	3,91
		(1850 bis 1869)	
Oesterreich	728 760	18 716 000	3,89
		(1851 bis 1865)	
Holland	117 815	3 392 370	3,47
		(1851 bis 1860)	
England u. Wales			3,41
		(1851 bis 1865)	
Belgien	148 897	4 686 689	3,18
		(1849 bis 1866)	
Preussen	704 942	17 422 675	4,03

in	durchschn.	mittl. Bev.	mithin auf 100 E.	
		(1870 bis 1880)		
Oesterreich	849 720	21 102 000	4,04	
		(1866 bis 1880)		
Holland	140 450	3 740 380	3,75	
		(1861 bis 1870)		
England u. Wales			3,52	
		(1866 bis 1880)		(1871—80
Belgien	175 206	5 224 021	3,35	3,55 auf 100 E.)
		(1867 bis 1885)		
Preussen	868 553	21 126 390	4,11.	

Anders in Norwegen und Dänemark. Hier war die Geburtsziffer — etwa so, wie in den östlichen Provinzen Preussens — in dem mittleren Zeitraum am grössten und stand in der ältesten und letzten Periode niedriger, aber in beiden etwa gleich hoch, denn es kamen zur Welt:

in	durchschn.	mittl. Bev.	mithin auf 100 Einw.
		(1820 bis 1844)	
Dänemark	38 909	1 207 900	3,22
		(1841 bis 1850)	
Norwegen	42 308	1 332 784	3,17
		(1824 bis 1848)	
d. östl. Prov. Preussens	251 380	5 926 279	4,24
		(1845 bis 1864)	
Dänemark	49 899	2 501 600	3,32
		(1851 bis 1865)	
Norwegen	52 482	1 585 800	3,31
		(1849 bis 1866)	
d. östl. Prov. Preussens	321 582	7 381 195.	4,36
		(1865 bis 1880)	
Dänemark	59 238	1 833 000	3,23
		(1869 bis 1880)	
Norwegen	56 728	1 796 473	3,16
		(1867 bis 1885)	
d. östl. Prov. Preussens	368 232	8 676 414	4,24.

Dagegen gestalteten sich die in Rede stehenden Dinge in Schweden und Frankreich (wie im preussischen Regierungsbezirke Oppeln) der Art, dass die Geburtsziffer von Periode zu Periode sank.
Es kamen nämlich zur Welt:

in	durchschn.	durchschn. Bev. (1821 bis 1840)	mithin auf 100 Einw.
Schweden	98 316	2 896 880	3,39
		(1821 bis 1840)	
Frankreich			2,99
		(1824 bis 1848)	
Reg.-Bez. Oppeln	37 855	799 202	4,74
		(1841 bis 1860)	
Schweden	114 775	3 492 328	3,29
		(1841 bis 1860)	
Frankreich			2,69
		(1849 bis 1866)	
Reg.-Bez. Oppeln	49 520	1 064 980	4,65
		(1861 bis 1880)	
Schweden	135 210	4 257 741	3,18
		(1861 bis 1880)	
Frankreich			2,59
		(1867 bis 1885)	
Reg.-Bez. Oppeln	60 397	1 362 702	4,43

Vergleichen wir aber für einzelne Zeiträume die Höhe der Geburtsziffer innerhalb der preussischen Monarchie direkt mit der gleichzeitigen Geburtsziffer anderer Gebiete, so finden wir Folgendes:

I. Obwohl die Geburtsziffer der preussischen Monarchie im Gesammtdurchschnitt, wie wir schon sahen, von Periode zu Periode zugenommen hatte, hat sie doch in der letzten dieser Perioden (1867—85) und nur in dieser, eine geringere Höhe gehabt, als im Durchschnitt der fünf grösseren deutschen Staaten: Sachsen, Württemberg, Baden, Bayern und Hessen. So sehr hatte sie sich hier gerade in neuester Zeit gesteigert.

Sie betrug nämlich nach dem Gesagten:

in	1841—48	1849—66	1867—85
Preussen	3,91 %	4,03 %	4,11 %
Sachsen, Württemberg, Baden, Hessen, Bayern	3,78 »	3,73 »	4,15 ».

Diese Steigerung ist nun aber vorzugsweise auf Sachsen (mit 4,45 % 1867—85), Württemberg (4,31 %) und Bayern (4,11 %) zurückzuführen. In den beiden anderen Gebieten war die Geburtsziffer 1867—85 geringer als in Preussen, nämlich in Baden: 3,84 %

» Hessen: 3,90 ».

II. Ziehen wir sodann einen Vergleich zwischen den e i n -
z e l n e n T h e i l e n der preussischen Monarchie, so bemerken wir,
dass insbesondere die westlichen Provinzen in der neuesten Zeit
(1867—85) eine hohe Steigerung ihrer Geburtsziffer erfahren haben, so
dass dieselben 1867—85 schon ü b e r den mittleren Provinzen standen.
Es wurden nämlich auf 100 Einwohner geboren:

in den	1824 – 48	1849 – 66	1867 – 85
östlichen Provinzen	4,24 Kinder	4,36 Kinder	4,24 Kinder
mittleren »	3,83 »	3,92 »	3,99 »
westlichen »	3,71 »	3,66 »	4,05 ».

Innerhalb des Westens war es hauptsächlich die Provinz W e s t -
p h a l e n, in der die Geburtsziffer (1867—85) sehr hoch gestiegen
ist, denn 1824—48 nahm Westphalen unter den preussischen Provinzen die l e t z t e Stelle in Bezug auf die Höhe ihrer Geburtsziffer
ein, dagegen wurde jene Provinz 1867—85 nur noch von den östlichen Provinzen West- und Ostpreussen, Posen und Schlesien
überholt.
Die Geburtsziffer betrug nämlich

in	1824 – 48	1849—66	1867—85
Westpreussen	4,48	4,71	4,55
Posen	4,30	4,48	4,55
Ostpreussen	4,18	4,54	4,09
Schlesien	4,17	4,09	4,14
Sachsen	3,79	3,91	4,05
Pommern	3,96	4,06	3,97
Brandenburg	3,85	3,86	3,88
Rheinland	3,75	3,69	4,04
Westphalen	3,63 (!)	3,59 (!)	4,06.

Und innerhalb Westphalens ist es der Regierungsbezirk A r n s -
b e r g, in dem wir auf eine sehr hohe Steigerung der Geburtsziffer
im neuesten Zeitraume stossen. Arnsberg hatte nämlich im älteren
Zeitraume mit einer Geburtsziffer von 3,72 % unter den preussischen
Regierungsbezirken e i n e d e r g e r i n g s t e n Geburtsziffern aufzuweisen, dagegen wurde dieser Regierungsbezirk 1867—85 mit 4,50 %
nur noch von Marienwerder mit 4,65% und Bromberg mit 4,67% übertroffen. Der Reg.-Bezirk Oppeln dagegen, der 1824—48 mit 4,74 Geburten auf 100 Einwohner die e r s t e Stelle unter den preussischen

Bezirken beanspruchte, zeigte 1867—85 eine Geburtsziffer von nur 4,43 º/º, wurde also ausser von den genannten Bezirken Arnsberg, Bromberg und Marienwerder noch von Posen mit 4,49 º/º erheblich übertroffen. (Bez. der Geburtsziffer a l l e r Bezirke vergl. oben und Anlagen.)

III. Was die früheren Zeiten betrifft, so wurde

A) während der Jahre 1841—48 die preussische Geburtsziffer (3,91 º/º) ausser von der Württembergs (4,25 º/º) und Sachsens (4,06 º/º) auch von der Badens (3,92 º/º) übertroffen. Und zwar nahm damals W ü r t t e m b e r g die erste Stelle unter allen grösseren und mittleren deutschen Staaten bez. der Höhe der Geburtsziffer ein.

B) Während der mittleren Periode (1849—66) zeigten alle genannten Staaten verhältnissmässig geringe Geburtsziffern, so dass Preussen 1849—66 nur hinter Sachsen zurückblieb.

Es wurden nämlich auf je 100 Menschen geboren

in	1841—48	1849—66	1867—85
Sachsen	4,06 Kinder	4,18 Kinder	4,45 Kinder
Württemberg	4,25 »	3,94 »	4,31 »
Bayern	3,49 »	3,56 »	4,11 »
Baden	3,92 »	3,61 »	3,84 »
Hessen	3,52 »	3,34 »	3,90 »
	1826—48		
Elsass-Lothringen	3,36 »	3,24 »	3,47 »
dagegen in Preussen	3,91 »	4,03 »	4,11 ».

C. Vergleichen wir aber das Königreich Sachsen allein mit dem Westen der preussischen Monarchie, so sehen wir, dass 1867—85 zwar auch dieser Westen hinter Sachsen zurückstand, und ebenso die e i n z e l n e n Provinzen Westphalen und Rheinland für sich, dass innerhalb Westphalens hingegen der Regierungsbezirk A r n s b e r g, der 1824—48 erheblich hinter Sachsen stand, 1867—85 Sachsen nicht unerheblich überflügelte. Denn es wurden auf 100 Einwohner geboren:

	1824—48	1849—66	1867—85
im Westen d. preuss. Mon.	3,71 Kinder	3,66 Kinder	4,05 Kinder
in Westphalen	3,63 »	3,59 »	4,06 »
» Rheinland	3,75 »	3,69 »	4,04 »
im Reg.-Bez. Arnsberg	3,72 »	3,92 »	4,50 (!) »
	(1835—48)		
dagegen im Kön. Sachsen	4,06 »	4,18 »	4,45 ».

D. In der Gesammtheit des heutigen deutschen Reiches blieb während jeder der drei Perioden die Geburtsziffer trotz der Steigerung weit hinter der Preussens zurück.

Denn es wurden auf 100 Menschen geboren

im Gebiet des heutigen deutschen Reiches		in Preussen
1841—48	3,72 Kinder	3,91
1849—66	3,77 »	4,03
1867—85	3,98 »	4,11.

E. Von den von uns untersuchten nicht deutschen Staaten hat mit Ausnahme von Oesterreich keiner auch nur annähernd Preussen bezüglich der Geburtsziffer erreicht.

In Oesterreich war die Geburtsziffer 1870—80 hoch gestiegen und stand damals nur wenig hinter der Preussens zurück. Dagegen war sehr gering die Geburtsziffer in Frankreich, wo sie in der neuesten Zeit nur ca. $2^1/_2$ % beträgt.

Es wurden nämlich auf 100 Menschen geboren

in	(1830—49)	(1850—69)	(1870—80)
Oesterreich	3,91 Kinder	3,89 Kinder	4,04 Kinder
	(1841—50)	(1851—65)	(1866—80)
Holland	3,45 »	3,47 »	3,75 »
	(1841—50)	(1851—60) (1861—70)	(1871—80)
England u. Wales	3,26 »	3,41 K. 3,52 K.	3,55 »
	(1841 50)	(1851—65)	(1866—80)
Belgien	3,16 »	3,18 »	3,35 »
	(1820—44)	(1845—64)	(1865—80)
Dänemark	3,22 »	3,32 »	3,23 »
	(1841—50)	(1851—65)	(1866—80)
Norwegen	3,17 »	3,31 »	3,16 »
	(1821—40)	(1841—60)	(1861—80)
Schweden	3,39 »	3,29 »	3,18 »
	(1821—40)	(1841—60)	(1861—80)
Frankreich	2,99 »	2,69 »	2,59 »
	(1824—48 bez. 1841—48)	(1849—66)	(1867—80)
dagegen in Preussen	3,97 bez. 3,91 K.	4,03 K.	4,11 ».

THEIL III.

DIE GESTALTUNG DER STERBLICHKEITS-ZIFFER UND DER SOG. NATÜRLICHEN BEVÖLKERUNGSZUNAHME

IN DER PREUSSISCHEN MONARCHIE UND IHREN EINZELNEN THEILEN: PROVINZEN, BEZIRKEN UND KREISGRUPPEN

IN DEN JAHREN VON 1824 BIS 1885.

Erstes Kapitel.

Die Gestaltung der Sterblichkeitsziffer und der sog. natürlichen Bevölkerungszunahme in der preussischen Monarchie und ihren Theilen in dem ganzen Zeitraume von 1824 bis 1885.

I.

Bei einer mittleren Bevölkerung von 17 099 890 Seelen starben in den 62 Jahren von 1824 bis 1885 in den alten Provinzen Preussens genau 30 942 344, d. h. durchschnittlich in jedem Jahre 499 070 oder auf je 100 Köpfe 2,92 Menschen. Und die sog. »natürliche« Zunahme, d. h. der Ueberschuss der Zahl der Geborenen über die der Gestorbenen belief sich in derselben Zeit auf 11 964 803 Seelen, also jährlich durchschnittlich 192 981, d. h. 1,13 (4,05 — 2,92) für je 100 Köpfe mittlerer Bevölkerung.

Gerade in dieser Beziehung treten uns nun aber in den mittleren und westlichen Provinzen Preussens viel günstigere Verhältnisse entgegen als im Osten.

Es starben nämlich nach den Rechnungen von Fr. J. Neumann in den Jahren 1824—85

in	durchschn. pro Jahr	also auf je 100 Einwohner	mithin war d. »natürl.« Zun. auf je 100 Köpfe	(»natürliche« Zun. in absol. Zahlen)
den mittleren Prov.	145 276	2,72 (Gebz. = 3,92)	1,20	(64 090)
» westlichen »	122 155	2,67 (» = 3,82)	1,16	(52 945)
» östlichen »	231 687	3,23 (» = 4,29)	1,06	(75 884)
Preussen Umf. v. 1825	499 070	2,92 (» = 4,05)	1,13	(192 981¹)

1) Der kleine Unterschied in den absoluten Zahlen ist ohne jeden Einfluss auf die Verhältnisszahlen geblieben und dürfte aus der Berechnung der Militärzahlen zu erklären sein. Vergl. auch Anmerkung auf S. 57.

Daraus ergibt sich, dass der Osten trotz einer sehr hohen Geburtsziffer (4,29 %), die sogar die höchste unter allen Geburtsziffern grösserer deutscher Gebiete war (vgl. S. 62), die geringste »natürliche Zunahme« hatte (1,06 %), während der Westen und das Centrum der preussischen Monarchie mit einer Geburtsziffer von nur 3,82 % resp. 3,92 % eine hohe »natürliche« Zunahme (von 1,16 % resp. 1,20 %) zeigten.

Erwägen wir nun noch, dass — wie unten nachzuweisen sein wird — aus den östlichen Provinzen in den Jahren von 1824 bis 1885 gegen 600 Tausend Menschen mehr aus- als einwanderten, während im Westen und Centrum der preussischen Monarchie sich für die Gesammtheit jener Jahre keine Mehrauswanderung ergab, ja in jenes Centrum sogar c. 12 000 Menschen mehr ein- als auswanderten, so ist klar, dass thatsächlich das Verhältniss zwischen Geburts- und Sterblichkeitsziffer im Osten ein noch viel ungünstigeres gewesen ist, als es nach dem Gesagten erscheint, da ja mancher im Osten Preussens Geborene hienach fern von seiner Heimath starb. Und ebenso zweifellos möchte sein, dass jener thatsächlich im Osten erreichte »natürliche« Bevölkerungszuwachs mit einem sehr viel geringeren Aufwand an Lebenskraft, Unterhaltsmitteln und Sorgen zu erreichen gewesen wäre.

Innerhalb jenes centralen Gebietes aber war es vor Allem die Provinz Pommern, welche ein besonders günstiges Verhältniss zwischen Geburts- und Sterblichkeitsziffer aufwies, denn bei einer relativ geringen Geburtenzahl (von 4,00 %) starben dort, wie die Rechnungen von Fr. J. Neumann ergaben, im grossen Durchschnitt von 1824—85 nur 258 auf je 10 000 Lebende. Mithin betrug die »natürliche« Bevölkerungszunahme dort 1,41 % — und das war eine Zunahme, die über die aller preussischen Provinzen und auch aller hier ins Auge gefassten grösseren anderen deutschen Gebiete hinausging. Selbst das Königr. Sachsen zeigte von 1835 bis 1885 eine »natürliche« Bevölkerungszunahme nur von 1,25 %.

Innerhalb Pommerns selber hatte übrigens der Regierungsbezirk Coeslin nach derselben Quelle sogar eine Zunahme von 1,58 % (4,08 % Geburtsz., 2,50 % Sterblichkeitsz.), und z. B. das Gebiet der Kreise Neustettin, Schievelbein und Dramburg zeigte im Durchschnitt sogar einen Geburtenüberschuss von 1,61 % (Geburtsziffer: 4,05 %, Sterblichkeitsziffer: 2,44 %).

In den beiden anderen Provinzen des Centrums gestalteten sich die in Rede stehenden Dinge schon ungünstiger [1]).

In der M. Brandenburg (ohne Berlin) betrug der »natürliche« Bevölkerungszuwachs 1,20 % und in Sachsen nur 1,16 %. Indessen auch die dortigen Sterblichkeitsziffern von 2,66 % resp. 2,77 % gehören immerhin noch zu den geringsten der preussischen Monarchie. Am geringsten innerhalb des centralen Gebietes Preussens erscheint die »natürliche« Bevölkerungszunahme in Berlin (0,87 %).

Nach der Zahl der dort verzeichneten Geburten und Todesfälle berechnet sich nämlich eine Geburtsziffer von 3,93 % neben einer Sterblichkeitsziffer von 3,06 %. Indessen erscheint die Sterblichkeitsziffer hienach etwas ungünstiger, als sie thatsächlich war, da nach Berlin· in jener Zeit ein bedeutender Mehrzuzug nämlich von etwa 239 Menschen auf je 10 000 Köpfe vorhandener Bevölkerung stattfand (vergl. Theil IV) und der Tod in Berlin also auch unter einer grossen Zahl Solcher aufräumte, die n i c h t als in Berlin geboren verzeichnet waren.

Im Einzelnen gestalteten sich die hier in Betracht kommenden Zahlen so:

Es wurden vom Tode dahingerafft 1824—85:

in	durchschnittl. pro Jahr	also auf je 100 Köpfe	die »natürl.« Zun. auf je 100 Köpfe war	(»natürl.« Zunahme in absol. Zahlen)
Pommern	31 441	2,58 (Gbz. = 4,00)	1,41	(17 204)
M. Brandenburg	46 651	2,66 (» = 3,86)	1,20	(21 021)
Sachsen	50 587	2,77 (» = 3,92)	1,16	(21 147)
Coeslin(Reg.-Bez.)	11 468	2,50 (» = 4,08)	1,58	(7 254)
Stadt Berlin	16 597	3,06 (» = 3,93)	0,87	(4 718).

Allerdings ist bei der in Theil IV noch besonders zu erörternden grossen Zahl von Auswanderern aus der Provinz Pommern (0,50 %) und speciell aus dem Regierungsbezirke Coeslin (0,61 %) wieder zu beachten, dass der thatsächliche »natürliche« Bevölkerungszuwachs dort nicht so gross gewesen ist, als er nach jenen Zahlen erscheint. Bei genauer Registrirung a l l e r Sterbefälle unter den in Pommern G e b o r e n e n würde er etwas kleiner ausgefallen sein.

---

1) Auch die folgenden Angaben basiren, soweit sie nicht ausserpreussische Verhältnisse betreffen, auf den von Fr. J. Neumann durchgeführten Rechnungen.

Indessen sehr erheblich scheint das nicht zu sein. Blicken wir auf einzelne kleinere Zeiträume jener Periode, so finden wir, dass z. B. 1824—48 in der Provinz Pommern sogar eine Mehrein-wanderung (von 0,13 % resp. im Regierungsbezirk Coeslin von 0,12 %) stattfand, und dennoch die Sterblichkeitsziffer auf derselben Höhe von 2,58 % (2,51 % für den Regierungsbezirk Coeslin) blieb. Es dürfen also die Sterblichkeitsverhältnisse der Provinz Pommern in der hier in Rede stehenden Beziehung in der That als ganz besonders günstige bezeichnet werden.

Innerhalb jenes westlichen Gebietes von Preussen war das Verhältniss zwischen Geburts- und Sterblichkeitsziffer sowohl in Rheinland (Ueberschuss: 1,17 %) als in Westphalen (Ueberschuss: 1,13 %) ein günstiges.

Namentlich aber zeigten die hochindustriellen Regierungsbezirke Düsseldorf und Arnsberg nicht nur eine grosse Geburtenzahl, sondern auch einen besonders grossen Geburtenüberschuss (1,32 % resp. 1,41 %), sodass z. B. das Kön. Sachsen (mit 1,25 %) hiegegen zurückstand. Und innerhalb des Regierungsbezirkes Arnsberg wuchs die Bevölkerung z. B. in den Kreisen Bochum, Dortmund, Hagen und Iserlohn durch Ueberschuss der Geburten über die Sterbefälle in dem hier in Rede stehenden Zeitraum sogar um 1,76 % (Geburtsziffer: 4,64 %, Sterblichkeitsziffer: 2,89 %). Es wurden nämlich 1824—85 vom Tode ereilt:

in	im Durchschnitt der Jahre	also auf 100 Einw.	die »natürliche« Zun. auf 100 Einw. war	(»natürliche« Zunahme in absol. Zahlen)
Rheinland	80 617	2,67 (Gbz.: 3,84)	1,17	(35 331)
Westphalen	41 539	2,66 (» : 3,78)	1,13	(17 615)
Rgbz. Düsseldorf	28 149	2,67 (» : 3,99)	1,32	(13 963)
» Arnsberg	18 641	2,70 (» : 4,11)	1,41	(9 755).

Stellen wir diesen nicht ungünstigen Ergebnissen aber die bezüglichen Zahlen für die einzelnen östlichen Provinzen gegenüber, so stossen wir (von Berlin hier abgesehen) auf die ungünstigsten Verhältnisse in den Provinzen Schlesien und Ostpreussen, dagegen ergaben die mehr mit slavischen Elementen durchsetzten, zum Theil allerdings auch weniger dicht bevölkerten Provinzen: Westpreussen und Posen einen nicht geringen »natürlichen« Bevölkerungszuwachs, der sogar über dem von ganz Preussen (1,13 %) stand.

Es starben nämlich:

in	im Durchschnitt d. Jahre 1824—25	also auf je 100 Köpfe		die »natürliche« Zun. auf 100 Einw. war	(»natürliche« Zunahme in absol. Zahlen)
Westpreussen	36 062	3,35 (Gbz.	: 4,58)	1,23	(13 201)
Posen	44 976	3,28 (»	: 4,45)	1,17	(16 034)
Ostpreussen	50 757	3,26 (»	: 4,25)	0,99	(15 432)
Schlesien	99 881	3,15 (»	: 4,13)	0,98	(31 217).

Gehen wir sodann zu den östlichen Regierungsbezirken über, so sei zunächst hervorgehoben, dass, während innerhalb des Centrums und des Westens von Preussen kein einziger Regierungsbezirk eine Sterblichkeitsziffer von 3,00 % erreichte, die Sterblichkeitsziffer in den östlichen Provinzen von 3,03 % im Regierungsbezirk Liegnitz bis 3,41 % im Regierungsbezirk Bromberg stieg. Dennoch finden wir, dank jenen sehr hohen Geburtsziffern, die für den Osten von Preussen zu verzeichnen waren — dort hohe, ja zum Theil sehr hohe Geburtenüberschüsse.

Gedenken wir zunächst allein der Sterblichkeitsziffern (und stellen ihnen nur zu etwaiger Erklärung noch die bez. Geburtsziffern selber zur Seite), so hatten die grösste Sterblichkeit jene beiden deutsch-polnischen Bezirke Bromberg und Marienwerder, die auch die höchsten Geburtsziffern aufwiesen.

Es starben nämlich:

in	im Durchschnitt der Jahre 1824—85	also auf 100 Einw.	(Geburtsziffer)
Bromberg	16 111	3,41	(4,67 %)
Marienwerder	21 816	3,39	(4,70 »).

Dort zeigt sich denn auch — um dies hier sogleich zu bemerken — eine ganz besonders hohe Sterblichkeit der Kinder. Und zwar war die Sterblichkeit der Kinder im Alter von unter einem Jahre am grössten im Regierungsbezirk Marienwerder, die der Kinder von 1—3 und 3—5 Jahren am ungünstigsten im Regierungsbezirk Bromberg.

Nach den Rechnungen von Fr. J. Neumann starben nämlich von je 100 z. B. in den Jahren 1819—79 Geborenen im Alter

in	von unter einem Jahr (incl. Todtgeb.)	von 1—3 resp. 3—5 Jahren		zusammen
Bromberg	22,71	10,41 resp.	4,32	37,44
Marienwerder	23,16	9,64 »	4,16	36,96.

Innerhalb des Regierungsbezirkes Marienwerder aber stossen wir nach derselben Quelle z. B. in den polnischen Kreisen Löbau und Strassburg (bei einer Geburtsziffer von 5,10 %) auf eine Sterblichkeit von 3,92 auf je 100 Köpfe überhaupt. Und fast ebenso ungünstig war z. B. die Sterblichkeit in den Kreisen T h o r n, C u l m und G r a u d e n z (mit c. 40 % Polen durchschnittl.) sowie in den Kreisen der oberen Weichselniederung: M a r i e n w e r d e r, S t u h m und R o s e n b e r g (mit 25—30% Polen, vgl. letzte Beilage).

Es wurden nämlich auf je 100 Köpfe 1824—85 vom Tode dahingerafft:

in Thorn, Culm, Graudenz: 3,78 (Geburtsziffer: 4,86 %)

» Stuhm, Marienwerder, Rosenberg 3,46 (» : 4,59 »).

Erheblich günstiger dagegen waren die in Rede stehenden Verhältnisse z. B. in den Kreisen K o n i t z - T u c h e l und S c h w e t z, (trotz grösserer Geburtsziffer als z. B. in Stuhm, Marienwerder und Rosenberg). Und am günstigsten waren sie in den Kreisen F l a t o w, S c h l o c h a u und D. K r o n e. Denn es starben:

in Schwetz, Konitz-Tuchel: 3,24 % (Geburtsziffer: 4,76 %)

» Flatow, Schlochau, D. Krone: 2,76 » (» : 4,38 »). —

Auch die Regierungsbezirke Gumbinnen, Danzig und Oppeln ergaben sehr hohe Sterblichkeitsziffern.

Es starben nämlich:

in	im Durchschn. d. Jahre 1824—85	also auf 100 Köpfe	(Geburtsziffer)
Gumbinnen	21 416	3,30	(4,27)
Danzig	14 246	3,30	(4,39)
Oppeln	34 168	3,26	(4,59).

Unter diesen Regierungsbezirken hatte freilich Oppeln bei viel höherer Geburtsziffer eine geringere Sterblichkeit — und nur die Säuglingssterblichkeit war gerade in jenem zum grossen Theil von Slaven bewohnten Bezirke wieder besonders gross.

Von je 100 in den Jahren 1819—79 Geborenen starben nämlich (nach Fr. J. Neumann) im Alter von

	unter 1 Jahr	dagegen z. B. im Alter von 3 — 5 Jahren
in Oppeln	21,14	3,73
dagegen in Danzig	21,06	4,17
» Gumbinnen	19,65	4,70.

Endlich zeigten über 3 % Sterblichkeitsziffer auch die Regierungsbezirke: Königsberg, Posen, Breslau und Liegnitz.

Es starben nämlich:

in	im Durchschn. d. J. 1824—85	also auf 100 Einw.	(Geburtsziffer)
Königsberg	29 351	3,23	(4,24)
Posen	28 865	3,21	(4,33)
Breslau	38 293	3,15	(4,06)
Liegnitz	27 420	3,03	(3,71).

Danach erscheint in Anbetracht relativ geringer Geburtsziffer die Sterblichkeit im Reg.-Bezirk Liegnitz besonders gross, und dementsprechend war die »natürliche« Bevölkerungszunahme dort in der That fast die geringste, die in preussischen Regierungsbezirken zu constatiren gewesen ist (0,68 %, vergl. unten S. 98). In demselben Regierungsbezirke fällt denn auch eine ungemein hohe Zahl der Todtgeburten und eine besonders grosse Sterblichkeit der Kinder, insbesondere im Alter von unter 1 Jahre auf.

Von je 100 der in den Jahren 1825—79 Geborenen starben dort nämlich (nach Fr. J. Neumann)

vor der Geburt: 5,57
unter 1 Jahr alt: 25,86
im Alter von 1—3 Jahren: 6,87 } zusammen 40,26 [1]).
» » » 3—5 » : 1,96

Wenden wir uns zum Westen und Centrum Preussens, so zeigten dort, wie bemerkt, alle Regierungsbezirke eine unter 3 % stehende Sterblichkeitsziffer. Im Einzelnen bewegte sich diese zwischen 2,85 % (in Magdeburg) und 2,47 % (in Münster). Aber auch die Geburtsziffer bewegt sich dort in engeren Grenzen als im Osten und erreichte in keinem Regierungsbezirke, nur Arnsberg, Coeslin, Stettin und Merseburg ausgenommen, die Höhe von 4 %.

Ordnen wir jene Bezirke nämlich nach der Grösse der Sterblichkeit, so zeigten die grössten Sterbeziffern von über 2,70 %, zwei sächsische Bezirke, zwei westphälische (Minden, Arnsberg) und endlich Cöln und Potsdam.

Es starben nämlich:

in	im Durchschn. d. J. 1824—85	also auf je 100 Köpfe	(Geburtsziffer)
Magdeburg	20 605	2,85	(3,88)
Cöln	14 802	2,83	(3,91)
Minden	12 419	2,76	(3,89)

---

[1]) Weitere Mittheilungen auch bei Fr. J. Neumann: Unsere Kenntniss von socialen Zuständen um uns. Jena 1871.

in	im Durchschn. d. J. 1824—85	also auf je 100 Köpfe	(Geburtsziffer)
Potsdam	23 720	2,73	(3,88)
Merseburg	20 930	2,73	(4,01)
Arnsberg	18 641	2,70	(4,11).

Im Einzelnen aber wiesen z. B. innerhalb des Regierungsbezirkes Arnsberg, welcher unter diesen Bezirken die geringste Sterblichkeit bei höchster Geburtsziffer hatte, die verschiedenen Kreise
je nach der wirthschaftlichen Beschäftigung ihrer Bewohner sehr
verschiedene Sterblichkeitsziffern auf. Da finden wir z. B. in den
hochindustriellen Kreisen: Bochum, Dortmund, Hagen und
Iserlohn eine Sterblichkeit von 2,89 %, in den Stadtkreisen
Bochum und Dortmund sogar eine solche von 3,36 % resp.
3,20 %, dagegen z. B. in den mehr landwirthschaftlichen Kreisen
Soest und Wittgenstein nur von 2,48 %.

Bedenken wir indessen, dass in den Kreisen: Bochum, Dortmund, Hagen und Iserlohn auch die Geburtsziffer eine besonders
hohe war und sich z. B. im Durchschnitt der Jahre von 1824—85
auf 4,64 % belief, dagegen in Soest und Wittgenstein nur auf 3,47 %,
so erscheinen jene Gestaltungen zum Theil erklärt, und jedenfalls
die Verhältnisse in jenen hochindustriellen Kreisen nicht als besonders ungünstige.

Auf die genannten sechs Regierungsbezirke folgen, was die
allgemeine Sterblichkeit betrifft, sechs mit einer Sterblichkeitsziffer
von 2,68 % bis 2,60 %, und endlich als letzte mit ganz besonders
geringer Sterblichkeit zwei pommersche und zwei westliche:
Stralsund, Cöslin, Trier, Münster. Jene sechs, ebenfalls fast sämmtlich diesen Gebieten angehörig, waren: Aachen, Düsseldorf,
Stettin, Erfurt, Coblenz und Frankfurt. Es starben nämlich:

in	im Durchschn. d. J. 1824 – 85	also auf je 100 Köpfe	(Geburtsziffer)
Aachen	11 536	2,68	(3,61)
Düsseldorf	28 149	2,67	(3,99)
Stettin	15 225	2,66	(4,04)
Erfurt	9 052	2,66	(3,83)
Coblenz	13 379	2,66	(4,04)
Frankfurt	22 932	2,60	(3,71)

Im Einzelnen finden wir innerhalb dieser Bezirke freilich wieder
grosse Verschiedenheiten. So starben z. B. innerhalb des Regierungsbezirkes Stettin in einer Reihe von Kreisen sogar weniger
als 2,50 %, nämlich: in Greifenberg und Usedom-Wollin nur 2,48 %,

in Anklam und Demmin nur 2,46 % und in Regenwalde, Naugard, Kammin, Ueckermünde sogar nur 2,45 %; dagegen in den Kreisen Randow, Stettin, Pyritz, Saatzig und Greifenhagen im Durchschnitt 2,89 %, also mehr als durchschnittlich in irgend einem Regierungsbezirk der mittleren und westlichen Provinzen.

Was aber schliesslich jene besonders bevorzugt erscheinenden vier Bezirke betrifft, so starben in Stralsund, Trier, Coeslin und Münster 1824—85 im grossen Durchschnitt nicht viel über 2,50° %, nämlich im Einzelnen:

in	im Durchschnitt	also auf je 100 Köpfe	(Geburtsziffer)
Stralsund	4 748	2,55	(3,66)
Trier	12 751	2,52	(3,80)
Coeslin	11 468	2,50	(4,08)
Münster	10 478	2,47	(3,12).

Am günstigsten scheint es hienach im Bezirke Münster zu stehen. In Anbetracht der dort sehr niedrigen Geburtsziffer aber (3,12 %) erscheint auch die Sterblichkeit im Münsterlande vielleicht eher ungünstig. Und in der That steht nach dem schliesslich erreichten Geburtenüberschusse der Regierungsbezirk Münster sogar hinter allen preussischen Regierungsbezirken zurück (vgl. unten), wogegen z. B. im Bezirke Coeslin diese Verhältnisse als sehr günstige erscheinen, denn bez. der Höhe seiner »natürlichen« Bevölkerungszunahme nimmt dieser Bezirk die erste Stelle unter allen preussischen Regierungsbezirken ein. —

Gehen wir, nachdem bisher vorzugsweise die Sterbe- und Geburtsziffern für sich ins Auge gefasst waren, nunmehr dazu über, speziell das Facit aus diesen Ziffern zu ziehen, d. h. die Gestaltung des aus jenen Ziffern sich ergebenden sog. »natürlichen« Bevölkerungswachsthums in allen einzelnen Regierungsbezirken festzustellen, so stossen wir auf eine besonders hohe »natürliche« Zunahme ausser in Coeslin auch in Stettin, Arnsberg und Düsseldorf, desgleichen im Osten in Oppeln und Marienwerder. Und zwar steht die »natürliche« Zunahme aller dieser Bezirke im Durchschnitt der hier in Rede stehenden Zeit über der aller deutschen Staaten; denn selbst das Königreich Sachsen zeigte nur einen Geburtenüberschuss von 1,25 %.

Im Einzelnen betrug nämlich der Geburtenüberschuss:

in den Bezirken	im Durchschn. d. Jahre v. 1824—85	also auf 100 Einw.
Coeslin	7 254	1,58
Arnsberg	9 755	1,41
Stettin	7 888	1,38
Düsseldorf	13 963	1,32
Oppeln	13 982	1,33
Marienwerder	8 455	1,31.

Indessen auch da finden wir innerhalb der einzelnen Bezirke nun wieder grosse Verschiedenheiten. Greifen wir z. B. wieder die Regierungsbezirke Arnsberg und Marienwerder heraus, so stossen wir auf eine besonders starke »natürliche« Zunahme in der Industriebevölkerung des Regierungsbezirkes Arnsberg, andererseits aber auf eine ganz besonders geringe Bevölkerungsvermehrung in landwirthschaftlichen Kreisen. Fassen wir die oben schon erörterten Kreisgruppen ins Auge, so nahm nach den Rechnungen von Fr. J. Neumann 1824—85 durch Geburtenüberschuss jährlich zu:

die Gruppe d. Kreise : Bochum, Dortmund Hagen, Iserlohn, um 1,76 %

>   »   »   »   »   : Altena und Siegen   » 1,20 »

dagegen z. B. die Gruppe der Kreise: Arnsberg, Brilon,

Meschede, Olpe nur um 1,13 ».

Ja, innerhalb der ersteren Gruppe: Bochum, Dortmund u. s. w. starben im Landkreise Bochum bei einer Geburtsziffer von 5,00 % nur 2,92 %, so dass der Geburtenüberschuss dort im Durchschnitt der Jahre 1824—85 die ganz besonders hohe Ziffer von 2,08 % (!) erreichte.

Anders wieder im Regierungsbezirke Marienwerder.

Im Theil II dieser Arbeit sahen wir, dass die Kreise dieses Bezirkes — besonders die polnischen — sich ebenso wie manche westphälische durch sehr hohe Geburtsziffern auszeichneten. Wir konnten in den Kreisen Löbau und Strassburg sogar durchschnittlich 5,10, im Kreise Strassburg allein 5,14 Geburten auf je 100 Einwohner constatiren.

Stellen wir diesen hohen Geburtsziffern nun aber die Sterblichkeitsziffern gegenüber, so gelangen wir zu einer »natürlichen« Bevölkerungszunahme, die auf arge »Verschwendung von Geburten« und trübe sociale Verhältnisse deuten.

So zeichneten sich durch besonders geringe Zunahme trotz hoher Geburtsziffer aus die Kreisgruppen:

Thorn, Culm, Graudenz   mit 1,08 % (Geburtsziffer 4,86)
Stuhm, Marienwerder, Rosenberg   » 1,13 » (»   4,59)
Löbau, Strassburg   » 1,18 » (»   5,10)
Schwetz, Konitz-Tuchel   » 1,53 » (»   4,76)
Flatow, Schlochau und D. Krone » 1,62 » (»   4,38).

Kehren wir aber zu der Gestaltung dieser Dinge im Durchschnitt der einzelnen Regierungsbezirke zurück, so sind als Bezirke, deren »natürlicher« Bevölkerungszuwachs geringer, aber immer noch höher als jener des Kön. Sachsen (mit 1,25 %) oder etwa gleich diesem war, zu nennen: Trier, Merseburg, Bromberg und Frankfurt, denn es nahmen durch Geburtenüberschuss zu:

der Reg.-Bez.	pro Jahr im Durchschnitt des Zeitr. 1824—85	also auf je 100 Köpfe
Trier	um 6 469 Köpfe	um 1,28
Merseburg	» 9 787 »	» 1,28
Bromberg	» 5 954 »	» 1,26
Frankfurt	» · 11 078 »	» 1,25.

Darauf folgten mit einer »natürlichen« Bevölkerungsvermehrung, die über oder gleich der durchschnittlichen Preussens (1,13 %) war, die Regierungsbezirke Erfurt, Potsdani und Minden, wo der Geburtenüberschuss betrug:

	pro Jahr im Durchschnitt des Zeitr. 1824—85	also auf je 100 Köpfe
in Erfurt	3 963 Köpfe	1,17
» Potsdam	9 943 »	1,15
» Minden	5 081 »	1,13.

Sodann hatten wenigstens noch eine »natürliche« Zunahme von 1,00 % oder mehr die Regierungsbezirke: Posen, Stralsund, Danzig, Cöln, Coblenz, Magdeburg und Königsberg, nämlich:

	Zunahme jährlich um	also auf je 100 Köpfe
Posen	10 080 Köpfe	1,12
Stralsund	2 062 »	1,11
Danzig	4 746 »	1,10
Köln	5 643 »	1,08
Coblenz	5 240 »	1,04
Magdeburg	7 398 »	1,02
Königsberg	9 152 »	1,01.

Und endlich folgten mit einer »natürlichen« Bevölkerungsvermehrung von unter 1,00 % die Regierungsbezirke: Gumbinnen,

Aachen, Breslau, (Stadt Berlin,) Liegnitz und Münster, wobei noch zu beachten ist, dass in diesen beiden letzten Bezirken die Geburtsziffer gering, dagegen die Sterblichkeitsziffer verhältnissmässig hoch war.

Es übertraf nämlich die Zahl der Geborenen die der Gestorbenen

im Reg.-Bez.	im Durchschnitt des Zeitr. 1824—85	also auf je 100 Köpfe
Gumbinnen	um 6 259	um 0,97
Aachen	» 4 032	» 0,93
Breslau	» 11 054	» 0,91
(Stadt Berlin	» 4 717	» 0,87)
Liegnitz	» 6 182	» 0,68
Münster	» 2 779	» 0,65.

Stellen wir aber zum Schlusse die einzelnen Regierungsbezirke in Bezug auf die Höhe ihrer Sterbeziffer resp. ihres »natürlichen« Bevölkerungswachsthums neben einander, so erhalten wir:

1. eine geringe Sterblichkeit:

in Münster	» 2,47 »
» Coeslin	» 2,50 »
» Trier	» 2,52 »
» Stralsund	» 2,55 »
» Frankfurt	» 2,60 »
» Coblenz	» 2,66 »
» Erfurt	» 2,66 »
» Stettin	» 2,66 »
» Düsseldorf	» 2,67 »
» Aachen	mit 2,68°/o

1. Die grösste »natürliche« Bevölkerungszunahme:

in Coeslin	mit 1,58°/o
» Arnsberg	» 1,41 »
» Stettin	» 1,38 »
» Oppeln	» 1,33 »
» Düsseldorf	» 1,32 »
» Marienwerder	» 1,31 »
» Trier	» 1,28 »
» Merseburg	» 1,28 »
» Bromberg	» 1,26 »
» Frankfurt	» 1,25 »

2. eine mittlere Sterblichkeit:

in Arnsberg	» 2,70 »
» Merseburg	» 2,73 »
» Potsdam	» 2,73 »
» Minden	» 2,76 »
» Cöln	» 2,83 »
» Magdeburg	mit 2,85°/o

2. eine mittlere »natürliche« Bevölkerungszunahme:

in Erfurt	mit 1,17°/o
» Potsdam	» 1,15 »
» Minden	» 1,13 »
» Posen	» 1,12 »
» Stralsund	» 1,11 »
» Danzig	» 1,10 »
» Cöln	» 1,08 »
» Coblenz	» 1,04 »
» Magdeburg	» 1,02 »
» Königsberg	» 1,01 »

3. Die höchste Sterblichkeit:

in Liegnitz   » 3,03 »
(» Stadt Berlin   » 3,06 »)
» Breslau   » 3,15 »
» Posen   » 3,21 »
» Königsberg   » 3,23 »
» Oppeln   » 3,26 »
» Danzig   » 3,30 »
» Gumbinnen   » 3,30 »
» Marienwerder   » 3,39 »
» Bromberg   mit 3,41 %

3. eine geringe »natürliche« Bevölkerungszunahme:

in Gumbinnen   mit 0,97 %
» Aachen   » 0,93 »
» Breslau   » 0,91 »
(» Stadt Berlin   » 0,87 »)
» Liegnitz   » 0,68 »
» Münster   » 0,65 ».

Wir sehen also zwar einerseits (wie es zunächst am leichtesten erklärlich erscheint) in vielen Bezirken, z. B. Coeslin, Düsseldorf, Stettin, eine besonders grosse »natürliche« Zunahme bei kleiner Sterblichkeitsziffer und in vielen, z. B. Breslau, Liegnitz, Gumbinnen eine sehr geringe »natürliche« Zunahme bei hoher Sterblichkeitsziffer. Andererseits fällt aber auch auf, dass da, wo der Bevölkerung ein besonders grosser Nahrungsspielraum gegeben war, wie z. B. im Bezirk Marienwerder (in Folge wenig dichter Bevölkerung) und im Bezirk Arnsberg (wegen lebhafter industrieller Entwickelung) die Bevölkerung stark zunahm, trotzdem, wegen grosser Geburtenzahl, die Sterblichkeit ebenfalls gross oder doch beträchtlich war.

II.

Was nun die grösseren deutschen Staaten betrifft, so hatte nur das Königreich Sachsen ein erheblich günstigeres Verhältniss zwischen Geburts- und Sterblichkeitsziffer als Preussen im Durchschnitt. Alle anderen Gebiete dagegen — und besonders das Königreich Württemberg — standen trotz hoher Geburtsziffer erheblich hinter Preussen zurück [1]).

Es starben nämlich nach vom Verfasser durchgeführten Rechnungen:

---

1) Was die Quellen betrifft, vergl. Theil II Capitel I, II. Die absoluten Zahlen für die Bevölkerung in der Mitte jeden Jahres wurden für alle Staaten von uns nach der Methode von Fr. J. Neumann ausgerechnet, um den Vergleich gleichmässig durchführen zu können.

in	durchschn. pro Jahr	also auf 100 Einw.	also »natürl.« Zunahme	(»natürl.« Zun. in absol. Zahlen)
Sachsen (1835—85)	67 988	3,03 (Gbz.: 4,28)	1,25	(27 957)
Hessen (1838 – 85)	21 855	2,60 (» : 3,63)	1,02	(8 573)
Baden (1841—85)	39 958	2,81 (» : 3,76)	0,96	(13 632)
Württemb. (1826 – 85	55 748	3,21 (» : 4,15)	0,94	(16 288
resp. 1841—85)	57 131	3,20 (» : 4,16)	0,96	17 210)
Elsass-Lothr. (1826-85) ohne 1869 – 71)	} 39 496	2,59 (Gbz.: 3,35)	0,76	(11 640)
Bayern (1838—85)	144 602	3,02 (» : 3,76)	0,74	(35 210)
Preussen alt. Uml. (1841—85)	} 540 870	2,90 (» : 4,06)	1,16	(215 425).

Danach war die »natürliche« Volkszunahme im Königreich Sachsen auch günstiger, als in jeder jener drei grossen Gruppen preussischer Provinzen (1,20 — 1,16 — 1,06 %) und selbst günstiger als in allen einzelnen Provinzen Preussens, mit Ausnahme der Provinz Pommern (mit 1,41 % »natürlicher« Volksvermehrung, vergl. oben S. 89 ff.). Anders aber erscheint es, wenn wir direkt die Zahl der Gestorbenen und die der Geborenen einander gegenüberstellen, d. h. fragen, wie viel Gestorbene im grossen Durchschnitt auf 100 Geborene fielen, dann finden wir im Westen und im Centrum Preussens günstigere Sterblichkeitsverhältnisse als im Königreich Sachsen, denn es kamen auf je 100 Geborene des Zeitraumes von 1824—85 im

Westen Preussens: 69,8 Gestorbene

Centrum » : 69,4 » ,

dagegen im Kön. Sachsen (1835—85): 70,9 » ').

In Württemberg und Baden ergab sich eine gleiche »natürliche«

---

1) Günstiger als in Sachsen lagen diese Dinge anscheinend auch in jeder Provinz des Centrums und Westens der preussischen Monarchie, es kamen näm lich auf je 100 Geborene (1824—85)

in der Provinz Sachsen:	70,52 Gestorbene
» » » Westphalen:	70,22 »
» » » Rheinland:	69,53 »
» » » Brandenburg:	68,84 »
» » » Pommern:	64,63 ».

In allen diesen Provinzen war die Geburtsziffer viel geringer als im Kön. Sachsen, ja, sie stand überall, mit Ausnahme der Prov. Pommern, unter 4,00 %. Es hat also eine viel höhere Geburtenzahl (Kön. Sachsen = 4,28 %. in einem gegebenen Zeitraume nicht nur eine absolut höhere, sondern auch eine relativ ungünstigere Sterbeziffer hervorgerufen.

Volkszunahme von 0,96 %, die Geburtsziffer betrug aber in Baden nur 3,76 %, in Württemberg dagegen 4,16 %, und somit fielen in Baden auf 100 Geborene der Jahre 1841—85 nur 74,56 Gestorbene, in Württemberg dagegen im Durchschnitt desselben Zeitraumes 76,85.

Besonders gross scheint übrigens der Unterschied in der Gestaltung der Sterblichkeitsverhältnisse der Kinder zu sein; denn auf 100 Lebendgeborene fielen (im Durchschnitt des Zeitraumes von 1865—80) in Baden 23,8 Gestorbene unter einem Jahre, dagegen in Württemberg 31,7 (vgl. »das Grossherzogthum Baden« Karlsruhe 1885 S. 366) [1]).

Am ungünstigsten unter allen deutschen Staaten scheint Bayern bezüglich der in Rede stehenden Dinge situirt. Die sehr hohe Kindersterblichkeit ist bekannt. Dort bestehen, wie G. Mayr in seinem trefflichen Werke über »die Gesetzmässigkeit im Gesellschaftsleben« ausführt, »zwei Fünftel der Gesammtzahl registrirter Leichen aus Leichen von Kindern im ersten Lebensjahre«

Was speciell die hier in Rede stehenden Verhältnisse betrifft, so starben 1838—85 in Bayern bei einer Geburtsziffer, die etwa der badischen (3,76 %) gleichstand, 3,02 % der Bevölkerung, d. h. fast so viel wie im Königreich Sachsen bei der sehr viel höheren Geburtsziffer von 4,28 %. Und auf 100 Geborene jenes Zeitraumes 1838—85 fielen somit in Bayern 80,42 (!) Gestorbene, also ⁴/₅ der Gesammtzahl der Geborenen.

Diese ungünstigen Sterblichkeitsverhältnisse treffen nun aber hauptsächlich die Gebiete von Oberpfalz, Oberbayern, Mittelbayern und Schwaben, wo auf 100 Köpfe sogar 3,29 % Gestorbene (im Durchschnitt der Jahre von 1838—85) fielen, so dass bei einer Geburtsziffer von 3,87 % der Geburtenüberschuss dort nur 0,58 % betrug.

Anders in der bayrischen Pfalz, die zwischen den günstigerer Sterblichkeitsverhältnisse sich erfreuenden Gebieten von Elsass-, Lothringen, Baden, Hessen und Rheinland gelegen ist. In der Pfalz starben nur 2,59 %, also fast so wenig wie durchschnittlich in Pommern (2,58 %). Da die Geburtsziffer in der Pfalz sich aber

---

1) Anders freilich in den ferneren Altersklassen. Im Alter von 2—5 Jahren starben im Durchschnitt der Jahre von 1865—78

    in Baden   7,5 auf 100 Lebendgeborene

    » Württemberg 7,42 » 100   ».

Vergl. auch »Das Königreich Württemberg«, Stuttgart 1884, S. 394.

auf 3,88 % belief, so fiel auf den Geburtenüberschuss der hohe Satz von 1,29 % (!), d. h. es reihte sich die Pfalz bezüglich ihres »natürlichen« Bevölkerungswachsthums an die der grössten Zunahme sich erfreuenden preussischen Provinzen und Bezirke an.

Was endlich das fränkische Gebiet betrifft, so war dort die »natürliche« Bevölkerungsvermehrung ebenso hoch, wie in dem Gesammt-Königreich Bayern, nämlich 0,76 %. Dieser Satz wurde aber durch niedrigere Geburts- und Sterbeziffern als im Durchschnitt von Bayern erreicht, nämlich durch 3,61 % Geburten (in Bayern 3,76 %) und 2,85 % Sterbefälle (in Bayern 3,02 %).

Fassen wir zum Schluss jene fünf mittelstaatlichen Gebiete von Bayern, Sachsen, Baden, Württemberg und Hessen zusammen, so erhalten wir einen erheblich ungünstigeren Geburtenüberschuss als in Gesammtpreussen; denn von 439 898, die im jährlichen Durchschnitt des Zeitraumes 1841—85 dort geboren wurden, starben 335 082 Menschen, so dass der Ueberschuss der Geburten über die Sterbefälle nur 104 816 Seelen betrug. In Procenten ausgedrückt stellte sich also

die Geburtsziffer auf 3,93 %
» Sterbeziffer » 2,99 ».

Und somit war die Sterblichkeit dort erheblich grösser als in Preussen (2,90 %), obwohl die Geburtsziffer niedriger war als dort (4,06 %), woraus denn eine viel geringere »natürliche« Volkszunahme (von 0,94 %) als in Preussen (1,16 %) resultirte.

Im deutschen Reiche in seiner Gesammtheit, nach dem Umfange von 1885 war hienach denn auch die »natürliche« Volkszunahme geringer als in Preussen.

Es wurden nämlich im Gebiete des heutigen deutschen Reiches vom Tode ereilt:

im Durchschnitt der Jahre 1841—85	also auf 100 M.	»natürl.« Zunahme	»natürl.« Zun. in absoluten Zahlen
1 101 891 M.	2,82 (Gbz.: 3,86)	1,04 %	406 160.

Aehnlich wie im Durchschnitt des deutschen Reichs gestaltete sich der Ueberschuss der Geburten über die Todesfälle auch in Deutschland ohne Bayern, Württemberg, Baden, Sachsen und Hessen, denn dort wurden vom Tode dahingerafft:

im Durchschnitt der Jahre 1841—85	also auf 100 Köpfe	»natürliche« Zunahme	»natürl.« Zun. in absoluten Zahlen
766 809 M.	2,75 (Gbz.: 3,83)	1,08 %	301 344.

Ziehen wir aber von Deutschland ausser jenen 5 Gebieten noch das Preussens alten Umfangs ab, so erhalten wir wiederum ungünstige Verhältnisse, die jenen in Elsass-Lothringen und Bayern gleichen.

Es starben nämlich dort:

im Durchschnitt der Jahre 1841—85	also auf je 100 Köpfe	»natürliche« Zunahme	»natürl.« Zun. in absoluten Zahlen
225 939 M.	2,43 (Gbz.: 3,36)	0,93 °/o	85 918.

III.

Untersuchen wir endlich die Gestaltung dieser Dinge in einigen nicht deutschen europäischen Staaten, so erhalten wir, was zunächst die germanischen Gebiete betrifft, eine erheblich höhere »natürliche« Volkszunahme als in Preussen in Norwegen und in England und Wales (bei weit geringerer Geburtsziffer) [1]).

Es starben nämlich jährlich durchschnittlich:

	auf je 100 Köpfe	d. »natürl.« Zunahme betrug	mithin auf je 100 Köpfe
in Norwegen (1841—80)	29 689 M. 1,87 (Gbz.: 3,24)	21 842	1,37
» England und Wales (1838—86)	2,18 (» : 3,40)		1,22
dagegen in Preussen (a. Umf.) 1841—85)	540 870 » 2,90 (» : 4,06)	215 425	1,16.

Zwar würde die Sterblichkeitsziffer Norwegens in Wahrheit grösser sein, wenn die Auswanderung nicht so gross wäre, immerhin ist jene geringe Sterblichkeitsziffer von 1,87 °/o bemerkenswerth. Während in Preussen auf 100 Geborene 71,52 Gestorbene fallen, zählte man in England und Wales auf je 100 Geborene 63,72 und in Norwegen sogar nur 57,61 Gestorbene.

Alle übrigen germanischen Gebiete standen bez. der Höhe ihrer »natürlichen« Zunahme hinter Preussen zurück. Am meisten das cisleithanische Oesterreich, wo bei einer geringeren Geburtsziffer als in Preussen eine erheblich höhere Sterblichkeitsziffer zu verzeichnen war.

Es starben nämlich jährlich durchschnittlich:

---

1) Bez. Quellen vergl. Theil II, Capitel 1, III.

in	auf je 100 Köpfe	»natürliche« Zunahme	mithin auf je 100 Köpfe
Schweden (1821—80)	77 430	2,18 (Gbz.: 3,27)	38 670	1,09
Dänemark (1820—80)	32 586	2,22 (» : 3,26)	15 255	1,04
Holland (1840—79)	90 825	2,66 (» : 3,59)	31 612	0,93
Oesterreich (1830—81)	601 574	3,27 (» : 3,95)	124 990	0,68 (!)
dagegen in Preussen (1841—85)	540 870	2,90 (» : 4,06)	215 425	1,16 [1]).

Auch in den romanischen Gebieten: Italien, Belgien und Frankreich war die »natürliche« Zunahme erheblich geringer als in Preussen; es starben nämlich durchschnittlich jährlich:

in	auf je 100 Köpfe	»natürliche« Zunahme	auf je 100 Köpfe
Italien [2]) (1865—83)	826 994	3,05 (Gbz.: 3,89)	229 763	0,84
Belgien (1841—80)	117 104	2,45 (» : 3,25)	38 347	0,80
Frankreich (1821—80)	882 100	2,51 (» : 2,75)	120 284	0,24.

Und was endlich die slavischen Gebiete betrifft, so ist dort natürlich bei sehr hoher Geburtsziffer (S. 66) eine verhältnissmässig hohe Sterblichkeitsziffer zu erwarten. Jedoch ist bei der Unvollständigkeit des Materials nur wenig Sicheres hierüber beizubringen.

Für Russland (ohne Polen und Finnland) [3]) berechnete Herrmann 1813 eine Sterbeziffer von 2,5 %, Francis d'Ivernois für 1832 eine solche von 3,87 %, Bulgarin für dasselbe Jahr eine solche von 2,63 %, ebenso Schubert für 1835: 2,63 %. Dagegen glaubt Sablotzki für die Jahre 1838—47 wieder eine Sterblichkeitsziffer von 3,66 % und Buschen für 1862 eine solche von 3,43 % annehmen zu müssen. Endlich berechnete Schnitzler in seinem grossen Werke »L'empire des Zsars« für die rechtgläubige Bevölkerung Russlands folgende Sterblichkeitsziffer:

---

1) Das Verhältniss der Zahl der Gestorbenen zur Zahl der Geborenen, in jener anderen Weise berechnet, war indessen in Schweden und Dänemark ein günstigeres als in Preussen. Denn es bildete die Gesammtzahl der Gestorbenen

in Schweden 66,69 %
» Dänemark 68,94 » } aller Geborenen.
und in Preussen 71,52 »

Andererseits zählte man in Holland 73,84 und in Oesterreich 82,75 (!) Gestorbene auf je 100 Geborene.

2) Vergl. Bodio a. a. O.

3) Vergl. Jahnson »Vergleichende Statistik Russlands etc.« a. a. O.

für die Jahre 1796—99: 2,00/0
»   »   »   1810—14: 2,90 »
»   »   »   1816—20: 2,36 »
»   »   »   1826—45: 3,25 »
»   »   »   1846—58: 3,57 ».

Daneben findet sich für die Jahre von 1859—63 eine bezügliche Angabe im militärstatistischen Jahrbuche Russlands, wonach die Sterblichkeitsziffer sich damals auf 3,60% herausgestellt habe.

Fassen wir aber die neuere Zeit ins Auge, so betrug in den Jahren 1861—65 die absolute Zahl der Todesfälle nach Semenow 2 343 621 [1]), d. h. auf 100 Einwohner 3,68 und nach unseren eigenen Berechnungen, denen neuere amtliche Angaben über die Zahl der Todesfälle in Russland zu Grunde liegen, ergab sich für die Jahre von 1867—78 eine Sterblichkeitsziffer von 3,57% (bei einer Durchschnittszahl von 2 472 024 Todesfällen), desgleichen in den Jahren 1882 und 1883 eine Sterblichkeitsziffer von 3,79% resp· 3,68% [2]).

Es wird also in Russland zur Zeit eine Sterblichkeitsziffer von ca. 3,50—3,75% anzunehmen sein, was bei der hohen Geburtsziffer von 4,75—4,90% immerhin noch einen Geburtenüberschuss von 1,20—1,25% ergeben würde, der etwas höher als jener für Preussen konstatirte wäre.

Aehnlich hoch wie in Russland scheint die Sterblichkeit aber auch z. B. in Croatien und Slavonien zu sein, denn nach den Angaben Bodios a. a. O. betrug sie dort im Durchschnitt der Jahre 1874—80: 3,87%.

Da aber die Geburtsziffer nach derselben Quelle für denselben Zeitraum dort nur 4,53% betrug, so war die »natürliche« Bevölkerungszunahme dort anscheinend erheblich geringer (ca. 0,66) als in Preussen (1,13—1,15). Dagegen scheinen die Sterblichkeitsverhältnisse im Czarthum Polen und in Serbien günstiger als in Russland zu sein. Denn nach den Rechnungen Bodios betrug die Sterblichkeitsziffer im sog. Congresspolen (1865—77) nur 2,68% und in Serbien nach derselben Quelle (1879—83) 2,67%. Und bedenken wir, dass die Geburtsziffer in diesen beiden Gebieten,

---

1) Vergl. Kolb Aufl. 1875 S. 484, auch »Statistique de la France« 1870 S. 344—345.

2) Vergl. auch »Gothaischer Hofkalender« 1888, S. 391.

wie bereits im II. Theile dieser Arbeit ausgeführt ist, erheblich über 4 % war, so ist anzunehmen, dass die Höhe der »natürlichen« Zunahme sich auf mehr als 1,25 % herausstellt.

In Griechenland endlich war in den Jahren von 1865—82 nach Bodio die Sterblichkeitsziffer 2,08 %, sodass bei einer Geburtsziffer von 2,84 % (vergl. Theil II dieser Arbeit) die »natürliche« Zunahme 0,78 % betragen würde. Indessen sind auch diese Zahlen mit Vorsicht aufzunehmen.

Resümiren wir das Ausgeführte, so erhalten wir eine g r ö s s e r e »natürliche« Zunahme als in Preussen seit den 20er resp. 40er Jahren dieses Jahrhunderts bis zur Gegenwart [1]).

innerhalb Deutschlands:	ausserhalb Deutschlands
in Sachsen mit 1,25 %	in Norwegen mit 1,37 %
	(» Russland mit 1,20—1,25 »)
	» England u. Wales mit 1,22 »
	(» Polen mit 1,25—1,30 »)
	(» Serbien » 1,25—1,30 »)

Dagegen eine g e r i n g e r e »natürliche« Zunahme:

innerhalb Deutschlands:		ausserhalb Deutschlands:
in Hessen	mit 1,02%	in Schweden mit 1,09%
» Baden	» 0,96 »	» Dänemark » 1,04 »
» Württemberg { » 0,94 » resp. » 0,96 »		» Holland » 0,93 »
		(» Italien » 0,84 »)
» Elsass-Lothringen	» 0,76 »	» Belgien » 0,80 »
» Bayern	» 0,74 »	(» Griechenland » 0,78 »)
im Deutschen Reiche	» 1,04 »	» Oesterreich » 0,68 »
im Deutschen Reiche ausser Preussen (alt. Umfangs), Bayern, Baden, Hessen, Sachsen, Württemberg	» 0,93 »	» Frankreich » 0,24 ».

---

1) In Preussen 1824—85 resp. 1841—85 = 1,13 resp. 1,16 %

Zweites Kapitel.

**Die Gestaltung der Sterblichkeitsziffer und der sog. natür-
lichen Bevölkerungszunahme in der preussischen Monarchie und ihren einzelnen Theilen in den drei Zeiträumen:
1824—48, 1849—66 und 1867—85.**

I.

Die Sterblichkeitsziffer der alten Provinzen Preussens hat sich
im Laufe der hier in Rede stehenden Zeit anders entwickelt, als vielleicht zu erwarten gewesen wäre, denn obwohl die Geburtsziffer
von Periode zu Periode erheblich z u n a h m, f i e l jene Ziffer ebenfalls von Periode zu Periode, so dass eine ziemlich bedeutende
Steigerung der sog. natürlichen Volkszunahme Preussens sicht-
bar wurde.

Es starben nämlich nach den Rechnungen Neumanns:

	durchschn. pro Jahr	also auf je 100 Köpfe	Geburten auf je 100 Köpfe	also sog. »natürl.« Zun.	»natürl.« Zunahme in absol. Zahlen pro Jahr
1824—48:	409 393	2,97	3,97	1,01 %	139 234
1849—66:	511 759	2,93	4,03	1,10 »	193 016
1867—85:	604 887	2,86	4,11	1,25 »	263 667.

Es stieg also die »natürliche« Zunahme in jenen drei Perioden
etwa wie 100 zu 110 zu 125, während die Geburtsziffer nur im
Verhältniss wie von 100 zu 102 zu 106,02 gewachsen war.

Auch wenn wir fragen, wieviel Sterbefälle auf 100 Geburten
kommen, finden wir natürlich ein immer günstiger werdendes Sterb-
lichkeitsverhältniss, denn

1824—48 wurden auf 100 Geburten 74,62 Sterbefälle verzeichnet
1849—66 » » » » 72,48 » »
1867—85 » » » » nur 69,64 » ».

Allerdings darf hiebei wieder nicht vergessen werden, dass in
den alten Provinzen Preussens in der neuesten Zeit (1867—85)

erheblich weniger Todesfälle registrirt wurden, als es der Zahl der Geburten innerhalb derselben Bevölkerung entsprach. Denn wir haben zu erwägen, dass in der neuesten Zeit über eine Million (1 101 190) fortzogen und die Todesfälle . innerhalb dieses Theils der Bevölkerung nicht in Preussen zur Registrirung kamen.

Andrerseits können wir auch sagen, dass in der älteren Zeit mehr Gestorbene in Preussen zur Verzeichnung kamen, als es der Zahl der dort registrirten Geburtsfälle entsprach, denn es wanderten 1824—48 anscheinend ca. 800 000 (769 215) Menschen mehr ein als aus, sodass mancher dort starb, der nicht in Preussen geboren war. Immerhin wird das Verhältniss der Gestorbenen zú den Geborenen als ein von Periode zu Periode günstiger werdendes zu bezeichnen sein, denn setzen wir für die Sterblichkeitsziffer der neuesten Zeit (1867—85) statt 2,86 % in Anbetracht jener Verhält-nisse 2,90 %, was schon hoch gegriffen sein dürfte, und für jene 2,97 % der älteren Zeit (1824—48) nur 2,95 %, so bekommen wir immer eine erhebliche Steigerung der »natürlichen« Zunahme, nämlich

$$1824—48: 1,02 \%$$
$$1849—66: 1,10 \text{ »}$$
$$1867—85: 1,21 \text{ ».}$$

Eine gleiche Abnahme der Sterblichkeitsziffer von Periode zu Periode ergibt sich innerhalb Preussens aber nur im Osten der Monarchie, wogegen wir ein gleiches Wachsthum der »natürlichen« Volksvermehrung in allen Theilen von Preussen finden, im Osten, im Centrum und im Westen; denn es starben [1]):

in		durchschn. pro Jahr	also auf 100 Köpfe	also »natürl.« Zunahme	»natürl.« Zun. in abs. Zahlen pro Jahr
			1824 bis 1848		
den östl. Prov.	A.	197 856	3,34 (Gbz.: 4,24)	0,90 %	53 524
» mittl. »	B.	111 700	2,68 (» : 3,83)	1,16 »	48 376
» westl. »	C.	99 956	2,70 (» : 3,71)	1,01 »	37 243
Preussen	D.	409 393	2,97 (» : 3,97)	1,01 »	139 234
			1849 bis 1866		
	A.	245 328	3,32 (Gbz.: 4,36)	1,03 %	76 254
	B.	148 702	2,71 (» : 3,92)	1,21 »	66 322
	C.	117 884	2,56 (» : 3,66)	1,10 »	50 442
	D.	511 759	2,93 (» : 4,03)	1,10 »	193 016

1) Der geringe Unterschied in den absoluten Zahlen der gesammten

durchschn. pro Jahr	also auf 100 Köpfe	1867 bis 1885 »natürl.« Zun. in %	in absol. Zahlen pro Jahr
A. 263 277	3,03 (Gbz.: 4,24)	1,21	104 955
B. 186 209	2,76 (» : 3,99)	1,23	82 651
C. 155 411	2,72 (» : 4,05)	1,33	75 977
D. 604 887	2,86 (» : 4,11)	1,25	263 667.

Allerdings waren die östlichen Provinzen Preussens gerade dasjenige Gebiet, in dem anscheinend 1824—48 grosse Einwanderungen (0,30 %) und 1867—85 noch grössere Auswanderungen (0,58 % oder 952 000 M.) stattfanden; wir müssen also wiederum sagen, dass die Sterblichkeitsziffer der älteren Zeit thatsächlich geringer und die der neuesten Zeit thatsächlich höher sein müsste als berechnet.

Erwägen wir aber, dass das östliche Gebiet von Preussen gerade diejenigen Theile enthält, in denen die verbesserten Zählungen erst später sich einbürgerten, so dass — wie im IV. Theil nachzuweisen sein wird — die grosse Zahl der Eingewanderten theilweise nur eine scheinbare ist, während die Zahl der Geburten und der Sterbefälle schon in der älteren Zeit ziemlich vollständig registrirt wurden, so würden wir doch annehmen müssen, dass die Sterblichkeitsziffer in den Jahren 1824—48 thatsächlich etwa 3,34 % war. Andererseits ist die Sterblichkeitsziffer in der neuesten Zeit (1867 bis 1885) so gesunken, dass der Satz von 3,03 %/° auch bei vollständiger Registrirung aller Todesfälle niemals jene Höhe von 3,34 % (1824—48) resp. 3,32 % (1849—66) hätte erreichen können.

Es scheinen also die Sterblichkeitsverhältnisse des Ostens der preussischen Monarchie sich in der neuesten Zeit in der That günstiger gestaltet zu haben.

Nicht so im Westen und im Centrum der preussischen Monarchie.

In jenen beiden Gebieten stossen wir auf die grösste Sterblichkeitsziffer in der neuesten Zeit (1867—85), ja in den mittleren Provinzen stieg die Sterblichkeitsziffer von Periode zu Periode (1824—48: 2,68 %, 1849—66: 2,71 %, 1867—85: 2,76 %).

Gehen wir aber zur Behandlung der einzelnen Provinzen über, so ist der Geburtenüberschuss in allen Provinzen des Ostens,

---

Monarchie und ihrer einzelnen Theile ist von keiner Bedeutung, denn die Procentzahlen stimmen ganz genau.

mit Ausnahme von Ostpreussen (wo die »natürliche« Zunahme der neuesten Zeit geringer war, als die der mittleren) von Periode zu Periode gestiegen.

Es starben nämlich:

in	durchschn. pro Jahr	auf je 100 Köpfe		»natürl.« Zunahme in %	Zunahme in absol. Zahlen pro Jahr
			1824 bis 1848		
Schlesien	85 573	3,26 (Gbz.: 4,17)		0,91	23 924
Posen	39 036	3,37 (» : 4,30)		0,93	10 723
Westpreussen	29 585	3,50 (» : 4,48)		0,98	8 297
Ostpreussen	43 662	3,36 (» : 4,18)		0,81	10 581
			1849 bis 1866		
Schlesien	102 080	3,14 (Gbz.: 4,09)		0,95	30 696
Posen	49 957	3,53 (» : 4,48)		0,96	13 537
Westpreussen	39 354	3,51 (» : 4,71)		1,20	13 498
Ostpreussen	53 938	3,38 (» : 4,54)		1,16	18 524
			1867 bis 1885		
Schlesien	116 625	3,06 (Gbz.: 4,14)		1,08	41 307
Posen	48 074	2,98 (» : 4,55)		1,57	25 390
Westpreussen	41 466	3,10 (» : 4,55)		1,45	19 373
Ostpreussen	57 112	3,07 (» : 4,09)		1,02	18 885.

Und auch innerhalb jenes centralen und westlichen Gebietes finden wir eine steigende Zunahme des sog. natürlichen Bevölkerungswachsthums in den Prov. Sachsen, Westphalen und Rheinland.

Es starben nämlich:

in	durchschn. pro Jahr	auf je 100 Köpfe		»natürl.« Zunahme in %	Zunahme in absol. Zahlen pro Jahr
			1824 bis 1848		
Sachsen	41 210	2,71 (Gbz.: 3,79)		1,08	16 446
Rheinland	64 672	2,70 (» : 3,75)		1,05	25 104
Westphalen	35 284	2,70 (» : 3,63)		0,93	12 139
			1849 bis 1866		
Sachsen	52 624	2,80 (Gbz.: 3,91)		1,12	21 062
Rheinland	78 231	2,57 (» : 3,69)		1,12	34 232
Westphalen	39 653	2,55 (» : 3,59)		1,04	16 210
			1867 bis 1885		
Sachsen	60 995	2,79 (Gbz.: 4,05)		1,26	27 414
Rheinland	103 857	2,73 (» : 4,04)		1,31	49 827
Westphalen	51 555	2,70 (» : 4,06)		1,37	26 150.

Dagegen nehmen eine von der Regel abweichende Stellung die mittleren Provinzen Brandenburg (ohne Berlin) und Pommern ein, während Berlin, trotz einer Steigerung der Sterblichkeitsziffer jener Regel folgte.

Es starben nämlich:

in	durchschn. pro Jahr	also auf je 100 Köpfe	»natürl.« Zunahme in %	Zunahme in abs. Zahlen pro Jahr
		1824 bis 1848		
Brandenburg (ohne Berlin)	37 377	2,65 (Gbz.: 3,85)	1,20	17 002
Pommern	24 965	2,58 (» : 3,96)	1,38	13 400
Stadt Berlin	8 148	2,98 (» : 3,54)	0,56	1 527
		1849 bis 1866		
Brandenburg (ohne Berlin)	47 689	2,61 (Gbz.: 3,86)	1,24	22 639
Pommern	34 179	2,62 (» : 4,06)	1,44	18 824
Stadt Berlin	14 210	2,99 (» : 3,79)	0,80	3 796
		1867 bis 1885		
Brandenburg (ohne Berlin)	57 870	2,72 (Gbz.: 3,88)	1,16	24 775
Pommern	37 369	2,56 (» : 3,97)	1,42	20 673
Stadt Berlin	29 975	3,12 (» : 4,14)	1,02	9 789.

Es war also in der Provinz Brandenburg (ohne Berlin) der Geburtenüberschuss am geringsten in der neuesten Zeit (1867 bis 1885), auch in der Provinz Pommern war die »natürliche« Volksvermehrung in den Jahren von 1867—85 geringer als in der mittleren Periode (also etwa wie in der Provinz Ostpreussen).

II.

Was die einzelnen Regierungsbezirke betrifft, so zeigten eine stete Zunahme des »natürlichen« Bevölkerungswachsthums bei einer steten Abnahme der Sterblichkeitsziffer, wie der Durchschnitt der alten Provinzen, die Regierungsbezirke: Marienwerder, Oppeln und Bromberg.

Es wurden nämlich vom Tode ereilt [1]):

in	1824 bis 1848 auf je 100 K.	(Gbz.)	»natürl.« Zun.	1849 bis 1866 auf je 100 K.	(Gbz.)	»natürl.« Zun.	1867 bis 1885 auf je 100 K.	(Gbz)	»natürl.« Zun.
Marienwerder	3,61	(4,68)	1,07	3,51	(4,80)	1,29	3,12	(4,65)	1,54
Bromberg	3,61	(4,57)	0,96	3,59	(4,75)	1,16	3,08	(4,67)	1,60
Oppeln	3,62	(4,74)	1,12	3,24	(4,65)	1,41	2,99	(4,43)	1,45.

---

1) Absolute Zahlen vergl. Anlagen.

Ein gleiches stetes Wachsthum der sog. natürlichen Volksvermehrung findet sich aber auch in einer Reihe anderer Bezirke bei abweichender Gestaltung der Sterblichkeitsziffer, die dort bald ebenfalls von Periode zu Periode stieg (wie z. B. in Merseburg), bald am grössten in der mittleren Zeit war (wie in Danzig), bald gerade in diesen Jahren am geringsten (wie in Arnsberg).

Diese Bezirke waren:

a) innerhalb des östlichen Gebietes die Regierungsbezirke: Stettin, Danzig, Stralsund und Magdeburg, wo die Sterblichkeitsziffer am stärksten in der mittleren Periode war, und der Bezirk Merseburg, wo die Sterblichkeitsziffer von Periode zu Periode sich steigerte.

Es starben nämlich in jedem dieser Bezirke:

in	1824 bis 1848 auf je 100 K.	(Gbz.)	»natürl.« Zun.	1849 bis 1866 auf je 100 K.	(Gbz.)	»natürl.« Zun.	1867 bis 1885 auf je 100 K.	(Gbz.)	»natürl.« Zun.
Stettin	2,63	(4,00)	1,37	2,72	(4,11)	1,38	2,63	(4,01)	1,38
Danzig	3,34	(4,19)	0,86	3,52	(4,59)	1,07	3,09	(4,41)	1,32
Stralsund	2,57	(3,60)	1,04	2,60	(3,75)	1,14	2,49	(3,64)	1,15
Magdeburg	2,77	(3,73)	0,95	2,93	(3,94)	1,01	2,86	(3,96)	1,09
Merseburg	2,69	(3,87)	1,18	2,74	(3,98)	1,24	2,76	(4,16)	1,39.

b) Innerhalb des westlichen Gebietes zeigten ebenfalls eine Steigerung der natürlichen Zuwachsquote die Bezirke: Münster, Arnsberg, Cöln, Trier, Aachen und Düsseldorf.

Es starben nämlich:

in	1824 bis 1848 auf je 100 K.	(Gbz)	»natürl.« Zun.	1849 bis 1866 auf je 100 K.	(Gbz.)	»natürl.« Zun.	1867 bis 1885 auf je 100 K.	(Gbz.)	»natürl.« Zun.
Münster	2,46	(3,01)	0,55	2,36	(2,98)	0,62	2,57	(3,38)	0,81
Arnsberg	2,64	(3,72)	1,08	2,63	(3,92)	1,29	2,79	(4,50)	1,71
Aachen	2,75	(3,55)	0,81	2,61	(3,49)	0,88	2,67	(3,77)	1,10
Cöln	2,92	(3,88)	0,96	2,69	(3,77)	1,08	2,87	(4,05)	1,18
Trier	2,51	(3,74)	1,22	2,43	(3,66)	1,23	2,60	(3,97)	1,37
Düsseldorf	2,66·	(3,75)	1,09	2,57	(3,83)	1,26	2,74	(4,27)	1,52.

Alle übrigen Regierungsbezirke zeigen freilich eine von jener Regel der Steigerung des »natürlichen« Bevölkerungswachsthums abweichende Gestaltung. Indessen hatten fünf dieser Bezirke: Breslau, Liegnitz, Posen, Erfurt und Minden doch in der neuesten Zeit ebenfalls den stärksten Geburtenüberschuss.

Es wurden nämlich vom Tode dahingerafft:

in	1824 bis 1848			1849 bis 1866			1867 bis 1885		
	auf je 100 K.	(Gbz.)	natürl. Zun.	auf je 100 K.	(Gbz.)	natürl. Zun.	auf je 100 K.	(Gbz.)	natürl. Zun.
Posen	3,26	(4,17)	0,91	3,49	(4,33)	0,84	2,93	(4,49)	1,56
Erfurt	2,64	(3,77)	1,13	2,65	(3,72)	1,06	2,70	(4,00)	1,30
Breslau	3,12	(4,04)	0,92	3,22	(3,99)	0,77	3,12	(4,12)	1,01
Liegnitz	3,08	(3,77)	0,69	2,93	(3,58)	0,65	3,05	(3,76)	0,70
Minden	3,00	(4,11)	1,11	2,62	(3,70)	1,08	2,63	(3,82)	1,19.

Dagegen hatten die fünf Regierungsbezirke: Königsberg, Gumbinnen, Coeslin, Frankfurt und Potsdam die stärkste »natürliche« Volksvermehrung in der mittleren Zeit (1849—66), wobei in Königsberg und Gumbinnen die Sterblichkeitsziffer sich in der neuesten Zeit erheblich niedriger herausstellte, als in der älteren und mittleren. Und endlich stossen wir in Koblenz auf eine Abnahme des Procentsatzes des Geburtenüberschusses, der sich erst 1867—85 wieder etwas zu heben anfängt.

Es starben nämlich:

in	1824 bis 1848			1849 bis 1866			1867 bis 1885		
	auf je 100 K.	(Gbz.)	natürl. Zun.	auf je 100 K.	(Gbz.)	natürl. Zun.	auf je 100 K.	(Gbz.)	natürl. Zun.
Königsberg	3,30	(4,11)	0,81	3,38	(4,54)	1,17	3,07	(4,12)	1,06
Gumbinnen	3,45	(4,27)	0,82	3,39	(4,54)	1,15	3,08	(4,04)	0,96
Coeslin	2,51	(4,07)	1,56	2,49	(4,12)	1,63	2,50	(4,05)	1,56
Frankfurt	2,58	(3,81)	1,24	2,56	(3,86)	1,30	2,64	(3,87)	1,23
Potsdam	2,72	(3,89)	1,17	2,67	(3,85)	1,18	2,79	(3,89)	1,10
Coblenz	2,71	(3,81)	1,09	2,56	(3,56)	1,00	2,70	(3,73)	1,03.

III.

Werfen wir einen Blick auf die grösseren nicht preussischen Gebiete in Deutschland, so finden wir eine Steigerung der »natürlichen« Zunahme wie in Preussen auch in Sachsen und Bayern. Und auch in den übrigen süddeutschen Gebieten Württemberg, Baden und Hessen fiel der grösste Geburtenüberschuss auf die neueste Zeit (der geringste hier auf die mittlere). Dagegen stossen wir in Elsass-Lothringen auf eine Abnahme des Satzes der »natürlichen« Volksvermehrung, wenn auch in den Jahren 1872—85 sich wieder eine Steigerung zeigt.

Es wurden nämlich vom Tode ereilt:

Zur Gesch. der Bevölkerung. III.

8

in	durchschn. pro Jahr	also auf je 100 Köpfe	(Gbz.)	»natürl.« Zunahme in %	in absol. Zahlen pro Jahr
			1841—48		
Sachsen	54 260	3,03	(4,09)	1,05	18 832
Bayern	129 479	2,89	(3,49)	0,59	26 987
Württemberg	56 399	3,32	(4,25)	0,93	15 770
Hessen	20 617	2,43	(3,52)	1,09	9 278
Baden	38 962	2,91	(3,92)	1,01	13 499
Elsass-Lothringen	36 050	2,35	(3,14)	0,79	12 120
Preussen alt. Umf.	453 954	2,94	(3,91)	0,98	151 272
			1849—66		
Sachsen •	62 651	2,96	(4,18)	1,22	25 855
Bayern	135 662	2,93	(3,56)	0,63	28 972
Württemberg	54 495	3,17	(3,94)	0,77	13 250
Hessen	20 591	2,43	(3,34)	0,91	7 677
Baden	37 793	2,77	(3,61)	0,84	11 419
Elsass-Lothringen	40 201	2,57	(3,24)	0,68	10 587
Preussen alt. Umf.	511 759	2,93	(4,03)	1,10	193 016
			1867—85		
Sachsen	84 821	3,10	(4,45)	1,35	37 101
Bayern	162 610	3,20	(4,11)	0,91	46 148
Württemberg	59 937	3,17	(4,31)	1,14	21 572
Hessen	22 809	2,72	(3,90)	1,18	9 914
Baden	42 429	2,80	(3,84)	1,04	15 783
Els.-Lothr. (1872-85)	41 834	2,69	(3,47)	0,78	12 150
Preussen alt. Umf.	604 887	2,86	(4,11)	1,25	263 667.

Bei alledem nahm die Sterblichkeitsziffer, wie aus diesem Ueberblicke leicht zu ersehen ist, nur in Württemberg ähnlich wie in Preussen von Periode zu Periode ab, wobei noch zu bemerken ist, dass dort die Sterblichkeitsziffer in dem mittleren Zeitraum (1849—66) thatsächlich noch grösser als 3,17 % anzunehmen sein möchte, da in jenem Zeitraum die grösste procentuale Auswanderung (—0,67 %) aus Württemberg stattfand.

Dagegen stand die Sterblichkeitsziffer in den übrigen deutschen Gebieten mehr in Harmonie mit der Geburtsziffer, d. h. dieselbe steigerte sich in Bayern und Elsass-Lothringen ebenso wie die Geburtsziffer von Periode zu Periode und auch in Sachsen und Hessen fiel die grösste Sterblichkeitsziffer auf die neueste Zeit.

Fassen wir die fünf grössten deutschen Staaten: Sachsen,

Bayern, Württemberg, Baden und Hessen zusammen, so erhalten wir im Gesammtgebiet ebenso wie in Preussen eine Steigerung des »natürlichen« Bevölkerungswachsthums von Periode zu Periode. Die Sterblichkeitsziffer trat dort jedoch mit der Geburtsziffer in Harmonie, d. h. die grösste Geburtsziffer der neuesten Zeit rief die grösste Sterblichkeit, und die geringste während der mittleren ebenfalls die geringste Sterblichkeit hervor; denn es starben dort

durchschn. pro Jahr	also auf je 100 Köpfe	(Gbz.)	»natürl.« Zunahme in %	in absol. Zahlen pro Jahr
		1841—48		
299 718	2,96	(3,78)	0,82	83 467
		1849 – 66		
311 191	2,91	(3,73)	0,82	87 179
		1867 – 85		
372 605	3,07	(4,15)	1,08	130 519.

Auch für das Gesammtgebiet des heutigen deutschen Reiches ist eine Steigerung des »natürlichen« Bevölkerungswachsthums zu verzeichnen. Anders dagegen gestalteten sich die Sterblichkeitsverhältnisse. Zwar fiel die Sterblichkeitsziffer in der mittleren Periode ebenso wie in Preussen. Sie kehrte aber in neuester Zeit (1867—85) wieder auf die Höhe von 1841—48 zurück, und würde für diese Zeit noch höher ausgefallen sein, wenn man die Gestorbenen innerhalb der grossen Zahl der Ausgewanderten (die 1867—85 anscheinend sich auf 2 314 700 M. belief) berücksichtigen könnte.

Es wurden nämlich dort vom Tode ereilt:

durchschn. pro Jahr	also auf je 100 Köpfe	(Gbz.)	»natürl.« Zunahme in %	in absol. Zahlen pro Jahr
		1841—48		
962 159	2,83	(3,72)	0,89	301 654
		1849—66		
1 037 903	2,80	(3,77)	0,97	359 063
		1867—85		
1 221 397	2,83	(3,98)	1,15	494 780.

Endlich zeigt auch das Gebiet der deutschen Kleinstaaten (incl. Elsass-Lothringen), m. a. W. das deutsche Reich ohne Preussen und jene 5 grösseren Staaten: Sachsen, Bayern, Württemberg Hessen und Baden eine stete Steigerung der sog. natürlichen

8*

Volkszunahme, wobei aber die stärkste Sterblichkeit auf die ältere Periode, die geringste auf die mittlere fiel.

Es betrug nämlich die Zahl der Gestorbenen in Deutschland ohne Preussen (alten Umfangs), Bayern, Württemberg, Sachsen, Hessen und Baden:

durchschn. pro Jahr	also auf je 100 Köpfe	(Gbz.)	»natürl.« Zunahme in %	in absol. Zahlen pro Jahr
		1841—48		
208 487	2,47	(3,27)	0,79	66 915
		1849—66		
214 787	2,39	(3,27)	0,88	78 878
		1867—85		
243 905	2,46	(3,47)	1,01	100 600.

IV.

Von den anderen europäischen Staaten zeigten die untersuchten germanischen Gebiete, ebenso wie Preussen alten Umfangs, eine Abnahme ihrer Sterblichkeitsziffer (ausgenommen Oesterreich und England und Wales) und eine gleichzeitige Steigerung des sog. natürlichen Bevölkerungswachsthums (ausgenommen Norwegen und England und Wales).

Es betrug nämlich die Zahl der Gestorbenen durchschnittlich pro Jahr:

in	absol.	auf je 100 Köpfe	(Geburts-ziffer)	»natürliche« Zunahme
		(1821—40)		
Schweden	69 631	2,40	(3,39)	0,99
		(1820—44)		
Dänemark	28 375	2,35	(3,22)	0,87
		(1840—49)		
Holland	83 931	2,84	(3,52)	0,69
		(1841—50)		
England und Wales		2,24	(3,26)	1,02
		(1830—49)		
Oesterreich	549 286	3,34	(3,91)	0,58
		(1841—50)		
Norwegen	25 744	1,93	(3,17)	1,24
		(1841—48)		
dageg. in Preussen	453 954	2,94	(3,91)	0,98

in	absol.	auf je 100 Köpfe	(Geburts- ziffer)	»natürliche« Zunahme
		(1841—60)		
Schweden	77 182	2,21	(3,29)	1,08
		(1845—59)		
Dänemark	32 445	2,16	(3,24)	1,08
		(1850—59)		
Holland	87 129	2,74	(3,58)	0,84
		(1851—60)		
England und Wales		2,22	(3,41)	1,19
		(1850—69)		
Oesterreich	603 414	3,22	(3,92)	0,70
		(1851—65)		
Norwegen	29 339	1,85	(3,31)	1,46
		(1849—66)		
dageg. in Preussen	511 759	2,93	(4,03)	1,10
		(1861—80)		
Schweden	85 477	2,01	(3,18)	1,17
		(1860—80)		
Dänemark	37 699	2,11	(3,24)	1,13
		(1860—79)		
Holland	96 121	2,65	(3,64)	0,99
		(1861—70)		
England u. Wales		2,25	(3,52)	1,27
		(1871—80)		
		2,14	(3,55)	1,41
		(1870—80)		
Oesterreich	684 444	3,24	(4,03)	0,78
		(1866—80)		
Norwegen	32 668	1,82	(3,16)	1,34
		(1867—85)		
dageg. in Preussen	604 887	2,86	(4,11)	1,25.

Und ebenso zeigte unter den romanischen Staaten Belgien eine der preussischen ähnliche Entwickelung, d. h. auch dort stieg der Ueberschuss der Zahl der Geburten über die der Sterbefälle von Periode zu Periode. In Frankreich dagegen nahm die »natürliche« Zunahme von Periode zu Periode ab, denn es starben durchschnittlich pro Jahr:

in	absol.	auf je 100 Köpfe	(Geburts- ziffer)	»natürliche« Zunahme
		(1841—50)		
Belgien	109 733	2,56	(3,16)	0,60
		(1821—40)		
Frankreich	842 000	2,59	(3,09)	0,50
		(1851—65)		
Belgien	111 647	2,38	(3,18)	0,80
		(1841—60)		
Frankreich	879 000	2,47	(2,80)	0,33
		(1866—80)		
Belgien	127 476	2,44	(3,35)	0,91
		(1861—80)		
Frankreich	924 000	2,48	(2,71)	0,22.

Greifen wir zurück und fragen, wie sich die Stellung der einzelnen Teile Preussens zu einander und zum Auslande, Dank der
verschiedenartigen Gestaltung ihrer »natürlichen« Zunahmesätze im
Lauf der Zeit verschoben hat, so finden wir, dass sehr stark die
Steigerung des »natürlichen« Bevölkerungswachsthums in den westlichen Provinzen Preussens war. Der Geburtenüberschuss betrug
nämlich schon 1824—48:

in den westlichen Provinzen 1,01 %
. » » östlichen » 0,90 »
» » mittleren » 1,16 »,

d. h. die westlichen Provinzen hatten damals nur die 2. Stelle. In
der neuesten Zeit (1867—85) aber hatten sie die e r s t e. 1867—85
betrug nämlich der Geburtenüberschuss:

in den westlichen Provinzen 1,33 %
dagegen » » östlichen » nur 1,21 »
und » » mittleren » 1,23 ».

Innerhalb jenes westlichen Gebietes aber war es hauptsächlich
die Provinz W e s t p h a l e n, in der der Geburtenüberschuss sich
sehr hoch gestaltete. Diese Provinz hatte 1824—48 nur einen
Geburtenüberschuss von 0,93 %, stand also damals nur über Ostpreussen (0,81 %) und Schlesien (0,91 %). Dagegen belief sich
1867—85 die »natürliche« Zunahme in Westphalen schon auf 1,37 %
d. h. stand schon über der aller Provinzen mit Ausnahme von

Posen (mit 1,57 %), Westpreussen (mit 1,45 %) und Pommern (mit
1,42 %), und innerhalb Westphalens nahm ganz besonders zu die
Bevölkerung des Regierungsbezirks Arnsberg, der 1824—48 nur
den »natürlichen« Zunahmesatz von 1,08 % hatte, dagegen 1867—85
schon den von 1,71 %, sodass dieser hochindustrielle Regierungsbezirk bez. der Höhe seiner »natürlichen« Zunahme damals über
allen preussischen Regierungsbezirken zu stehen kam.

Aber auch innerhalb des östlichen Gebietes von Preussen
konnten wir eine bedeutende Steigerung des »natürlichen« Zunahmesatzes in der neuesten Zeit konstatiren, an der speciell die
Provinzen Posen und Westpreussen beteiligt waren.

Es betrug nämlich der Geburtenüberschuss von 1824—48 in
Posen nur 0,93 % und es stand dieser danach nur über dem von
Ostpreussen (0,81 %) und Schlesien (0,91 %). Der von Westpreussen
war 0,98 % und stand also noch über dem Posens (0,93 %) und
Westphalens (0,93 %); in der neuesten Zeit dagegen beanspruchten
Posen und Westpreussen mit 1,57 % resp. 1,45 % »natürlicher« Zu-
nahme die erste Stelle unter den preussischen Provinzen. Und
innerhalb dieser Provinzen waren es namentlich die Regierungs-
bezirke Bromberg und Marienwerder, in denen eine hohe
Steigerung des »natürlichen« Bevölkerungswachsthums Platz griff.

Es betrug nämlich der Geburtenüberschuss

	1824—48 im Reg.-Bez.	Bromberg	nur	0,96 %
	» »	Marienwerder	»	1,07 »,
dagegen 1867—85	» »	Bromberg	schon	1,60 »
	» »	Marienwerder	»	1,54 »,

Bromberg nahm damals unter den preussischen Regierungsbezirken
die nächste Stelle nach Arnsberg ein.

Was die Entwickelung dieser Dinge in Preussen im Vergleiche
zu anderen grösseren deutschen Staaten betrifft, so wurde
Preussen 1841—48 von Sachsen, Baden und Hessen bez. der Höhe
seines »natürlichen« Zunahmesatzes übertroffen, dagegen 1849—66
und 1867—85 nur noch von Sachsen.

Der Geburtenüberschuss belief sich nämlich:

in	1841—48	1849—66	1867—85
Preussen	auf 0,98 %	auf 1,10 %	auf 1,25 %
Sachsen	» 1,05 »	» 1,22 »	» 1,35 »
Hessen	» 1,09 »	» 0,91 »	» 1,18 »
Baden	» 1,01 »	» 0,84 »	» 1,04 ».

	1841—48	1849—66	1867—85
Dagegen in Württemberg	auf 0,93 %	auf 0,77 %	auf 1,14 %
» Bayern	» 0,59 »	» 0,63 »	» 0,91 ».

Ziehen wir übrigens das Königreich Sachsen in Vergleich mit einzelnen T h e i l e n Preussens, so finden wir, dass Sachsen 1867—85 erheblich von den Provinzen Posen (mit 1,57 %), Westpreussen (mit 1,45 %), Pommern (mit 1,42 %) und Westphalen (mit 1,37 %) übertroffen wurde.

Und ebenso standen hinter Preussen zurück -das deutsche Reich im Durchschnitt, sowie jenes Gebiet der kleineren deutschen Staaten (incl. Hohenzollern-Sigmaringen Elsass-Lothringen und der drei neuerworbenen Provinzen Preussens [vergl. S. 116]).

Der Ueberschuss der Geburten über die Todesfälle betrug nämlich:

in	1841—48	1849—66	1867—85
Deutschland	0,89 %	0,97 %	1,15 %
jenen kleineren Staaten incl .Elsass- Lothringen etc.	}0,79 »	0,88 »	1,01 ».

Audrerseits standen von den in's Auge gefassten a u s s e r d e u t- s c h e n Staaten der preussischen Monarchie bez. der Höhe ihres »natürlichen« Bevölkerungswachsthums immer voran: Norwegen und England und Wales.

Denn es betrug die »natürliche« Zunahme:

	(1841—50)	(1851—65)	(1866—80)	
in Norwegen	1,24 %	1,46 %	1,34 %	
	(1841—50)	(1851—60)	(1861—70)	(1871—80)
» England und Wales	1,02 %	1,19 %	1,27 %	1,41 %
	(1841—48)	(1849—66)	(1867—85)	
dagegen in Preussen	0,98 %	1,10 %	1,25 %.	

Unter den übrigen Staaten näherten sich Preussen bez. der »natürlichen« Zunahme Schweden, Dänemark und Holland; nämlich

	(1821—40)	(1841—60)	(1861—80)
Schweden mit	0,99 %	1,08 %	1,17 %
	(1820—44)	(1845—59)	(1860—80)
Dänemark »	0,87 %	1,08 %	1,13 %
	(1840—49)	(1850—59)	(1860—79)
Holland »	0,69 %	0,84 %	0,99 %.

Dagegen blieb in Oesterreich die »natürliche« Volksvermehrung in den einzelnen Zeiträumen sehr gering, und stand sogar unter der Belgiens. Am geringsten aber war in allen hier in Rede stehenden Perioden die »natürliche« Zunahme in Frankreich.

Es wurden nämlich mehr geboren als starben:

	(1841—50)	(1851—65)	(1866—80)
in Belgien	0,60 %	0,80 %	0,91 %
	(1830—49)	(1850—69)	(1870—80)
» Oesterreich	0,58 %	0,70 %	0,78 %
	(1821—40)	(1841—60)	(1861—80)
» Frankreich	0,50 %	0,33 %	0,22 %
	(1824—48 resp.		
dagegen	1841—48)	(1849—66)	(1867—85)
in Preussen	1,01 % resp. 0,98 %	1,10 %	1,25 %.

THEIL IV.

DIE AUS- UND EINWANDERUNGEN

IN DER PREUSSISCHEN MONARCHIE UND IHREN EINZELNEN THEILEN: PROVINZEN, BEZIRKEN UND KREISGRUPPEN.

IN DEN JAHREN 1824 BIS 1885.

Einleitung.

Zu direkter statistischer Erfassung der Zahl der Aus- und Eingewanderten bestehen in Preussen zweierlei Aufnahmen:

1. über Erwerb und Verlust der Staatsangehörigkeit und
2. über diejenigen Personen, die über See auswandern (»überseeische« Auswanderungsstatistik).

I.

In den ersteren Aufnahmen (1) verzeichnet man ausser den sog. rechtlichen Zu- und Wegzugsfällen, d. h. den Fällen, in denen Personen mit Consens (Scheinen über ihre Entlassung aus dem Staatsunterthanenverbande etc.) ausgewandert sind, auch die factischen Wegzugsfälle, d. h. solche, in denen Personen ohne Entlassungsurkunden das Staatsgebiet zum Zwecke der Uebersiedelung verlassen haben. Und zwar bestanden diese Aufnahmen (1), soweit sie sich auf die Ermittelung zunächst der mit Consens Ausgewanderten beziehen, schon seit 1844.

Sie wurden nämlich durch die damals in Europa sich rasch steigernde Auswanderung veranlasst und sollten der preussischen Regierung Kenntniss davon geben, welche Landestheile von Auswanderungen besonders empfindlich getroffen werden, damit eventuell auf Beseitigung der Uebel, die zur Auswanderung Veranlassung geben, hingewirkt oder die Verhältnisse doch so geregelt werden könnten, dass die Anziehenden in dem neu zu gewinnenden Vaterlande möglichst vortheilhaft aufgenommen würden [1]).

In den ersten 10 Jahren wurde bei diesen Aufnahmen der Zeitraum vom 1. Oktober bis zum 30. September zu Grunde gelegt, da damals die Auswanderungen mit dem Septembermonat im

---

1) Vergl. »Mittheilungen des statistischen Bureaus zu Berlin«, herausg. v. Dieterici, Band 2 (1849) S. 130.

Allgemeinen beendigt waren. Und was den Inhalt jener ersten Erhebungen betrifft, so sollten sie Angaben liefern

1. über die Zahl der Aus- und Eingewanderten,

2. über die Vermögensverhältnisse derselben, um auf solche Weise einen Ueberblick über die Capitalbewegung von und nach Preussen zu gewinnen,

3. über das Geschlecht und Alter der Aus- und Eingewanderten, wobei freilich nur Altersklassen von unter und über 14 Jahren unterschieden wurden, und

4. über das Ziel der Auswanderung [1]).

Von den späteren Aenderungen dieser Aufnahmen sind dann besonders bemerkenswerth:

A. Solche, die Bezug auf den zu erfassenden Zeitraum hatten. Es stellte sich nämlich heraus, dass in Folge der Vermehrung und Vervollkommnung der Communicationsmittel die Uebersiedelung an keine Jahreszeit gebunden war, und deshalb stellte das Ministerium für Handel, Gewerbe und öffentliche Arbeiten, unter dessen Beaufsichtigung die für die Vermittelung der Auswanderungen concessionirten Agenten und Unternehmer standen, im Jahre 1855 fest, dass die Nachrichten über die Ein- und Auswanderungen fortan für je ein K a l e n d e r j a h r zu geben seien [2]).

B. In demselben Jahr 1855 wurden auch Aufnahmen über die ohne Entlassungsurkunden Ausgewanderten vorgeschrieben [3]).

C. Die erheblichsten Veränderungen aber fanden im Jahre 1862 statt.

Es erschienen nämlich die bisherigen Aufnahmen theils als zu weitgehend, insofern Angaben über die persönlichen Vermögensverhältnisse vorgeschrieben waren, theils als zu lückenhaft, insofern nähere Angaben über Alter, Stand und Beruf fehlten. Und zwar stellten sich jene Angaben über die Vermögensverhältnisse deshalb als zu weitgehend heraus, weil sie den Zweck eine Uebersicht der Capitalbewegung von und nach Preussen zu geben, nicht erfüllten. Ein lästiges Eindringen in die Vermögensverhältnisse der Aus- und Eingewanderten war verboten. Und so hatten jene An-

---

1) Vergl. Mittheilungen etc. Band 2 (1849) S. 132 ff.
2) Vergl. Mittheilungen etc. Band 9 (1856) S. 171.
3) Vergl. Mittheilungen etc. Band 9 S. 189.

gaben nur Werth in Bezug auf die Personen, die freiwillig solche machen wollten und dabei der Wahrheit die Ehre gaben [1]).

Wie wenige aber ihre Vermögensverhältnisse zu erkennen geben wollten, zeigt z. B. die Thatsache, dass von 44 825 Personen, die zwischen 1844 und 1859 angeblich in Preussen einwanderten, nur 31 133 Personen und von 227 236 mit Entlassungsurkunden Ausgewanderten derselben Zeit (1844—59) nur 183 731 Personen über ihre Vermögensverhältnisse Einzeichnungen machten [2]).

Andererseits erschienen nähere Aufzeichnungen über Alter, Stand uud Beruf aus naheliegenden wirthschaftlichen und militärischen Gründen wünschenswerth. Und so wurden denn 1862 neue Formulare für Aus- und Einwanderungen entworfen, vom Ministerium des Innern genehmigt und eingeführt.

Nach denselben wurde von Angabe der Vermögensverhältnisse ganz und gar Abstand genommen. Dagegen wurden über die Zahl der Familienglieder und alleinstehenden Personen, Geschlecht, Alter, Beruf und Auswanderungsziel derselben (bei den Eingewanderten auch über den bisherigen Aufenthaltsort) Ermittelungen vorgeschrieben. Auch sollte bezüglich der sog. »factischen« Auswanderung die Zahl der ohne Entlassungsurkunden Fortziehenden, sowie die Zahl jener militärpflichtigen Auswanderer festgestellt werden, gegen welche nach den die Militärpflicht betreffenden Strafbestimmungen ein Strafverfahren stattgefunden hatte [3]).

Alles das blieb dann auch im wesentlichen bis zur Gegenwart massgebend. Doch fanden Veränderungen in Bezug auf die Art der Erhebung und sodann auch einige Erweiterungen des Inhalts jener Aufnahmen statt.

D. Als nämlich das Gesetz vom 1. Juni 1870 über die Erwerbung und den Verlust der Landes- und Staatsangehörigkeit im November 1870 auf Baden, Hessen und Württemberg und am 22. April 1871 auch auf Bayern ausgedehnt wurde [4]), wurde ein einheitliches Vorgehen auch bei den hier in Rede stehenden

---

1) Vergl. Engel: Die Aus- und Einwander. im preuss. Staate in der Zeitschrift des pr. stat. Bureaus 1861, sowie Bödiker: Die Aus- und Einwand. in Preussen seit d. Jahr 1844, p. 8 und Preussische Statistik Band 26.

2) Vergl. Engel a. a. O.

3) Vergl. Bödiker a. a. O. und Preussische Statistik Band 26 a. a. O.

4) Vergl. Laband: »Das Staatsrecht des deutschen Reiches« 2. Aufl. 1888 S. 154 (§ 18).

statistischen Erhebungen ermöglicht, und so beschloss am 7. Dec. 1871 [1]) der Bundesrath, gleichmässige Uebersichten über Erwerb und Verlust der Staatsangehörigkeit aus allen deutschen Ländern einziehen zu lassen und setzte fest, dass solche alljährlich dem kais. statistischen Amte eingereicht werden sollen.

Danach hatten denn auch die Behörden Preussens fortan vier Uebersichten in Gemässheit der §§ 7, 8, 14 und 21 Abs. 5 a. a. O. (vergl. unten) aufzustellen und dem kais. statistischen Amte jährlich einzureichen.

Dies waren Uebersichten

    a) über die Ertheilung von Aufnahmeurkunden an Angehörige eines anderen Bundesstaates (§ 7 des Ges. v. 1. Juni 1870),

    b) über die Wiederverleihung von Staatsangehörigkeit nach zehnjährigem Aufenthalte im Auslande (§ 21 Abs. 5),

    c) über die Ertheilung von Aufnahmeurkunden an Ausländer (§ 8) und

    d) über die Ertheilung von Entlassungsurkunden (§ 14) [2]).

E. Da aber die preussische Regierung fand, dass diese Uebersichten im Grunde nur ein unvollständiges Bild von dem Erwerb und Verlust der Staatsangehörigkeit gaben, zumal in denselben nicht alle im Gesetze vom 1. Juni 1870 aufgestellten Punkte bez. des Erwerbes und des Verlustes der Staatsangehörigkeit berücksichtigt waren, liess sie sich angelegen sein, vom Jahre 1873 ab Mittheilungen auch über diejenigen Personen zu sammeln, die in Gemässheit der § 4 (Legitimation), § 5 (Verheirathung), § 9 (Anstellung im Communal- und Staatsdienste) des Bundesgesetzes vom 1. Juni 1870 die Staatsangehörigkeit erworben bez. in Gemässheit der § 13 Abs. 4 und 5 (durch Legitimation oder Verheirathung), § 20 (Nichtrückkehr im Falle einer ausdrücklichen Aufforderung in Folge eines Krieges oder Kriegsgefahr) und § 22 (Nichtaustritt aus fremdem Staatsdienste auf ausdrückliche Aufforderung) verloren haben [3]).

---

1) Vergl. »Statistik des deutschen Reiches« Band I a. a. O. und Zeitschrift des preussischen stat. Amtes Jahrg. 1884 S. 56.

2) Vergl. »Statistik des deutschen Reiches« Band I S. 338 und 339, wo die Nachweise angegeben sind, sowie S. 484; Stöpel: »Preussischer Gesetzcodex« Supplement IV, 1870—71, Frankfurt a./O. 1873 S. 76 u. ff.

3) Vergl. Blenck: »Das königl. statist. Bureau in Berlin beim Eintritt in sein neuntes Jahrzehnt 1885 S. 61—63.

Die diesbezüglichen Anordnungen der preussischen Regierung gelangten aber erst 1874 zur Ausführung [1]).

Nach Massgabe dieser letzteren Anordnungen liefen nun bis zum Ende des Jahres 1882 Tabellen, beziehungsweise von den Landrathsämtern ausgefüllte und von den Regierungspräsidien für ihren Bezirk zusammengefasste Listen bei dem königl. statistischen Bureau in Berlin ein; dieses verarbeitete dieselben für das preussische Staatsgebiet und veröffentlichte sie [2]).

Endlich wurde durch Erlass des preussischen Ministers des Innern vom 11. März 1883, für die Zeit von 1883 ab die Anwendung von Zählkarten bei den Ermittelungen über den Erwerb und Verlust der Reichs- und Staatsangehörigkeit angeordnet, wobei aber von den Fragen über Legitimation, Verheirathung und jene anderen seit 1874 zur Aufnahme gebrachten Dinge Abstand genommen werden sollte [3]).

Uebrigens sollten von nun an in Preussen 12 Altersklassen unterschieden werden (unter 1 Jahr, von 1 bis unter 6 Jahr, von 6 bis 10 u. s. w. [4]). Auch wurde den Aufnahmen über Auswanderungen ohne Entlassungsurkunden eine erweiterte Fassung gegeben. Denn es sollte von nun an auch Geschlecht, Familienzusammengehörigkeit und Religionsbekenntniss ermittelt werden [5]).

II.

Neben diesen Aufnahmen über Erwerb und Verlust der Staatsangehörigkeit besteht in Preussen seit dem 1. Januar 1874 eine besondere Statistik, betreffend die überseeischen Auswanderungen. Diese wurde auf Grund des Bundesrathsbeschlusses vom 7. Dec. 1871 eingeführt.

In Gemässheit dieses Beschlusses stellt das preussische statistische Bureau monatliche Uebersichten auf, die dem kaiserlichen statistischen Amte geliefert werden und die Zahl der Auswanderer

---

1) Vergl. »Zeitschrift des preussischen statistischen Bureaus 1874 S. 321 ff.
2) Vergl. »Zeitschrift des pr. statistischen Bureaus« 1884 S. 56.
3) Diese Zählkarten wurden vom Bundesrath in seinem Beschlusse vom 19. Dec. 1882 (auf Antrag Preussens gefasst) empfohlen.
4) Vergl. Blenck a. a. O.
5) Vergl. Zeitschrift des preuss. stat. Bureaus 1884 S. 57.

betreffen, die aus preussischen Häfen über See befördert werden. Angegeben wird hierbei Herkunft, Reiseziel, Geschlecht, Alter, Beruf und die Beförderungsart [1]).

III.

Indessen geben alle diese Aufnahmen nur unzureichende Resultate.

So z. B. ergab in den alten Provinzen Preussens die Zählung
von 1843: 15 266 730 Menschen
dagegen jene von 1885: 23 088 178 M., und es betrug mithin die sog. factische Bevölkerungszunahme 7 821 448 M. Der Ueberschuss der Geburten über die Todesfälle belief sich aber in dem Zeitraum von 1844 bis 1885 auf 9 173 269 Menschen und somit hatte das Gebiet von Altpreussen: 1 351 800 Menschen durch Mehrauswanderung verloren.

Nach den Angaben jener officiellen Statistik aber (vergl. Bödiker a. a. O., Preussische Statistik Band XXVI, sowie die Zeitschrift des preussischen statistischen Bureaus 1879—85 incl.) verlor die preussische Monarchie alten Umfanges durch Mehrauswanderung nur 834 829 Menschen, d. h. von der Gesammtzahl der Mehrausgewanderten waren nur 61,7 % zur Verzeichnung gelangt.

Und gedenken wir einzelner Zeiträume innerhalb jenes grossen Zeitabschnittes, so scheint gerade in neuester Zeit z. B. von 1876—85 die Zahl der Auswanderungen besonders ungenau registrirt zu sein.

Es wanderten nämlich mehr aus als ein

	nach der Differenz zwischen »natürl.« u. »fact.« Zunahme	nach der officiellen Statistik	Es wurden also in dieser Statistik nur ermittelt % der thatsächl. Auswand.
1844—61	189 750	(1844/45—61) 229 600	
1862—75	449 800	300 100	66,89
1876—85	712 300	304 100	42,70.

• Dass 1844—61 der Ueberschuss der Auswanderungen über die Einwanderungen nach der officiellen Statistik grösser war, als er nach der Differenz zwischen »natürlicher« und »factischer« Zunahme hätte sein müssen, dürfte so zu erklären sein.

---

1) Vergl. Blenck a. a. O., Bödiker a. a. O., Statistik des deutschen Reiches Band I a. a. O.

Als die amtliche Aus- und Einwanderungsstatistik entstand, also in den Jahren von 1844 ab fanden noch grössere Einwanderungen aus den angrenzenden Gebieten nach Preussen statt, während die Auswanderungen bei der damaligen Unvollkommenheit der Communicationsmittel relativ gering gewesen sein dürften.

Jene grössere Zahl von Einwanderungen wurde aber, scheint es, ungenauer registrirt als die Auswanderungen und deshalb musste die Berechnung im Durchschnitt eine grössere Mehrauswanderung ergeben, als solche thatsächlich war.

Anders in den folgenden Zeiträumen.

1862—75 wurden 66,8 % der factischen Mehrauswanderung ermittelt und in der neuesten Zeit, als die Auswanderung immer grössere Dimensionen annahm, kamen von den thatsächlich Ausgewanderten nur 42—43 % zur Verzeichnung.

Indessen bietet jene officielle Statistik nicht nur ein unzureichendes Bild, sondern — darauf soll hier besonders aufmerksam gemacht werden — auch insofern ein ungenügendes, als sie gar keinen Anhaltspunkt dafür liefert, wie sich die Wanderungen innerhalb der preussischen Monarchie, d. h. wie sich der Mehrzu- resp. Mehrwegzug in den einzelnen Provinzen Preussens gestaltete. Und gerade diese Mehrzu- resp. Mehrwegzugsverhältnisse in den einzelnen Provinzen bilden einen mächtigen Factor der Bevölkerungsbewegung: Zeigten doch (nach den Rechnungen von Fr. J. Neumann) schon vom Anfang des Jahrhunderts an die industriellen Gebiete Preussens Mehreinwanderungen von Tausenden von Menschen (der Reg.-Bezirk Arnsberg z. B. 1824—85: 169 473 M. und der Reg.-Bezirk Düsseldorf gleichzeitig 246 467 M.), während jene vorzugsweise landwirthschaftlichen Gebiete, in denen der Grossgrundbesitz vorherrscht, grosse Mehrauswanderungen hatten, so z. B. der Reg.-Bez. Coeslin, gleichzeitig 172 800 M., Stettin 147 300 M., Stralsund 59 448 M., also die Provinz Pommern überhaupt eine Mehrauswanderung von 379 600 M., die entweder überhaupt aus Preussen oder nach industriellen Gebieten innerhalb Preussens fortgingen!

Und wie wenig jene Zahlen der officiellen preussischen Statistik, die sich auf die einzelnen Provinzen Preussens beziehen, mit den Angaben, die wir aus dem Vergleich zwischen »natürlicher« und »factischer« Zunahme erhalten, stimmen, mögen noch folgende Beispiele zeigen:

Immerhin am richtigsten scheinen sich jene officiellen Angaben in den Provinzen Westpreussen, Pommern und Posen zu gestalten. Dort möchte sich auch Wegzug überhaupt und Auswanderung aus preussischem Gebiete am meisten decken, und daher lässt sich auch jener leichter erkennen. — Trotzdem aber erfasst die Auswanderungsstatistik in Posen nur etwa 51 % aller thatsächlich Weggezogenen, in Pommern c. 44% und in Westpreussen c. 31%. Denn es wanderten mehr aus als ein (in den Jahren von 1844—85)

in	nach dem Vergleiche zwischen »natürlicher« und »factischer« Zunahme	nach officiellen[1] Quellen (1844/45-85)	in % der thatsächlichen Mehrauswand.
Westpreussen	222 500	112 500	50,56
Pommern	406 300	179 100	44,08
Posen	378 900	119 300	31, 5

Noch unvollkommener aber gestalten sich diese Dinge in der M. Brandenburg (ohne Berlin), Sachsen und Schlesien; denn es wanderten mehr aus als ein (1844—85)

in	nach dem Vergleiche zwischen »factischer« und »natürlicher« Zunahme	nach officiellen[2] Quellen (1844/45-85)	in % d. thatsächlich.Mehrausw.
Brandenburg (ohne Berlin)	229 900	63 600	27,66
Sachsen	247 500	59 500	24,04
Schlesien	281 400	55 300	19,65

und am ungünstigsten im Osten waren die in Rede stehenden Verhältnisse in Ostpreussen, wo vielleicht in Folge starker Auswanderung nach Polen (vgl. Bergmann a. a. O.) kaum ¹/₁₀ der Mehrausgewanderten in jener amtlichen Statistik zur Verzeichnung kam. Es wanderten nämlich dort mehr aus als ein (1844—85)

nach dem Vergleiche zwischen »natürlicher« und »factischer« Zunahme } 189 700 Menschen. Dagegen

nach officiellen [3] Quellen (1844/45—85) } 18 700 Menschen, also 9,9% der

gesammten Mehrausgewanderten. Noch schlimmer aber steht es im Westen von Preussen.

Während in den bisher betrachteten Provinzen eine M e h r a u s-

---

1) Vergl. Bödiker a. a. O., »Preussische Statistik« a. a. O. und Zeitschrift des preuss. statist. Bureaus 1879—85 a. a. O.

2) Vergl. vorige Anmerk. 1.

3) Vergl. vorige Anmerk. 1.

w a n d e r u n g Platz greift, die von den Behörden ungenügend erfasst wird, finden in den w e s t l i c h e n Gebieten Preussens grosse
Mehreinwanderungen, insbes. aus andern Provinzen, statt, und diese
werden auf jenem Wege gar nicht ermittelt.

Nach jenen offic. Quellen hatten die beiden Provinzen Westphalen und Rheinland eine Mehr a u s w a n d e r u n g von 94 973 M.
(1844/45—85) resp. 134 872 M. (1844/45—85), dagegen zeigt die
»natürliche« und die »factische« Zunahme in Westphalen eine
Differenz von 58 313 M (1844—85) und in Rheinland eine solche
von 27 191 Menschen (1844—85) zu Gunsten der Mehr e i n w a n-
d e r u n g [1]).

Nach alledem soll denn hier im Folgenden auf die o f f i c.
Angaben über Aus- und Einwanderungen nur wenig Gewicht gelegt
und vorzugsweise das Ergebniss der nach der Methode von Fr. J.
Neumann berechneten Zahlen der Mehrzu- resp. Mehrwegzüge berücksichtigt werden.

Diese Methode, im Kurzen geschildert (Ausführliches vergl. in
der »Einleitung«, und in v. Bergmann, Band I d i e s e r Beiträge
»Einleitung« u. Cap. IV) besteht darin, dass die »factische« und
die »natürliche« Zunahme, d. h. der nach den Ergebnissen der Volkszählungen sich herausstellende Ueberschuss und der gleichzeitige
Ueberschuss der Zahl der Geborenen über die der Gestorbenen
miteinander verglichen werden. Die Differenz zwischen beidem
ergibt die Zahl der wahrscheinlichen Mehrzu- resp. Mehrwegzüge.
Letztere werden hiebei für die g a n z e Zeit, die zwischen zwei Volkszählungen liegt, mit ziemlicher Genauigkeit erfasst, da die Registrirung der Geburten und Sterbefälle, sowie die Durchführung der
Volkszählungen wenigstens seit 1840 als ziemlich zuverlässig gelten
können.

Andererseits reicht dieses Verfahren freilich nicht aus zur

---

1) Was die Stadt B e r l i n betrifft, so lassen sich hier nach den Angaben
des Kön. Polizeipräsidiums, das seit dem 1. Jan. 1838 die Zahl der Ab- und
Zuziehenden feststellt, für den Zeitraum von 1838 bis 1885 834 236 Mehr Zu-
als Abziehenden ausrechnen (vergl. statistisches Jahrbuch der Stadt Berlin, 13.
Jahrg. 1888, S. 18. 19). Nach der Differenz zwischen »natürlicher« und »factischer« Zunahme beträgt aber die Mehreinwanderung 747 800 Menschen, also
etwas geringer. Es wird also, wie es scheint, vom Polizeipräsidium die Zahl
der Ausgewanderten etwas ungenau festgestellt.

Erfassung der betr. Zahlen für die e i n z e l n e n Jahre. Doch ist mit Wahrscheinlichkeitsberechnungen hier zu helfen (vgl. Bergmann a. a. O.).

Zum Schlusse sei noch erwähnt, dass unter dem allgemeinen Ausdruck A u s- u n d E i n w a n d e r u n g e n im Folgenden Wanderungen sowohl innerhalb Preussens (sog. Ab- und Zuzüge) als auch von Preussen nach anderen Ländern resp. umgekehrt verstanden werden sollen, während man häufig damit nur Veränderungen letzterer Art bezeichnet.

Erstes Kapitel.

Die Aus- und Einwanderungen in der preussischen Monarchie und ihren einzelnen Theilen: Provinzen, Bezirken und Kreisgruppen in dem ganzen Zeitraume von 1824 bis 1885.

I.

In den 62 Jahren von 1824 bis 1885 [1]) wurden in den alten Provinzen der preussischen Monarchie mehr geboren als vom Tode dahingerafft:

11 964 803 Personen. Dagegen betrug die durch Volkszählungen konstatirte sog. »factische« Zunahme nur 11 407 598 Personen, und sonach waren in den 62 Jahren von 1824—85

557 205, d. h. von einer durchschnittlichen Bevölkerung von 17 099 890 Menschen etwa 5 auf 10 000 aus den alten Provinzen der preuss. Monarchie (im Umf. von 1825) mehr fort- als zugezogen [2]).

Erheblich grösser war indessen die Mehrauswanderung in jener Gruppe der östlichen Provinzen, die Ost- und Westpreussen, Posen und Schlesien umschliesst. Denn statt eines Mehr von 4 704 816 Menschen, das sich in den Jahren 1824—85 aus dem Ueberwiegen der Zahl der Geborenen über die Zahl der Gestorbenen dort hätte ergeben müssen, zeigte das Jahr 1885 gegenüber 1824 nur eine thatsächliche Bevölkerungszunahme von 4 105 254 Personen, und somit waren dort 599 562 Menschen d. h. durchschnittlich etwa 13 auf 10 000 mehr aus- als eingewandert, wäh-

---

1) Weshalb hier immer auf das Jahr 1824 zurückgegriffen ist, darüber vergl. die »Einleitung«.

2) Auch diese und die folgenden Zahlen, soweit sie preussische Verhältnisse betreffen, beruhen auf den Rechnungen von Fr. J. Neumann.

rend im **Centrum** und im **Westen** der preussischen Monarchie in derselben Zeit sogar eine **Mehreinwanderung** stattfand, denn es betrug (1824—85):

in	Die „natürl.“ Zun. (Ueberschuss d. Zahl d. Geb. über d. der Gestorb.)	Die „factische“ Zunahme	mithin absol.	Mehreinw. auf 10 000 der mittl Bev. [1]
den westl. Prov. (Westphal. u. Rheinland)	3 282 600	3 321 385	38 785	1
den mittl. Provinzen (Brandenburg, Berlin, Pommern, Sachsen)	3 973 560	3 985 447	11 887	0,4

Lassen wir aber in jenem mittleren Gebiet die Stadt **Berlin** ausser Betracht, in der denselben Rechnungen zufolge 1824—1885 eine Mehreinwanderung von 803 774 Menschen, d. h. jährlich etwa von 239 (!) auf 10 000 der jeweiligen mittleren Bevölkerung der Stadt stattfand, so erhalten wir dort wie im Osten eine Mehrauswanderung, und zwar die **grösste** Mehrauswanderung, nämlich von 791 887 Personen, d. h. 27 auf 10 000 Köpfe mittlerer Bevölkerung.

Und innerhalb jenes centralen Gebietes stand obenan die Provinz **Pommern**, die (unter allen »alten« preussischen Provinzen) absolut wie relativ die **grösste** Zahl von Menschen durch Mehrauswanderung verlor, während die beiden anderen Provinzen: Sachsen und Brandenburg (ohne Berlin) ganz erheblich günstigere Verhältnisse aufweisen.

Es betrug nämlich (1824—85)

in	die „natürl. Zun.“ (Ueberschuss d. Zahl der Geb. über die der Gestorb.	die „factische“ Zunahme	mithin wanderten mehr aus absol.	auf 10 000 mittl. Bev.
Pommern	1 066 634	687 060	379 574	50
Sachsen	1 311 149	1 094 031	217 118	19
Brandenburg (ohne Berlin)	1 303 284	1 108 089	195 195	18

Ja, innerhalb der Provinz Pommern hatte der Regierungsbezirk **Stralsund** eine Mehrauswanderung von 52 auf 10 000 und der Bezirk **Coeslin** sogar eine solche von 61 auf 10 000 Köpfe im grossen Durchschnitt der Jahre 1824—85.

Sodann stellten im Osten der preussischen Monarchie: **Posen** und **Westpreussen**, mit 32 resp. 20 auf 10 000, das grösste Contingent von Mehrauswanderern, dagegen zeigte schon **Ostpreussen** günstigere Verhältnisse (13 p. 10 000) und **Schlesien** hatte sogar nur eine Mehrauswanderung von 3 p. 10 000, welcher Pro-

---

1) Ueber die Grösse der mittleren Bevölkerungszahlen vergl. Theil II dieses Werkes.

centsatz unter jenem Durchschnittssatze für Gesammtpreussen (5 auf 10 000) steht, was leicht zu erklären ist, wenn wir erwägen, dass speciell in den industriereichen Reg.-Bezirken Oppeln und Breslau[1]) sogar eine Mehreinwanderung stattfand.

Es betrug nämlich (1824—85):

in	die »natürl.« Zun.	die »factische« Zun.	mithin Mehrauswandrg. absol.	auf 10 000 Köpfe mittl. Bev.
Posen	994 134	718 250	275 884	32
Westpreussen	818 449	686 277	132 172	20
Ostpreussen	956 785	833 734	123 051	13
Schlesien	1 935 448	1 866 993	68 455	3

Jene grosse Auswanderung aus den Provinzen Posen und Westpreussen wurde übrigens zu einem nicht ganz unerheblichen Theil durch die Massenauswanderung jüdischer Bevölkerung verursacht. Denn für die Jahre 1824—73[2]) konstatiren wir in der gesammten Provinz Posen eine Mehrauswanderung von 72 820 Menschen, d. h. von 11 auf 10 000. Gehen wir aber auf die einzelnen Confessionen näher ein, so sehen wir, dass in demselben Zeitraume von den Katholiken 43 612 d. h. ebenfalls 11 auf 10 000 der kathol. Bevölkerung mehr aus- als einwanderten, die Evangelischen sogar eine Mehreinwanderung (von 1904 oder 9 auf 10 000 der mittleren evang. Bevölkerung) zeigten, dass dagegen unter der relativ kleinen jüdischen Bevölkerung eine Mehrauswanderung von 48 209 Köpfen d. h. 134 (!) auf 10 000 mittlerer Bevölkerung Platz griff, sodass weit über die Hälfte der 1824 bis 1873 überhaupt aus der Provinz mehr Ausgewanderten (72 820) Juden waren.

Jener Procentsatz jüdischer Auswanderung übersteigt sogar den Satz des gleichzeitigen »natürlichen« Bevölkerungswachsthums der Juden (von 131 auf 10 000), was zugleich unwiderleglich auf dauerndes Zuströmen jüdischer Bevölkerung von Osten her hindeutet.

In Westpreussen steht es ähnlich.

Dort hatte 1824—73 überhaupt eine Mehreinwanderung von 41 683 Menschen oder 8 auf 10 000 mittlerer Bevölkerung stattgefunden; aber innerhalb der protestantischen Bevölkerung war ein

---

1) Bez. der Reg.-Bezirke Oppeln und Breslau vergl. unten S. 144.

2) Weshalb wir uns auf diese Jahre bis 1873 leider (!) beschränken müssen, ist in der Einleitung und auch bei Bergmann, Einleitung S. 6 gesagt.

Mehrzuzug von 48 749 Menschen (oder 20 auf 10 000) zu berechnen. Es musste im übrigen also ein um so grösserer Mehrwegzug stattgefunden haben. Und dieser ist thatsächlich nur innerhalb
der jüdischen Bevölkerung nachweisbar, denn innerhalb der ka-
tholischen überwog nach den hier in Rede stehenden »Bilanzrechnungen« sogar die Mehreinwanderung um ein geringes
(5 776 Menschen oder 2 auf 10 000 mittlerer Bevölkerung); dagegen
betrug der gleichzeitige Mehrwegzug bei der viel kleineren jüdischen Bevölkerung 8 604 Personen d. h. 78 (!) auf 10 000 Köpfe
mittlerer jüdischer Bevölkerung, und innerhalb des Regierungsbezirkes
Marienwerder sogar 84 auf 10 000 [1]).

Werfen wir endlich einen Blick auf den Westen, so finden wir,
dass, was zunächst die Gesammtbevölkerung der beiden Provinzen Westphalen und Rheinland betrifft, nur in der letzteren für
die Jahre 1824—85 eine Mehreinwanderung zu verzeichnen war.

Innerhalb Westphalens hat nur im Reg.-Bezirk Arnsberg damals
ein Mehrzuzug, und zwar von 169 473 Menschen (40 auf 10 000)
stattgefunden.

Es betrug nämlich (1824—85)

in	die »natürl.« Zunahme	die »factische« Zunahme	mithin die Mehrein-(+) resp. Mehrauswanderung (—) absol. auf 10 000 mittl.Bev.	
Westphalen	1 092 105	1 047 322	— 44 783	— 5
Rheinland	2 190 495	2 274 063	+ 83 568	+ 4
Arnsberg	604 820	774 293	+ 169 473	+ 40

Gehen wir im Uebrigen näher auf die einzelnen Regierungsbezirke ein, so wollen wir die allgemeine Bemerkung vorausschicken,
dass die Auswanderung [2]) namentlich in denjenigen Theilen der
preussischen Monarchie grosse Dimensionen gewonnen hat, in welchen drei Voraussetzungen zutreffen, erstens, dass die technische Industrie wenig entwickelt ist, zweitens dass auf dem Lande der
Grossgrundbesitz vorherrscht, der kleine Mann also wenig Aussicht
hat, selbst Besitzer zu werden, und endlich drittens, dass die Uebersiedelung sei es in das Ausland, sei es in die industriereichen Bezirke der Monarchie nicht zu grosse, die Kräfte des gemeinen

---

1) Weiteres bei Bergmann in Theil I dieser Beiträge.
2) Auswanderung hier wie überall als gleichbedeutend mit Wegzug, Fortzug, aufgefasst, vergl. Einleitung und oben S. 134.

Mannes übersteigende Schwierigkeiten bietet, Voraussetzungen, die z. B. in grossen Theilen Pommerns und der Mark, sowie in manchen Kreisen Westphalens zutreffen.

Von dort geht, wer wenig bemittelt ist, entweder in die weite Ferne übers Wasser oder aber in deutsche I n d u s t r i e g e g e n d e n, wo ihm wenigstens die Hoffnung leuchtet, bei dauerndem Fleiss und dauernder Tüchtigkeit und Gesundheit erheblich besser vorwärts zu kommen, als in der Heimath.

Nur so dürfte es zu erklären sein, dass im Durchschnitt der ganzen hier in Rede stehenden Zeit die grösste Mehrauswanderung in den Reg.-Bezirken Coeslin, Stralsund und Minden Platz griff. Im Reg.-Bezirk Minden wanderten über die Hälfte und in Stralsund fast die Hälfte Jener aus, die das Land durch »natürliches« Bevölkerungswachsthum gewann.

Es betrug nämlich 1824—85 (I)

im Reg.-Bez.	die »natürl.« Zun.	die »fact.« Zun.	mithin die Mehrauswandrg. absol.	auf 10 000 mittl. Bevölk.
Coeslin	449 727	276 903	172 824	61
Minden	315 029	154 229	160 800	58
Stralsund	127 839	68 391	59 448	52

Greifen wir aber vor, indem wir auf die Gestaltung dieser Dinge in k l e i n e r e n Z e i t r ä u m e n blicken, so finden wir, dass gerade im W e s t e n der Monarchie die Auswanderung auch schon sehr f r ü h begann. Bereits 1824—48 erreichte die Mehrauswanderung im Reg.-Bez. Minden die Höhe von 19 auf 10 000 mittlerer Bevölkerung und stieg dann für 1849—66 auf 88 p. 10 000, für 1867—85 auf 73 p. 10 000.

Anders in Pommern.

Dort fand überhaupt (soweit die bezüglichen Zählungsresultate Vertrauen [1]) verdienen) in der Periode: 1824—48 noch eine Mehr e i n wanderung statt, und zwar im Regbez. Stralsund von 7 auf 10 000 und in Coeslin sogar von 12 auf 10 000. Erst in der mittleren Periode begann die Mehr a u s wanderung: mit 34 auf 10 000 in Stralsund und 41 auf 10 000 in Coeslin zu überwiegen. Und erst in der neuesten Zeit (1867—85) nahm sie grosse Dimensionen an, indem sie in Stralsund auf 126 und in Coeslin auf 138

---

1) Vergl. oben.

p. 10 000, also in beiden Bezirken weit über die Mehrauswanderung im Bezirke Minden (73 p. 10 000) stieg.

Die Bevölkerung jener schwach bevölkerten Theile Pommerns empfand in der ältesten Zeit, vielleicht um ihrer einfachen Sitten und Lebensweise willen, namentlich aber wohl in Anbetracht der damals noch wenig entwickelten Verkehrsverhältnisse, viel weniger Neigung zur Auswanderung als ihre Landsleute im Westen. Erst in neuester Zeit mit der Steigerung der Lebensbedürfnisse und der Erleichterung der Communication wurde das anders.

Uebrigens stand es in einzelnen Kreisen sehr verschieden. So hatte im Regbez. Stralsund der Kreis Grimmen 1824—85 eine Mehrauswanderungsziffer z. B. von 97 (!) auf 10 000 (=20 879 Menschen). Und ähnlich stand es auch in den Kreisen Dramburg und Schievelbein im Bezirke Coeslin, wo sich für dieselbe Zeit eine Mehrauswanderung von 80 auf 10 000 (= 15 467 Köpfen) resp. 75 auf 10 000 (7 582 Köpfen) ergab. Dann folgten Rügen im Regbez. Stralsund mit einer Mehrauswanderung von 14 915 Menschen od. 58 auf 10 000 und die Kreise Rummelsburg und Stolp mit einer solchen von 9 197 Menschen (56 auf 10 000 mittl. Bev.) resp. 14 089 M. (30 p. 10 000 Köpfe mittl. Bev.) [1].

Ziehen wir hiermit aber die einzelnen Kreise des Regierungsbezirkes Minden in Paralelle, so sind dort die vorzugsweise landwirthschaftlichen Kreise von den mehr städtischen zu unterscheiden. Die Kreisgruppe: Büren, Wiedenbrück, Halle und Lübbecke zeigte 1824—85 eine Mehrauswanderung von 71 043 = 76 auf 10 000 mittl. Bev., dagegen war in dem Gebiete der Kreise: Paderborn, Höxter und Warburg, (mit den industriellen Städten Paderborn und Höxter) der Verlust an Mehrauswanderungen schon erheblich geringer: 41 740 Menschen od. 57 p. 10 000 Köpfe mittl. Bev. Und in dem mehr städtischen Gebiete der Kreise: Bielefeld, Minden und Herford stand die Mehraus- der Mehreinwanderung nur um 47 981 Menschen = 43 p. 10 000 Köpfe mittl. Bev. voran.

---

1) Einzelne Kreisgruppen innerhalb des Reg.-Bez. Coeslin zeigten allerdings auch sehr hohe Mehrauswanderungsziffern; so ergab die Kreisgruppe: Neustettin, Schievelbein und Dramburg einen Mehrwegzug von 46 267 M. oder 69 auf 10 000 mittl. Bev. und die Kreisgruppe: Fürstenthum, Schlawe und Belgard einen solchen von 82 093 M. oder 68 auf 10 000 Köpfe mittl. Bev.

Stellen wir in Minden aber noch die e i n z e l n e n Kreise einander gegenüber, só stossen wir auf grössere Mehrauswanderungen namentlich in den dünn bevölkerten vorzugsweise ländlichen Kreisen, während in einzelnen industriellen, mehr städtischen Kreisen sogar ein Ueberschuss der Einwanderung zu constatiren ist.

So hatte z. B. der vorzugsweise ländliche Kreis H a l l e (i. W.) eine Mehrauswanderung von 98 auf 10 000 Köpfe mittl. Bevölkerung (bei einem »natürlichen« Zuwachse von 104 auf 10 000) [1]), und der Kreis B ü r e n eine solche von 81 auf 10 000 m. Bev. [2]). Auch zeigte der dünn bevölkerte Kreis W a r b u r g eine Mehrauswanderung von 84 auf 10 000 (15 910 Köpfe).

Dagegen betrug der Verlust in dem mehr industriellen Kreise P a d e r b o r n nur 28 auf 10 000 m. Bev. (6263 M.), und der S t a d t k r e i s B i e l e f e l d wies sogar eine M e h r e i n w a n d e r u n g von 14 949 M. od. 169 auf 10 000 Köpfe mittl. Bevölk. auf.

Richten wir den Blick aber wieder auf andere Bezirke, so zeigten eine ziemlich grosse Mehrauswanderung auch (II.) die Regbezirke: Erfurt, Stettin, Frankfurt, Posen u. Koblenz, denn es betrug (1824—85)

im R.-Bez.	die »natürl.« Zun.	die »factische« Zun.	Mithin die Mehrauswanderung absol.	auf 10 000 K. mittl. Bev.
Erfurt	245 691	151 297	94 394	45
Stettin	489 068	341 766	147 302	42
Frankfurt	686 814	486 672	200 142	37
Posen	624 982	425 507	199 475	36
Koblenz	324 893	224 632	100 261	32

Und was die Gestaltung dieser Dinge im Einzelnen betrifft, so fiel auf Stadt S t e t t i n zwar eine M e h r e i n w a n d e r u n g von 165 auf 10 000 (53 933 M.) und in den Kreisen R a n d o w und U s e d o m - W o l l i n hielt sich Ein- u. Auswanderung fast die Waage. Es wanderten nur Wenige, (im Ganzen in Randow 214 und in Usedom 3 679 (17 auf 10 000), mehr aus als ein.

Alle übrigen Kreise aber zeigten Mehrauswanderungsziffern, die jenen der Kreise von Stralsund und Coeslin wenig nachstanden.

---

1) Der Ueberschuss der Geburten über die Todesfälle betrug 19 151 Menschen, die »factische« Zunahme = 1165 M , mithin Mehrwegzug 17 986 M.

2) Die »natürliche« Zunahme betrug 24 689 Menschen,
    die »factische«   »   »   6 631   »
    mithin der Mehrwegzug   18 058 Menschen.

So sind z. B. in den Kreisen: Regenwalde, Naugard, Kammin u. Ückermünde 1824—85 mehr aus- als eingewandert: 85 102 = 82 auf 10 000 und in den an Mecklenburg angrenzenden Kreisen Anklam u. Demmin: 35 168 = 79 auf 10 000 mittl. Bevölkerung.

Im Rgbezirk Posen finden wir wieder, dass die relativ hohe Mehrauswanderung zu einem grossen Theile durch grosse jüdische Auswanderung verursacht worden ist, denn in den Jahren von 1824—73 [1]) wanderten in dem gesammten Regierungsbezirk mehr aus als ein: 76 638 Menschen od. 18 auf 10 000 ein. Davon entfallen auf die Katholiken 47 378 Menschen od. 16 auf 10 000. Dagegen auf die Juden 34 347 oder 141 (!) auf 10 000. Die protestantische Bevölkerung hatte sogar einen Mehrzuzug von 5 087 Menschen (4 auf 10 000) [2]).

Von den übrigen Regbezirken Preussens zeigten eine Mehrauswanderung von über 20 auf 10 000 (III.) auch die Regierungsbezirke Merseburg, Marienwerder, Bromberg, Trier und Münster. Es wurden nämlich mehr geboren als vom Tode weggerafft (1824—85)

in	Die »factische« Zunahme aber betrug	Mithin wanderten mehr aus als ein absolut, auf 10 000 mittl.Bev.	
Merseburg	606 799	470 918	135 881	29
Marienwerder	524 203	411 929	112 274	28
Bromberg	369 152	292 743	76 409	26
Trier	401 061	334 908	66 153	21
Münster	172 256	118 800	53 456	20

Greifen wir aus diesen Bezirken aber wieder den von Marienwerder heraus, um die Mehrwegzugsverhältnisse dort nach Kreisgruppen zu untersuchen, so sehen wir, dass im Durchschnitt der Jahre von 1824 bis 1885 die katholisch-polnischen Kreise eine viel geringere Mehrauswanderung hatten, als die evangelisch-deutschen; wobei vielleicht ein stärkeres Heimathsgefühl, namentlich aber die grössere Armuth, die grössere Genügsamkeit und die niedrigere Cultur- und Bildungsstufe der Polen eine Rolle gespielt haben mögen.

Es wanderten nämlich 1824—85 mehr aus als ein: in den überwiegend deutschen Kreisen: D. Krone, Flatow u. Schlo-

---

1) Vergl. Anmerkung 2 auf S. 137.
2) Weiteres in dem Th. I dieser Beiträge Cap. IV.

chau: 53 982 M. od. 57 auf 10 000, und in jenen ebenfalls mehr
deutschen Kreisen, die der fruchtbareren Gegend der oberen Weichselniederung angehören: Marienwerder, Stuhm u. Rosenberg: 36 517 M. od. 44 auf 10 000, dagegen betrug die Mehrauswanderung in den etwa zur Hälfte mit polnischen Elementen durchsetzten Kreisen: Schwetz u. Koniz-Tuchel nur 21 715 od. 30 auf
10 000 und in den mehr polnischen Kreisen: Löbau u. Strassburg:
nur ˉ5 452 od. 10 auf 10 000, ja im Kreise Löbau war sogar ein
Mehrzuzug von 664=3 auf 10 000 Köpfe dortiger mittl. Bevölk.
zu verzeichnen, was auf starken polnischen Zuzug schliessen lässt.

Das Gebiet der Kreise: Thorn, Culm u. Graudenz hatte
nach den Rechnungen Neumanns eine Mehreinwanderung von
5 433 = 6 auf 10 000 mittl. Bevölkerung; diese Mehreinwanderung
bezog sich aber nur auf den Kreis Thorn, wo wahrscheinlich
eine grosse Einwanderung von Arbeitern aus Russisch-Polen
stattfand und im Ganzen 12 902 Köpfe = 38 auf 10 000 mehr zu- als
wegzogen. Im Kreise Graudenz überwog der Wegzug mit 1 915
Köpfen (7 auf 10 000) und in Culm sogar mit 5 554 M. (20 auf
10 000).

Uebrigens gestalteten sich diese Dinge sehr verschieden in
den verschiedenen Zeiträumen. Wir werden später sehen, dass in
der neuesten Zeit auch die polnische Bevölkerung einen ziemlich hohen Ueberschuss von Mehrauswanderern liefert.

Stellen wir endlich dem Bezirke Marienwerder beispielsweise
noch jenen von Münster zur Seite, der durch die verschiedene Art
der Beschäftigung seiner Einwohner Interesse erweckt, so stossen
wir dort auf ähnliche Erscheinungen wie in Minden. Die ländlichen Kreise zeigten grosse Mehrauswanderungen, die mehr städtischen und industriellen viel geringere, ja z. Th. Ueberschüsse von
Einwanderungen.

So hatte z. B. das Gebiet der Kreise: Münster Landkreis, Warendorf, Tecklenburg u. Ahaus 1824—85 eine
Mehrauswanderung von 46 111 Menschen = 49 auf 10 000 mittl. Bev.;
dagegen das Gebiet der mehr industriellen Kreise: Recklinghausen, Lüdinghausen u. Beckum eine solche von 13 625
Menschen = 18 auf 10 000 mittl. Bev., und die Gruppe der Kreise:
Münster Stadtkreis, Steinfurt, Coesfeld u. Borken sogar eine erhebliche Mehreinwanderung, nämlich 6 442 Menschen = 7 auf 10 000 m. Bev.

Im Einzelnen mögen von allen diesen Kreisen noch der Kreis Recklinghausen, wo die Kohlenindustrie immer weiter um sich greift, und der Stadtkreis Münster hier hervorgehoben werden. Im ersteren Kreise wanderten mehr ein als aus 1 681 Menschen = 5 auf 10 000, im anderen sogar 21 960 M. = 148 auf 10 000 mittl. Bev. —

Eine Mehrauswanderung, aber nur eine solche von unter 20 auf je 10 000 der Bevölkerung, hatten endlich auch (IV.) die Rgbezirke: Gumbinnen, Liegnitz, Aachen, Königsberg und Danzig.

Es betrug nämlich (1824—85):

in	die »natürl.« Zunahme	die »factische« Zunahme	also die Mehrauswanderung absolut, auf 10000Köpfe m. Bev.	
Gumbinnen	389 352	321 527	67 825	17
Liegnitz	383 256	311 207	72 049	13
Aachen	248 997	213 936	35 061	13
Königsberg	567 433	512 207	55 226	10
Danzig	294 246	274 348	19 898	7

Alle anderen Bezirke vorzugsweise industriellen Characters hatten einen Ueberschuss der Einwanderung über die Auswanderung.

Dies waren erstens zwei schlesische: Oppeln und Breslau, sodann der in der Nähe der Residenzstadt liegende Regierungsbezirk Potsdam, daneben der an städtischer Bevölkerung reiche Regbezirk Magdeburg und vor allem die westlichen Industriebezirke: Köln, Düsseldorf u. Arnsberg.

Es betrug nämlich (1824—85):

in	die »natürl«. Zunahme	die »factische« Zunahme	Mithin die Mehreinwanderung absol., auf 10000 Köpfe mittl. Bev.	
Oppeln	866 887	868 626	1 739	unter 1
Breslau	685 305	687 160	1 855	unter 1
Potsdam	616 470	621 417	4 947	. 1
Magdeburg	458 659	471 816	13 157	3
Coeln	349 848	388 424	38 576	12
Düsseldorf	865 696	1 112 163	246 467	38
Arnsberg	604 820	774 293	169 473	40

Fassen wir aber spezieller noch die letzteren Bezirke in's Auge und untersuchen die bezüglichen Verhältnisse dort wieder nach Kreisen resp. Kreisgruppen, so finden wir die höchste absolute wie relative Mehreinwanderung in jenen hochindu-

striellen Theilen Westphalens: den Kreisen B o c h u m, D o r t-
m u n d, H a g e n u. I s e r l o h n, nämlich eine solche von 218 762
Menschen = 111 auf 10 000 mittl. Bevölk. Ja, im L a n d k r e i s
B o c h u m betrug sie 106 687 Personen = 196 auf 10 000, im S t a d t-
k r e i s D o r t m u n d 44 196 Menschen = 282 auf 10 000 und im
S t a d t k r e i s B o c h u m sogar 24 025 Personen = 315 (!) auf 10 000
Köpfe mittl. Bev.

Daneben finden wir in den weniger industriellen Kreisen A l-
t e n a u n d S i e g e n noch einen Mehrzuzug von 14 106 Personen
= 23 auf 10 000 mittl. Bev. Dagegen überwiegt in H a m m u n d
L i p p s t a d t schon die Auswanderung und zwar mit 7 251 Menschen = 14 auf 10 000, ebenso in A r n s b e r g, B r i l o n, M e-
s c h e d e, O l p e mit 35 305 Menschen, d. h. 44 auf 10 000 und in
S ö s t u. W i t t g e n s t e i n, ganz besonders aber im letzteren landwirthschaftlichen Kreise stossen wir auf eine starke Mehrauswanderung von 51 (20 587 M.) resp. 94 (!) auf 10 000 (11 841 Menschen) [1]. —

Resümiren wir, so finden wir, für die Gesammtheit der Jahre
1824—85 berechnet, eine M e h r a u s w a n d e r u n g in 18 B e z i r-
k e n der preussischen Monarchie, dagegen in 7 einen Ueberschuss
der Einwanderung.

Von jenen 18 Bezirken aber hatten die g r ö s s t e M e h r a u s-
w a n d e r u n g die pommerschen: Coeslin (61 auf 10 000) u. Stralsund (52 auf 10 000) im centralen Gebiete und der Rgbezirk
Minden 58 p. 1000 im Westen; die g e r i n g s t e — die Rgbezirke:
Königsberg (mit 10 auf 10 000) und Danzig (mit 7 auf 10 000).

Eine Mehreinwanderung dagegen hatten in den niedrigsten
Ziffern die Regbezirke Oppeln und Breslau (unter 1 auf 10 000)
und in den höchsten — die industriellen Regbezirke des Westens:
Cöln (12 auf 10 000), Düsseldorf (38 auf 10 000) und Arnsberg
(40 auf 10 000). —

II.

Die mitgetheilten Ziffern sind nun freilich — wie schon in der
Einleitung zu diesem Theil hervorgehoben ist, — insofern unzurei-
chend, als sie nicht die Zahl der Ausgewanderten (vgl. S. 134) selbst,

---

1) Was die Stadt Berlin betrifft, so vergl. oben in diesem Capitel S. 136.

sondern nur den Ueberschuss dieser Zahl über die Zahl der gleichzeitigen Einwanderer wiedergeben. Und da die Auswanderungsfrage zu den wirthschaftlich wichtigsten in Deutschland zählt, so scheint es geboten, speciell dem Umfang der Auswanderung als solcher noch einige Aufmerksamkeit zuzuwenden und auch auf die diese Auswanderung betreffenden amtlichen Zahlen der preussischen Statistik — trotz ihrer Mangelhaftigkeit — [1]) näher einzugehen.

Seit dem Beginn statistischer Erhebungen über die Auswanderungen in Preussen, also seit October 1844 bis 1885 incl., verlor die preussische Monarchie alt. Umf. (ohne Hohenzollern) diesen Erhebungen zufolge etwa eine Million, genau 988 981 Personen [2]) (wobei allerdings zu bemerken ist, dass die Zahlen für die Jahre von 1844/45—55 die ohne Entlassungsurkunden Fortgezogenen nicht enthalten [3]), während der Ueberschuss der Aus- über die Einwanderungen, auf Grund der Methode von Fr. J. Neumann berechnet, in den Jahren v. 1844—85: 1 351 800 Menschen betrug. Offenbar ist jene Zahl also viel zu niedrig gegriffen. Statt 1 Mill. dürften vielmehr 1½ Millionen Menschen in jenen Jahren ausgewandert sein. Denn die Zahl der Eingewanderten war nach der amtlichen preussischen Stastistik seit 1844/45—85 etwa 154 000. Und da diese Zahl, wenn auch nicht richtig, so doch erheblich genauer sein dürfte, als jene für die Auswanderer, so dürfte es vielleicht nicht zu weit gegangen sein anzunehmen, dass jener Ueberschuss der Zahl der Auswanderer aus Preussen (in dem Zeitraum 1844/45—85) von c. 1 352 000 Köpfen auf c. 1 500 000 Auswanderer und c. 200 000 Einwanderer zurückzuführen ist.

Bevor wir diese Dinge aber für die einzelnen Provinzen verfolgen, müssen wir hier noch einer anderen die Auswanderung betreffenden Statistik, nämlich jener allgemeinen deutschen überseeischen Auswanderungsstatistik gedenken, die seit 1871 besteht und die nach einer anderen Methode durchgeführt, ausschliesslich die Zahl der von Europa Fortziehenden feststellt (vgl. oben S. 129).

---

1) Vergl. »Einleitung« zu diesem Theil.

2) Vergl. Bödiker: »Die Aus- und Einwanderungen in Preussen seit 1844 bis 1877« a. a. O. und »Zeitschrift des preussischen statistischen Büreaus« Jahrg. 1879—86 a. a. O.

3) Vergl. Anm. 1.

Als im 2ten Viertel dieses Jahrhunderts der Strom der überseeischen Auswanderung immer mächtiger wurde, haben es sich
neben den übrigen europäischen Häfen auch die beiden wichtigsten Deutschlands, Hamburg und Bremen, angelegen sein lassen,
die Zahl der Auswanderer aufzuzeichnen, und zwar geschah dies
in Bremen seit 1832, in Hamburg seit 1846.

Indessen wurden hiebei Anfangs die deutschen Auswanderer
nicht von nichtdeutschen geschieden. Erst 1851 begann in Hamburg und 1866 in Bremen eine solche Unterscheidung [1]) und dabei wurden innerhalb der Auswanderer aus Preussen wieder mehrere
Gruppen gebildet (z. B. Angehörige der alten Provinzen, Frank-
furts, Hessen-Nassaus etc.).

Was die übrigen deutschen Einschiffungshäfen betrifft, so
sind dort nur für einzelne Jahre entsprechende Nachweisungen
aufgestellt, die dann auch in den bremischen u. hamburgischen
Veröffentlichungen aufgenommen wurden.

Die Zahl der deutschen Auswanderer, die sich in ausserdeutschen Häfen einschiffen liessen, blieb lange Zeit ganz un-
bekannt [2]).

Um hierin Wandel zu schaffen u. wenigstens in den deutschen
Häfen gleichmässige Erhebungen durchzuführen, bestimmte der Bundesrath des Zollvereins resp. des Reiches am 23. Mai 1870 resp.
7. Dec. 1871, dass in allen deutschen Einschiffungshäfen gleichmässige Aufzeichnungen nach bestimmten Formularen stattzufinden
hätten. Diese werden jetzt regelmässig dem kais. statistischen Amte
in Berlin übermittelt u. geben insbesondere Auskunft über Namen,
Geschlecht, Alter, Wohnort, bisherigen Stand u. Beruf, Ziel der
Auswanderung und Art des Zusammenreisens [3]).

In Bezug auf die Einschiffungen in ausserdeutschen Häfen
wurde als wünschenswert hingestellt, dass die dortigen deutschen
Behörden in geeigneter Weise die deutschen Auswanderer getrennt

---

1) Vergl. »Tabell. Uebers. d. brem. Handels« (1866 n. 67) und »Stat. des hamburgischen Staates« Jahrg. 1872, sowie »Stat. des Deutschen Reiches« 1872, II. 129.

2) Vergl. »Statistik des Deutschen Reiches« 1872 a. a. O.

3) Vergl. »Verhandlungen der Commission zur weiteren Ausbildung der Statistik des Zollvereins« in Band I der Statistik des deutschen Reiches a. a. O.
und Protokolle von 1870 § 91 Ziffer III u. die von 1871, § 643 Ziffer I in demselben Bande. Auch »Statistik des Deutschen Reiches« Band II. a. a. O.

aufzeichnen und über dieselben die gleichen Angaben machen [1]). Von diesen ausserdeutschen Häfen kommen Antwerpen, Havre, Genua u. Rotterdam in Betracht. Regelmässige und mit den deutschen übereinstimmende Aufnahmen laufen aber nur aus Antwerpen und daneben summarische aus Havre ein, dagegen sind die Nachrichten aus den anderen Häfen sehr unregelmässig. — Was speciell die preussischen Häfen betrifft, so begannen hier spezielle Aufzeichnungen erst 1874 (Vrgl. Einleitung zu diesem Theil p. 129) und sind regelmässig nur in Stettin, da in den anderen Häfen: Stade, Geestemünde, Memel, Danzig, Pillau etc. überhaupt keine oder nur vereinzelte Fälle von überseeischer Auswanderung vorkommen. —

Nach alledem bestehen also speciell für Preussen neben den bisher benutzten preuss. Aufnahmen noch Aufzeichnungen, welche von den Organen der Reichsstatistik veröffentlicht werden. Doch beziehen sich diese und jene Zahlen nicht auf ein und dasselbe Object, denn die preussischen Erhebungen geben die gesammte Auswanderung aus Preussen, d. h. die Auswanderung sowohl nach anderen deutschen u. europäischen Ländern, als auch nach anderen Welttheilen, während die Zahlen der deutschen Reichsstatistik nur diese letztere betreffen, dagegen diese vollständiger geben.

Andererseits werden in der Reichsstatistik die Auswanderer aus Preussen nur nach Provinzen, nicht wie in Preussen auch nach Regierungsbezirken getrennt aufgeführt. Und so muss, scheint es, die Reichs- u. die preussische Statistik nebeneinander zur Benutzung herangezogen werden.

Dabei zeigen sich nun aber sehr merkwürdige, bisher selten beachtete Gegensätze. Es stellt sich nämlich heraus, dass trotz jenes kleineren Auswanderungsgebietes, auf das sich die Reichsstatistik bezieht, in den Jahren 1871—85 die Auswanderungen nach letzterer Statistik viel grösser gewesen sind als nach der preussischen.

In diesen Jahren betrug nämlich ersterer Quelle zufolge [2]) die Auswanderung über See aus den alten Provinzen Preussens
          671 623 Menschen, dagegen nach den speciell preussischen Aufnahmen die gesammte Auswanderung von dort nur

---

1) Vergl. Anmerkung auf vor. Seite.
2) Vergl. »Statistisches Jahrbuch für das Deutsche Reich« 1882—86.

ca. 484 000 Menschen,

also ca. 188 000 Köpfe weniger.

Aus dieser Gegenüberstellung könnte man also zu schliessen geneigt sein, dass die preussische Statistik ganz unvollkommen ist, und man nur die Reichsstatistik zu berücksichtigen habe. Demgegenüber ist jedoch Folgendes in Erwägung zu ziehen.

Für die Auswanderer, die aus Süddeutschland kommen, ist Preussen das Durchgangsgebiet, in dessen industriellen Theilen sie vielfach zunächst ihr Glück suchen, worauf sie, wenn sie sich später zur Auswanderung entschlossen haben, als aus einer preussischen Provinz kommend bezeichnet werden. Dadurch wird die Zahl der »preussischen Auswanderer« in der Reichsstatistik wahrscheinlich sehr erheblich vergrössert. Und das bestätigt auch ein Blick auf die Auswanderung aus den einzelnen Theilen Preussens. Gerade im Durchgangsgebiet für die süddeutschen Auswanderer, im Centrum der preussischen Monarchie, d. h. in den Provinzen Sachsen, Brandenburg mit Berlin und Pommern, ist der grösste Unterschied zwischen den Zahlen der preussischen u. der Reichsstatistik zu constatiren.

Es betrug nämlich

	die Zahl der überseeischen Auswanderer (nach der Reichsstatistik)	die gesammte Auswanderung (nach der preussischen Statistik)	Mithin Differenz in Prozent.
Centrum	257 009	147 312	+ 74,83
Osten	327 802	238 670	+ 37,24
Westen	86 812	97 845	— 12,71

Es dürften daher die Zahlen der preussischen Statistik nicht in dem Masse unrichtig sein, als sie zunächst erscheinen. Ja, sie dürften hie u. da immerhin noch ein besseres Bild von der wirklichen Auswanderung aus Preussen geben, als die Zahlen der Reichsstatistik.

Indessen wird hierauf später näher einzugehen sein.

Jene 988 980 Personen, die nach den Angaben der preuss. Statistik 1844/45—85 aus Preussen alt. Umf. auswanderten, vertheilten sich danach auf die einzelnen Theile von Preussen in der Weise, dass die absolut grösste Zahl auf jenes Centrum mit 346 485 Personen, die fast gleiche Zahl, nämlich 345 544 Personen auf den Osten fiel, während der Westen dieser Quelle zufolge nur 296 925 Menschen durch Auswanderung verlor [1]).

Jene grosse Auswanderung aus dem centralen Preussen aber ist hauptsächlich durch die grosse Auswanderung aus P o m m e r n [2]) verursacht, aus der angeblich 1844/45—85 184 677 Menschen, also erheblich über die Hälfte jener Zahl auswanderten, dagegen hatten die anderen zwei centralen Provinzen Brandenburg u. Sachsen relativ nur sehr geringe Auswanderungsziffern, nämlich

Sachsen : 82 854 Menschen
Brandenburg: 78 954 »

Uebertroffen wurden diese grossen Auswanderungszahlen der Provinz P o m m e r n nur noch von jenen der R h e i n p r o v i n z, in der die Zahl der Fortgezogenen in den Jahren 1844/45—85 189 419 Personen betrug [3]).

Bedenken wir aber, dass die mittlere Bevölkerung von Pommern sich nur auf 1 355 978 Menschen (im Durchschnitt der Jahre von 1844—85 nach den Berechnungen von Fr. J. Neumann) belief, während die der Rheinprovinz fast $2^1/2$ mal so gross ist (3 349 447 Personen mittlerer Bevölkerung während desselben Zeitraums), so muss jene hohe Auswanderung in Pommern als b e s o n d e r s ungünstig erscheinen, und dies um so mehr, als Pommern eine sehr geringe Zahl von Einwanderungen (1844/45—85 ca. 5000 Personen nach der amtlichen preussischen Statistik), dagegen die Rheinprovinz eine hohe Zahl aufweist (ca. 52 000 1844/45—85 nach derselben Quelle.)

---

1) Da diese Zahlen nicht gleichmässig ungenau sind, so sind wir gezwungen, uns auf die a b s o l u t e n Auswanderungszahlen zu beschränken.

2) Am grössten war die Auswanderung innerhalb dieser Provinz im Reg.-Bez. S t e t t i n, aus dem 1844'45—85: 93 620 M., fast $^1/_{10}$ der gesammten preussischen Auswanderung fortzogen. Was die anderen 2 Reg.-Bez. dieser Provinz betrifft, so wanderten nach officiellen preussischen Quellen 1844/45—85 aus: aus Coeslin: 59 749 M., aus Stralsund: 31 308 M.

3) Innerhalb der Rheinprovinz war die Auswanderung nur aus dem Regbez. T r i e r mit 72 971 Menschen (1844/45—85), also weit über $^1/_3$ der gesammten Auswanderung aus der Rheinprovinz, sehr hoch. Dagegen betrug die Auswanderung:

aus dem Reg.-Bez. Koblenz 48 592 Menschen
»   »   » Düsseldorf 35 766 »
»   »   » Köln 17 225 »
»   »   » Aachen 14 865 »

Solch' hohe Zahlen, wie die der Provinzen Rheinland u. Pommern, zeigte keine der übrigen Provinzen, denn es betrug die Auswanderung in den Jahren 1844/45—85

    in Posen: 126 187 Menschen
    Westpreussen : 120 453 » »
    Westphalen: 107 533 » »
    Schlesien: 71 603 » » ').

Und am geringsten war die Auswanderungszahl in der Provinz
Ostpreussen mit 27 301 (da aber am ungenauesten erfasst. Vgl.
»Einleitung« zu diesem Theil).

So viel von der »Auswanderung« auf Grund der officiellen
Statistik. An sich ist diese wie bemerkt von geringem Gewicht.

Dagegen sind die Einwanderungszahlen — wie angenommen
werden darf — genauer, besonders für diejenigen Theile Preussens, in welchen die Einwanderung überhaupt gering ist, und so wollen
wir noch versuchen die officiellen Ein- und Auswanderungszahlen
mit jenen früher mitgetheilten, auf den Ueberschuss der Auswanderung bezüglichen Zahlen vergleichen, um daraus ein richtigeres
Bild der Grösse der Auswanderung zu gewinnen.

Die grösste Zahl von Einwanderern entfällt nach der officiellen Statistik auf den industriellen westlichen Theil von Preussen,
nämlich eine solche von 64 830 Personen (1844/45—85). Und da
der Ueberschuss der Aus- über die Einwanderung nach der Methode von Neumann berechnet, dort 85 504 Personen (1844—85)
betrug, so möchte man die Gesammtauswanderung aus den westlichen Provinzen: Westphalen und Rheinland (1844—85) zunächst
auf etwa 150 000 Menschen schätzen. Diese Zahl ist jedoch viel
zu gering, denn schon nach der officiellen Statistik wanderten aus
dem Westen von Preussen — wie oben angegeben — 296 900 Personen, also fast das Doppelte, aus. Man kann nun freilich annehmen, dass die Zahl der Auswanderer hiebei viel zu hoch gegriffen
ist, da viele Auswanderer sich als aus den preussischen Provinzen Westphalen und Rheinland kommende bezeichneten, die

---

1) Freilich war hier wiederum in einzelnen Regierungsbezirken die Auswanderung ziemlich hoch, so zogen aus dem Reg.-Bezirk Bromberg innerhalb
der Prov. Posen 86 429 M., also mehr als aus der Prov. Sachsen oder Brandenburg fort, dagegen aus dem Reg. Posen blos 39 758 M. Ebenso in der Prov.
Westpreussen. Es wanderten nämlich aus, aus dem Regbez. Marienwerder:
81 302 M., aus Danzig dagegen nur 39 151 Personen.

thatsächlich dort vielleicht erst seit kurzem wohnten; immerhin darf behauptet werden, dass die Zahl der Einwanderer (vgl. oben Seite 133)· in den westlichen Theilen von Preussen in jenen officiellen Angaben sehr unvollständig erfasst ist, und das erklärt sich leicht, da in ihnen alle Jene nicht aufgenommen sind, die aus anderen preussischen Provinzen nach dem Westen zogen. So können wir nicht wagen, irgend welche positive Schlüsse aus jenen Zahlen zu ziehen.

Anders gestalten sich die Dinge dagegen im Osten und Centrum von Preussen.

Im Osten von Preussen wanderten 1844/45—85 nach jenen officiellen Angaben 39 662 und im Centrum (ohne Berlin) 36 326 Personen ein.

Die oben erörterte Differenz zwischen »natürlicher« u. »factischer« Bevölkerungs-Zunahme aber belief sich 1844—85

im Osten auf 1 071 500 ⎫
im Centrum ohne Berlin » 883 700 ⎭ Menschen.

Nun dürfte die wahre Zahl der Einwanderer auch in den obengenannten Gebieten von Preussen erheblich grösser gewesen sein, als sie die officielle Statistik angibt. Und ist diese Differenz dort im Osten und Centrum auch kleiner als im Westen (da in jenen Gebieten die Zahl der Einwanderer aus preussischen Gebietstheilen jedenfalls kleiner ist als im Westen) so können wir doch annehmen, dass im Osten und Centrum statt jener c. 40 000 resp. 36 000 zum Mindesten je 100 000 Menschen in den Jahren 1844/45—85 eingewandert seien; danach aber würden aus dem Osten von Preussen etwa 1 200 000 und aus dem Centrum etwa 1 000 000 Menschen seit den 40er Jahren bis 1885 fortgezogen sein.

Gehen wir nunmehr zu den einzelnen Provinzen über und gedenken in Anbetracht der Bedenken gegen die Zahlen für die westlichen Provinzen dabei nur des Ostens und Centrums, so betrug nach der officiellen Statistik (1844/45—85) die Zahl der

	Einwanderer	der Auswanderer	dagegen war d. Ueberschuss der Ausw. über die Einwand. nach F. J. Neumann	Also die wahrsch. Zahl d. Auswander. (Spalte 1 + 3)
	1.	2.	3.	4.
in Ostpreussen	8 604	27 301	189 700	c. 198 000
» Westpreussen	7 965	120 453	222 500	c. 230 000
» Posen	6 860	126 187	377 900	c. 385 000
» Schlesien	16 233	71 603	281 400	c. 297 000

Es ist nun aber anzunehmen, dass die thatsächliche Einwanderung in den Grenzprovinzen Posen und Ostpreussen erheblich grösser war, als die officielle Statistik sie angibt — und danach dürfte denn auch die thatsächliche Auswanderung aus diesen beiden Provinzen erheblich grösser sein, als sie oben berechnet ist. Auch betonen wir wiederum, dass die Auswanderungszahl die Gesammtauswanderung, d. h. die Auswanderung auch nach anderen Theilen Preussens und nicht nur die Auswanderung aus dem Staate Preussen enthält.

Wenden wir uns endlich zum Centrum von Preussen, so betrug (1844/45—85)

	die Einwand. nach der preuss. Statistik	die Auswand.	der Ueberschuss der Aus- über d. Einw. nach Fr. J. Neumann	mithin die berechnete Ausw. (1+3) etwa
	1.	2.	3.	4.
in Pommern	5 545	184 677	406 300	412 000
» Sachsen	24 476	82 854	247 500	270 000
» Brandenburg (ohne Berlin)	7 305	70 354	229 900	237 000

In Pommern durfte die thatsächliche Einwanderung nicht erheblich grösser sein als die officiell vermerkte und so dürfte die Zahl von 410—420 000 Auswanderern so ziemlich das Richtige treffen. Anders in den Provinzen Sachsen und Brandenburg, weshalb dort auch die thatsächliche Auswanderung seit den 40er Jahren bis auf das Jahr 1885 wahrscheinlich die von uns berechnete Zahl nicht unerheblich übertrifft.

Gedenken wir schliesslich noch der Stadt Berlin, so betrug, nach den Aufzeichnungen des Polizeipräsidiums dort, die seit 1838 geführt werden, der Zuzug in den Jahren 1838—85 3 285 290 Personen, der Abzug dagegen 2 451 054, mithin war der Ueberschuss der Zuziehenden gleich 834 236 Personen. Nach Neumanns Berechnungen beläuft sich derselbe auf 747 800 Personen. Es würden also die Aufnahmen des Polizeipräsidiums als ziemlich der Wahrheit entsprechende festzuhalten sein.

———— —

Recapituliren wir die Ausführungen, so erhalten wir:

			Verlust durch Mehrauswanderg.	(1844'45—85) durch Ausw. Wenigstens
in der Prov.	Pommern		406 300	c. 412 000
» » »	Posen		377 900	c. 385 000
» » »	Schlesien		281 400	c. 297 000
» » »	Sachsen		247 500	e. 270 000
» » »	Brandenburg (ohne Berlin)		229 900	c. 237 000
» » »	Westpreussen		222 500	c. 230 000
» » »	Ostpreussen		189 700	c. 198 000

III.

Versuchen wir die Gestaltung dieser Dinge nun auch ausserhalb Preussens zu verfolgen und halten uns hiebei ebenfalls nicht allein an die wenig verlässlichen polizeilichen Listen über Aus- und Einwanderung, sondern gehen wieder von Bevölkerungsbilanzrechnungen aus, so erkennen wir, dass von den nicht preussischen grösseren deutschen Staaten nur das industrielle dichtbevölkerte Kön. Sachsen günstigere Verhältnisse als Preussen aufzuweisen hatte, dagegen in den übrigen Gebieten der Ueberschuss der Auswanderung über die Einwanderung viel grösser als in Preussen war. Es betrug nämlich [1]):

	die »natürl.« Zunahme	die »fact.« Zunahme	mithin die Mehraus- (—) resp. Mehreinwand. (+) in 10 000 d. absolut	mittl. Bev.
Sachsen (1835—85)	1 425 795	1 586 335	+ 160 540	+14
Bayern (1838—85)	1 690 056	1 114 791	— 575 265	—25
Württemberg (1826—85)	977 293	494 432	— 482 861	—46
Baden (1841—85)	613 422	304 791	— 308 631	—48
Hessen (1838—85)	411 484	189 274	— 222 210	—55
dagegen in Preussen (1841—85)	9 694 000	8 365 000	—1 329 000	—16

Dass hier das Kön. Sachsen voransteht, kann uns nicht Wunder nehmen. Sachsen ist das Land, welches sich einer besonders fleissigen und leistungsfähigen Arbeiterbevölkerung erfreut [2]). Auch

---

1) Die folgenden Zahlen sind vom Verf. s e l b s t nach der Methode von Fr. J. Neumann ausgerechnet.

2) Vergl. John St. Mill: »Grundsätze der Nationalökonomie« Buch I, Cap. VII.

hat unter den grösseren deutschen Staaten Sachsen nächst Preussen zuerst, schon im Jahre 1861, die Befreiung der kleinen und grossen Industrie von allen Zunftschranken durchgeführt und später durch treffliche Massregeln das Gedeihen der Industrie immer mehr gefördert[1]). Daher denn auch der starke Zuzug dort. Dennoch war der Ueberschuss der Einwanderung nach dem Kön. Sachsen in der hier in Rede stehenden Zeit absolut wie relativ erheblich geringer als in manchen industriellen Gebieten der preussischen Monarchie. So betrug, wie oben ausgeführt ist, z. B. für 1824—85 der Mehrzuzug im Regbez. Düsseldorf 246 467 Menschen oder 38 auf 10 000 Menschen und in Arnsberg 169 473 M. oder 40 auf 10 000 Köpfe der mittleren Bevölkerung.

Die süddeutschen Gebiete Württemberg, Baden und Hessen verloren im Durchschnitt der ganzen hier in Rede stehenden Zeit etwa die Hälfte, ja Baden und Hessen über die Hälfte ihrer »natürlichen« Bevölkerungszunahme durch Mehrauswanderung. Was aber das Kön. Bayern betrifft, so haben innerhalb desselben die in Rede stehenden Dinge sich zwar sehr verschieden gestaltet. Immerhin verlor auch Bayern durchschnittlich c. $^1/_3$ seines »natürlichen« Zuwachses durch Fortzug. Und im Einzelnen hatte es Gebiete, deren Verluste grösser waren als jene von Württemberg, Baden, Hessen.

Im Gesammtgebiete von Oberbayern, Niederbayern, Oberpfalz und Schwaben hat nämlich fast gar kein Ueberschuss der Auswanderung über die Einwanderung stattgefunden, indem 1837/38—85 überhaupt 682 695 Personen mehr geboren als vom Tode dahingerafft wurden, während die »factische« Bevölkerungszunahme in derselben Zeit 681 326 Pers. betrug.

Dagegen wanderten in den 3 fränkischen Gebieten 1837/38 —85 überhaupt etwa 289 000 Menschen oder 36 auf 10 000 Köpfe mittl. Bev. mehr aus als ein, und in der Pfalz erreichte bei einem natürlichen Zuwachs von 387 535 M. oder 1,29%, die Mehrauswanderung sogar die Höhe von 256 100 Menschen oder 86 auf 10 000 der dortigen mittleren Bevölkerung, was zum Theil aus dem Charakter des Pfälzers und eigenthümlichen ländlichen Verhältnissen zu erklären sein möchte.

---

1) Vergl. Victor Böhmert in der Zeitschrift des kön. sächs. statistischen Bureaus XXXII. Jahrgang 1886. Heft I. II.

Für das gesammte heutige Gebiet des deutschen Reiches ist
nach dem uns vorliegenden Material, bei Anwendung der Methode
von Fr. J. Neumann, ebenfalls eine ziemlich hohe Auswanderungsziffer zu constatiren. Denn es betrug in den Jahren von 1841—85
der Geburtenüberschuss 18 277 181 Menschen, die »factische« Zunahme dagegen nur 14 162 758 M., mithin wanderten in dieser Zeit
4 114 423 Menschen (23 auf 10 000 Köpfe mittlerer Bevölk.) mehr
aus als ein.

Leider ist es uns nun bei der Unvollständigkeit des Materials
versagt, Genaueres über die Mehrauswanderungsverhältnisse der
kleineren und kleinsten deutschen Staaten zu geben. Annähernd
kann man aber aus einem Vergleiche zwischen den Mehrauswanderungsziffern für das gesammte Deutschland, für Preussen alten Umfangs
und für jene 5 grösseren deutschen Staaten schliessen, dass in dem
danach noch verbleibenden Reste Deutschlands (incl. der neuerworbenen Gebiete Preussens und Elsass-Lothringens) eine Mehrauswanderung von ca. 1 300 000—1 500 000 Menschen (in den Jahren
von 1841—85) stattgefunden hat.

Es wanderten nämlich aus ganz Deutschland mehr aus als ein:
ca. 4 100 000 M., aus Preussen alt. Umf. mehr aus als ein: ca.
1 300 000 M. Etwa ebenso hoch wie in Preussen stellte sich aber
auch die Mehrauswanderung resp. der Mehrwegzug aus dem Gesammtgebiete von Bayern, Baden, Hessen, Württemberg und Sachsen heraus und es ist also für das obengenannte übrigbleibende
Gebiet von Deutschland ein Mehrwegzug von ca. 1 300 000 bis
1 500 000 Menschen anzunehmen.

Auch alle diese Zahlen geben freilich wieder nur ein Bild von
dem M e h r w e g z u g, keineswegs aber von der thatsächlichen Gestaltung der Auswanderung an sich. Was indessen die polizeilichen Listen hierüber betrifft, so herrscht mit Bezug auf sie bis
1871 eine zu grosse Unvollständigkeit, als dass man die Zahlen
mit einander vergleichen könnte. Hessen z. B. hatte gar keine
bezüglichen Aufnahmen, sondern stellte nur den Mehrwegzug auf
Grund der »factischen« und »natürlichen« Zunahmen fest (vergl.
Beiträge zur Statistik des Grossherzogthums Hessen Band III p. 53).
Und wollten wir uns auf Erfassung der ü b e r s e e i s c h e n Auswanderung beschränken, so stossen wir da auf Angaben, die wie

im Abschnitt II dieses Capitels bereits hervorgehoben ist, erst mit dem Jahre 1871, d. h. für eine Periode gleichmässig geworden sind, deren erst in dem folgenden Capitel dieses Theiles gedacht werden soll.

Um aber wenigstens einigermassen unsere Ausführungen zu vervollständigen, haben wir versucht jene Aufnahmen der älteren Periode bis auf das Jahr 1870 durch die der deutschen überseeischen Auswanderungsstatistik zu ergänzen (die überseeische Auswanderung nach der Reichsstatistik ist in allen Staaten grösser als die gesammte Auswanderung nach Localaufnahmen), und diese unsere Zusammenstellungen ergaben für diejenigen deutschen Staaten, deren Auswanderungsziffer besonders hoch ist, folgende Zahlen,

für Bayern   (1835/36—85) [1]: 434 146 Auswanderer
 » Württemberg (1823—85) [2]:   292 211   »
 » Baden   (1840—85) [3]:   170 752   »
 » Mecklenburg (1857—85) [4]:   96 878   »
 » Oldenburg (1856—85) [5]:   26 276   »
 » Braunschweig(1853—85) [6]:   16 744   »

Was speciell B a d e n betrifft, so findet sich in dem Werke »Das Grossherzogthum Baden« 1885 auf Seite 373 auch eine S c h ä t z u n g der gesammten Auswanderung aus dem Grossherzogthum. Nach dieser sind in den Jahren von 1840—83 ca. 360 000 Menschen aus Baden ausgewandert, von denen 250 000 über See gingen (die Jahre 1884 u. 85 eingerechnet ca. 275 000), dagegen

nach deutschen Ländern = 55 000 Personen
nach der Schweiz   = 40 000   »
nach andern Orten   = 35 000   »

Daraus ist leicht zu ersehen, wie unvollständig die officiellen badischen Angaben sind.

Während aber die Aufnahmen in den e i n z e l n e n deutschen

---

1) Vergl. »Statistischer Abriss für das Kön. Bayern«, I. Lieferung a. a. O. und »Statistisches Jahrbuch für das deutsche Reich« a. a. O.

2) Vergl. »Das Kön. Württemberg« Band II. 1884. S. 418.

3) Vergl. »Das Grossherzogthum Baden«. Karlsruhe 1885. S. 378. 374.

4) Vergl. »Beiträge zur Statistik Mecklenburgs« 1838, 1860, 1863, 1865 u. 1869, sowie »Statistisches Jahrbuch für das deutsche Reich« a. a. O. In der »Mecklenburgischen Vaterlandskunde« Raabe 2. Th. 1863. S. 83 findet sich eine Angabe für die Jahre 1854 (1854 = 9454 Personen).

5) Vergl. »Das Grossherzogthum Oldenburg« herausg. von Kollmann.

6) Vergl. »Das Herzogthum Braunschweig« 1853—72.

Staaten an Ungenauigkeit und Unvollständigkeit leiden müssen, insofern die Auswanderungen häufig in der Seite 149 berührten Art indirect vor sich gehen, und bei der Freizügigkeit innerhalb der einzelnen deutschen Staaten eine genaue Controlle schwer durchzuführen ist, scheinen die Angaben für das gesammte Deutschland viel genauer zu sein.

In der »Statistik des deutschen Reiches« Band II Heft III S. 132 wird die gesammte deutsche überseeische Auswanderung seit 1821—70 folgendermassen geschätzt:

1821—30 auf   8 000 Personen
1831—40   »   177 000   »
1841—50   »   485 000   »
1851—60   » 1 130 000   »
1861—70   »   970 000   »   und nach den Angaben im

»Statischen Jahrbuch für das Deutsche Reich« Jahrgang 1882—86 wanderten aus dem deutschen Reiche über See aus

1871—80 =   595 162 Personen
1881—85 =   821 359   »

Mithin 1821—85 = 4 186 510 Personen.

Ziehen wir die Auswanderung für 1821—40 von dieser Zahl ab, so erhalten wir für die Jahre von 1841—85 eine Gesammtauswanderung von etwa über 4 000 000 Menschen (4 001 510).

Und stellen wir dieser Zahl die Mehrauswanderung nach unseren obigen Berechnungen in der Höhe von 4 114 423 Menschen gegenüber, so stossen wir anscheinend auf befriedigende Harmonie. Doch dürften jene officiellen Angaben zu niedrig sein.

Denn jene Zahl 4 114 423 betrifft nur den Ueberschuss der Auswanderung über die Einwanderung; die Auswanderung allein ist also viel grösser gewesen, da die Zahl der Einwanderer nach dem Gesagten allein für Preussen nach den officiellen Listen c. 150 000 betrug, und thatsächlich schon dort noch viel grösser gewesen ist, insofern namentlich der Uebertritt von Osten her sich zum grossen Theil der Controlle entzog. Andererseits beziehen sich die Zahlen der Reichsstatistik, wie mehrfach hervorgehoben, freilich nur auf die überseeische Auswanderung. Indessen möchte auch diese nach dem Gesagten erheblich grösser gewesen sein als c. 4 Millionen (seit c. 1841), womit ja auch übereinstimmt, dass insbesondere in früherer Zeit viel Auswanderungen sich der Controlle

u. Zählung entzogen haben, namentlich soweit sie über auswärtige Häfen ihren Gang nahmen. —

IV.

Gehen wir endlich zu den n i c h t deutschen europäischen Staaten über, so wollen wir bezüglich dieser in Ermangelung besserer Nachrichten vorzugsweise den Angaben der amerikanischen Statistik [1]) über die dortige Einwanderung folgen, zugleich aber dort, wo wir in der Lage waren, dies festzustellen, auch wieder den Ueberschuss der Auswanderung, wie er sich aus Vergleichungen von »natürlicher« u. »factischer« Bevölkerungszunahme ergibt, beachten.

Obenan steht Ir l a n d mit 3 342 919 Auswanderern, in den Jahren von 1821—86, ja das Gesammtgebiet von Grossbrittannien u. Irland ergibt sogar eine Auswanderung von 5 678 969 Menschen in dieser Zeit.

An zweiter Stelle sind S c h w e d e n u. N o r w e g e n zu nennen, von wo nach jenen amerikanischen Angaben in den Jahren von 1821—86 im Ganzen 721 976 Menschen nach Amerika wanderten.

Nach unseren Rechnungen ergibt sich eine Mehrauswanderung in Schweden (1821 — 80) v. 339 217M. (nat.Zun.=2 320195 — fact. Zun. =1980 978 M.)
Norwegen (1841—80) » 206 030 » (» » = 873 675 — » » = 667 645 M.)
Günstiger waren die in Rede stehenden Verhältnisse in D ä- nemark, H o l l a n d und O e s t e r r e i c h - Un g a r n, ja in diesem letzteren Gebiete konnten wir sogar 1830—80 eine Mehreinwanderung von 170 730 Menschen constatiren, denn es wurden dort gezählt:

1830 : 15 588 142 Seelen
dagegen 1880: 21 981 821 » , mithin nahm die Bevölkerung
zu um 6 393 679 Menschen; der Ueberschuss der Geburten über die Todesfälle betrug aber nur in demselben Zeitraum 6 222 949 Menschen.

In D ä n e m a r k und H o l l a n d belief sich die Mehrauswanderung auf ca. 40 000 resp. 112 000 in den Jahren von 1820—80

---

1) Vergl. »»Gothaischer Hofkalender« 1887, auf welchen wir im Folgenden überall Bezug nehmen. Wir verweisen übrigens noch auch auf das treffliche Werk: »Bulletin de l'institut international de statistique«, Roma 1887 Aufl. 3 p. 25—162.

resp. 1840—79 [1]). (Der Ueberschuss der Geburten über die Todesfälle betrug nämlich: in Dänemark 1831—80: 931 000 u. in Holland 1840—79: 1 264 000 M.).

Was endlich die S c h w e i z betrifft, so sind dort die officiellen Auswanderungszahlen sehr unvollständig, da erst seit 1879 die Resultate a l l e r Kantone zur Veröffentlichung gelangen. Nach den Angaben der mehrfach genannten amerikanischen Quellen (quarterly report of the chief of the bureau of statistics etc.) [2]) wanderten in Amerika 1821—86: 146 022 Schweizer ein.

Viel günstiger als in den germanischen Gebieten scheinen die in Rede stehenden Dinge in den r o m a n i s c h e n zu sein. Denn aus F r a n k r e i c h z. B. wanderten nach jener amerikanischen Quelle in den Jahren von 1821—1886 nur 344 887 Menschen nach Amerika und aus B e l g i e n nur 34 022 Menschen.

Wie sich diese Verhältnisse dagegen in R u s s l a n d gestalten, vermögen wir bei der Unvollständigkeit des Materials gar nicht zu übersehen. Nach jenen amerikanischen Angaben betrug die Zahl der Auswanderer aus Russland 1821—86 nur 109 586 M., was bei der Grösse des russischen Reiches überaus gering erscheint. Nach einem Vergleiche zwischen »factischer« und »natürlicher« Zunahme dürfte aber in der That anzunehmen sein, dass eine nennenswerthe Auswanderung aus Russland nicht stattfindet, denn die »factische« Zunahme Russlands betrug 1829—82 1,24 % (vgl. Theil I, Cap. I) und die »natürliche« scheint auch auf etwa derselben Höhe zu stehen (vrgl. Theil III, Capitel I).

Jedoch wird in diesen Dingen in Bezug auf Russland ein ganz anderer Standpunkt anzunehmen sein, als dem übrigen Europa gegenüber. Denn bei der riesenhaften Ausdehnung des russischen Reiches und bei der grossen Zahl noch wenig cultivirter Gebiete in demselben bedarf es dort keiner andern Auswanderung als solcher i n n e r h a l b Russlands. Dass auch den Russen den Wandertrieb packt, und er ebenso wie der Germane sein Glück da zu finden glaubt, wo »er nicht wohnt« [3]), steht ausser Frage. Wir brauchen nur auf die Massenwanderungen innerhalb Russlands

---

1) Nach den amerikanischen Quellen wanderten 1821—86 ein: aus Dänemark 109 586 M., aus Holland 80 825 M.

2) Vergl. auch »Gothaischer Hofkalender« a. a. O.

3) Ein russisches Sprichwort sagt: »Dort ist gut, wo wir n i c h t sind.«

aus den ackerbauenden Gegenden nach den Fabrikgegenden zu verweisen.

Anders liegen diese Dinge freilich im früheren Czarthum Polen. Von dort scheinen in der That nicht unerhebliche Auswanderungen nach anderen Gegenden Europas und nach Amerika vor sich gegangen zu sein. So betrug z. B. 1828—82 (vgl. Theil I, Cap. I) die »factische« Bev.-Zunahme dort 1,11 %, dagegen scheint sich die »natürliche« zwischen 1,20—1,30 % zu bewegen (vgl. Theil III, Cap. I), und es wird also eine Mehrauswanderung von ca. 10 auf 10 000 Menschen der Bevölkerung anzunehmen sein.

Zweites Kapitel.

Die Aus- und Einwanderungen in der preussischen Monarchie und ihren einzelnen Theilen: Provinzen und Bezirken in den drei Zeiträumen 1824—48, 1849—66 und 1867—85.

Jene grosse Mehrauswanderung von 557 000 Menschen aus der preussischen Monarchie, die wir oben für den ganzen Zeitraum von 1824 bis 1885 constatirten, vertheilt sich sehr verschieden auf die einzelnen kürzeren Perioden, denn in der älteren Zeit von 1824 bis 1848 fand in der preussischen Monarchie überhaupt gar keine Mehrauswanderung, sondern eine ziemlich grosse M e h r - e i n w a n d e r u n g statt. Erst mit den 40er Jahren fangen die Auswanderungen an, die Einwanderungen zu übersteigen, und erreichen ihren Höhepunkt in der neuesten Zeit von 1867 ab.

Es betrug nämlich die Mehrein(+) resp. die Mehraus(—)wanderung in Preussen

$$
\begin{aligned}
1824\text{—}48:\ & +\ 769\,215\ \text{Seelen} = +22\ \text{auf 10 000} \\
\text{dagegen } 1849\text{—}66:\ & -\ 225\,230\quad » \quad = -\ 7\ » \\
1867\text{—}85:\ & -1\,101\,190\quad » \quad = -27\ »
\end{aligned}
\left.\right\} \begin{array}{l}\text{der ge-}\\\text{sammten}\\\text{Bevölk.}\end{array}
$$

Allerdings fallen in die ältere Zeit die Jahre der v e r b e s - s e r t e n Zählungen, so dass jene scheinbare Mehreinwanderung von c. 769 000 zum Theil auf Rechnung dieser verbesserten Zählungen zu setzen sein wird.

Es ergab nämlich — wie unten ausführlicher anzugeben ist — die Periode von 1837 bis 1840, also die Zeit nach Einführung der »Nominalzählungen« eine anscheinende Mehreinwanderung von 357 000 Seelen (!), eine Zahl, die bei den damaligen schlechten Verkehrsmitteln in drei Jahren kaum erreicht sein kann, zumal in den Perioden 1834—37 u. 1840—43 der in gleicher Weise berechnete Zuzug sich nur auf 153 000 resp. 140 000 herausstellt. Zählte man doch 1840 in Preussen erst 132,9 km Eisenbahn [1]). Andererseits fällt freilich ins Gewicht, dass 1833 der deutsche Zollverein gegründet war und bald darauf seine Segnungen fühlbar wurden, dass damals manche neue Gewerbszweige entstanden [2]): wie Zuckerfabriken, Baumwollspinnereien u. s. w., und dass die Jahre nach 1831 eine Zeit der Erholung nach überstandenen Krisen waren. So können wir uns nicht darüber wundern, dass Preussen als besonders grosser und wohlhabender deutscher Staat eine erhebliche Mehr e i n wanderung aufwies.

Diese Mehreinwanderung wird noch um so wahrscheinlicher, wenn wir uns zu vergegenwärtigen suchen, wie sie sich den hier in Rede stehenden Berechnungen zufolge auf das Land und die Städte vertheilte. .Während danach nämlich die l ä nd l i c he Bevölkerung (der alten Provinzen Preussens) in den Jahren 1824—48 eine Mehreinwanderung von nur 40 600 M. od. 2 auf 10 000 aufwies, zeigte die s t ä d t i s c h e Bevölkerung eine solche von 570 000 od. 68 auf 10 000, und Berlin allein eine solche von 164 600 od. 241 auf 10 000. Die städtischen Zählungen waren bisher schon die genaueren gewesen [3]), und trotzdem zeigten gerade sie ein auf Mehreinwanderung hinweisendes Wachsthum der Zahlen.

Es scheinen also thatsächliche Verhältnisse jenen Mehreinwanderungsergebnissen zu Grunde gelegen zu haben. Die Masse zog nach den Städten, insbesondere in Industriegegenden; die ländliche Bevölkerung Preussens aber lebte damals noch so einfach, hatte relativ noch so geringe Bedürfnisse und schlechte Verkehrsanstalten, dass Auswanderungen von dort damals eine geringe Rolle spielten.

Ganz anders seit Ausgang der 40er Jahre.

Abgesehen von der seit 1843 herrschenden Weberkrisis, brachten die Bewegungen von 1848 und die darauf folgenden Gesetze über Gewerbefreiheit und Freizügigkeit einen neuen Geist in die Masse. Eine neue Welt eröffnete sich dem gemeinen Mann, die neuen Rechte schienen ihm zu verkünden, dass auch er ein wich-

---

1) Vergl. »Die historische Entwickelung des deutschen und deutsch-österreichischen Eisenbahnnetzes .vom Jahre 1838 bis 1881« XII. Ergänzungsheft zur Zeitschrift des kön. preuss. statist. Bureaus 1883, p. 171.

2) Vergl. Schmoller: »Zur Geschichte der deutschen Kleingewerbe.« Halle 1870, p. 66 und andere, sowie »Der deutsche Zollverein« von W. Weber, 1869.

3) Trotz des Einflusses der Klassensteuer auf dem Lande.

tiges Glied in der menschlichen Gesellschaft wäre, und bald erfuhr
er, dass Leute anderer Länder glücklicher leben, und dass er
ebenso glücklich sein könne, wenn er den Leitern der Volksbe-
wegung folge. Der Geist des Unbehagens, der Unzufriedenheit
wurde in die Bevölkerung hineingetragen, und gleichzeitig stiegen die
Bedürfnisse; die patriarchalischen Verhältnisse lösten sich, neue
Strebungen belebten den armen Mann, und grosse Massen erfüllte
der Wunsch, sich den kümmerlichen Verhältnissen der Väter
zu entziehen, zumal inzwischen die Maschine den Verdienst auf
der eigenen Scholle geschädigt und vielen Zweigen der Hausindustrie ein klägliches Ende bereitet hatte.

Gleichzeitig nahm die Grossindustrie raschen Aufschwung;
die Maschine bürgerte sich mehr und mehr in der Industrie ein
und ermöglichte um so mehr eine Ausdehnung industrieller Thätigkeit, als der Bau der Eisenbahnen mit der Entwickelung der
Industrie Hand in Hand ging. Während 1840 in Preussen nur
132,9 km Eisenbahnen vorhanden waren, wiesen die alten Provinzen Preussens 1866 schon 6704,3 km auf, d. h. eine Zunahme
im Verhältniss von 100 zu 504.

Dem entsprechend sehen wir denn auch 1849—66 bereits
einen bedeutenden Ueberschuss der Aus- über die Einwanderungen
(225 000), und zwar namentlich auf dem Lande. Die ländliche
Bevölkerung verlor in jener Zeit durch Mehrauswanderung
bereits 1 085 000 Menschen, während in den Städten noch der Zuzug den Wegzug um 671 800 Menschen übertraf.

Darauf aber bricht mit 1866 wieder eine neue Zeit an.

Schlag auf Schlag kamen zugleich mit bedeutenden territorialen
Veränderungen neue Gesetze, Schlag auf Schlag änderten sich die
alten Verhältnisse. Mass und Gewicht, Münze und Bank, Grundbuch-
wesen, Verwaltungs- u. Gerichtsorganisation, Steuer- und Zollgesetze
u. s. w. — alles unterlag dem Wandel. Das Volk auf dem Lande
aber fühlte sich immer weniger wohl in engem Kreise. Es ver-
zweifelte daran, in der Heimath sich und den Seinigen ein besseres Loos zu bereiten. Immer sehnlicher wurde das Verlangen, in den
grossen Städten oder in der Fremde das Glück zu suchen, das
der heimische Boden zu versagen schien. Und so stiegen denn
die Auswanderungen der neuesten Zeit bis auf über 1 Million, ja
die ländliche Bevölkerung verlor 1867—85 durch Mehrauswan-

derung: 2 424 000 Menschen, d. i. fast ein Procent der gesammten ländlichen Bevölkerung. —

Bei alledem aber gestalteten sich die hier in Rede stehenden Dinge im Osten und Centrum der preussischen Monarchie wieder ganz anders als im Westen. Dort, im Osten namentlich, gewann die Mehrauswanderung ganz besonders grosse Dimensionen, während im Westen, wo die neuen Culturerrungenschaften sich bereits früher eingebürgert hatten und die preussische Industrie vorzugsweise blühte, gerade in der neuesten Zeit von 1867—85, gegenüber der mittleren (1849—66) ein erheblicher Rückschlag bez. der Auswanderungsziffer zu Tage trat. Es wanderten nämlich mehr ein als aus (+) resp. mehr aus als ein (—)

in	1824—48		1849—66		1867—85	
	absol.	auf 10 000 mittl. Bev.	absol.	auf 10 000 mittl. Bev.	absol.	auf 10 000 mittl. Bev.
den östlichen Provinz.	+ 438 611	+ 30	— 85 796	— 6	— 952 377	—58
» mittleren »	+ 251 533	+ 24	— 98 244	— 10	— 141 401	—11
» westlichen »	+ 85 719	+ 9	— 42 678	— 5	— 4 256	—0·1

Die relativ günstige Auswanderungsziffer, die da in den mittleren Provinzen von Preussen zu Tage tritt, erklärt sich übrigens vorzugsweise daraus, dass wir die Residenz dort mitzuberücksichtigen haben; ziehen wir Berlin ab, welche Stadt, nach den hier in Rede stehenden Rechnungen,

1824—48 eine Mehreinwanderung v. 164 635 M. od. 241 auf 10 000 M.
1849—66 »   »   » 186 589 » » 218 »   »   »
1867—85 »   »   » 452 552 » » 248 »   »   «

zeigte, so erhalten wir für die mittleren Provinzen schon in der mittleren Zeit eine bedeutende Mehrauswanderung, und diese nahm dann in der neuesten Zeit ähnlich wie in den östlichen Provinzen ganz besonders grosse Dimensionen an. Pommern, Brandenburg und Sachsen zusammen, ohne Berlin, hatten nach jenen Rechnungen einen Mehrzu- (+) resp. Mehrweg(—)zug

1824—48: von + 86 898 M. od. 9 auf 10 000 ⎫ der ge-
dagegen 1849—66: » — 284 833 » » 32 »   » ⎬ sammt.
1867—85: » — 593 953 » » 54 »   » ⎭ Bevölk.

Und auf einen ganz ähnlichen Umschwung zur Mehrauswanderung seit den 40er Jahren stossen wir auch in Posen und Schlesien, während in Ost- und Westpreussen ein Umschwung dieser Art sich erst in den 60er Jahren Bahn brach, gleich als ob jene

Umwälzung, die seit dem Jahre 1848 begann, sich nur langsam vom Centrum der Monarchie bis zu den entfernteren Gebieten durchgearbeitet hätte.

In neuester Zeit fanden freilich in jeder dieser vier östlichen Provinzen so erhebliche Mehrauswanderungen statt, dass ausser Pommern keine Provinz grössere Menschenverluste traf als Posen, West- und Ostpreussen und Schlesien.

Es wanderten nämlich mehr ein als aus (+), resp. mehr aus als ein (—)

in	1824—48		1849—66		1867—85	
	absol.	auf 10 000 d. mittl. Bev.	absol.	auf 10 000 d. mittl. Bev.	absol.	auf 10 000 d. mittl. Bev.
Schlesien	+205 952	+31	—42 817	— 7	—231 590	—32
Posen	+ 89 425	+31	—71 214	—28	—294 095	—96
Ostpreussen	+ 50 619	+16	+20 896	+ 7	—194 566	—55
Westpreussen	+ 92 615	+44	+ 7 339	+ 4	—232 126	—91

Und vergleichen wir hiemit die einzelnen Provinzen des centralen Gebietes: Pommern, Brandenburg (ohne Berlin) und Sachsen, so sehen wir zwar hier wie bemerkt einen Wechsel zu Gunsten der Mehrauswanderung schon in dem mittleren Zeitraum eintreten. In neuerer Zeit aber tritt die Auswanderung aus Sachsen und Brandenburg erheblich hinter jener aus Posen, Ost- und Westpreussen zurück. Und nur in Pommern war es anders.

Es betrug nämlich die Mehrein- (+) resp. Mehraus(—)wanderung

in	1824—48		1849—66		1867—85	
	absol.	auf 10 000 mittl. Bev.	absol.	auf 10 000 mittl. Bev.	absol.	auf 10 000 mittl. Bev.
Pommern	+ 30 795	+13	— 88 749	—38	—321 620	—116
Sachsen	+18 129	+ 5	— 93 134	—27	—142 113	— 34
Brandenburg ohne Berlin	+37 974	+11	—102 950	—31	—130 220	— 32

Wenden wir uns endlich dem Westen zu, so stossen wir in den Gesammtgebieten der einzelnen Provinzen auf sehr geringe Mehrein- und Auswanderungen. In einzelnen Bezirken Westphalens und Rheinlands indessen steht es anders.

In Westphalen überhaupt hat in neuester Zeit (1867 bis 1885) ein Umschwung zu geringer Mehreinwanderung stattgefunden, während in der Rheinprovinz bis zu den 60er Jahren eine geringe Mehreinwanderung, dann eine ebenfalls geringe Mehrauswanderung zu verzeichnen war. Nur innerhalb dieser beiden Provinzen hatten z. B. die hochindustriellen Regierungsbezirke Arnsberg und Düsseldorf einen erheblichen Wechsel der Bevölkerung, und zwar

beide Bezirke einen starken Ueberschuss der Ein- über die Auswanderung in j e d e r der drei hier unterschiedenen Perioden.
Es wanderten nämlich mehr ein als aus (+) resp. mehr aus
als ein (—)

in	1824—48		1849—66		1867—85	
	absol.	auf 10 000 d. mittl. Bev.	absol.	auf 10 000 d. mittl. Bev.	absol.	auf 10 000 d. mittl. Bev.
Westphalen	− 7 430	− 2	−54 045	−19	+ 16 692	+ 5
Rheinland	+93 149	+16	+11 367	+ 2	− 20 948	− 3
Arnsberg	Reg. +22 793	+ 18	+47 584	+40	+ 99 096	+53
Düsseldorf	bez. +52 066	+28	+85 676	+46	+107 825	+39

So viel des Allgemeinen.

Einen noch besseren Einblick, insbesondere in die ursächlichen wirkenden Momente, in den Zusammenhang der Ab-
und Zuzüge mit den gleichzeitigen socialen und politischen Verhältnissen giebt eine Untersuchung der Gestaltung der in Rede
stehenden Dinge in kleineren Gebieten. So war z. B. in der Provinz Westphalen jene Mehreinwanderung der neuesten Zeit allein
dadurch verursacht, dass der Regierungsbezirk Arnsberg damals
eine so grosse Mehreinwanderung zeigte, dass die gleichzeitige
M e h r a u s w a n d e r u n g der beiden anderen Regierungsbezirke
Minden und Münster davor zurücktrat, und ebenso ging im Gesammtgebiet der Rheinprovinz jene neueste geringe Mehrauswanderung daraus hervor, dass die erheblichen Mehreinwanderungen
von Düsseldorf und Coeln vor der Mehrauswanderung der drei
andern Regierungsbezirke an Bedeutung zurücktraten. Aehnlich
im Osten. In Westpreussen z. B. hatte von zwei Bezirken der eine,
der Regierungsbezirk Danzig 1849—66 z. B. nach den hier in
Rede stehenden Rechnungen v. Fr. J. Neumann eine M e h r e i n-
w a n d e r u n g von 18 253 M., dagegen Marienwerder eine M e h r-
a u s w a n d e r u n g von 10 914 M. und die Gesammtprovinz zeigt
hienach 1849—66 einen Mehrzuzug von 7 339 M.

Es ist also unumgänglich, auf die einzelnen R e g i e r u n g s-
b e z i r k e Altpreussens einzugehen, und hie und da auch auf einzelne Kreise und Kreisgruppen zurückzugreifen.

I.

Zunächst mag hiebei ein kurzer Rückblick auf die Gestaltung der in Rede stehenden Verhältnisse‘ in den einzelnen Zeiträumen gestattet sein.

a) Innerhalb des östlichen Gebietes gestalteten sich diese Dinge ähnlich wie im Gesammtdurchschnitt der Monarchie, (d. h. also zu einem Ueberschuss der Ein- über die Auswanderungen in der älteren Zeit und zu sich steigernden Mehrauswanderungen später) in den sechs Regierungsbezirken: Gumbinnen, Marienwerder, Bromberg, Posen, Oppeln und Liegnitz.

Es betrug nämlich in diesen sechs Bezirken der Mehrzuzug (+) resp. Mehrwegzug (—):

in	1824—28 absol.	auf 10 000 K. mittl.Bev.	1849—66 absol.	auf 10 000 K. mittl. Bev.	1867–85 absol.	auf 10 000K. mittl. Bev.
Gumbinnen	+ 25 408	+18	— 2 161	— 2	— 91 072	— 63
Marienwerder	+ 65 892	+53	—10 914	— 9	—167 252	—110
Bromberg	+ 5 1 678	+55	—14 277	—16	—113 810	—104
Posen	+ 37 747	+19	—56 937	—34	—180 285	— 92
Oppeln	+104 940	+53	— 607	—(0-1)	—102 594	— 40
Liegnitz	+ 52 828	+26	—50 368	—30	— 74 509	— 39

In derselben Weise gestalteten sich die Mehrein- resp. Mehrauswanderungsziffern auch in vier Bezirken des centralen Gebietes, nämlich in den drei pommerschen und im Reg.-Bez. Frankfurt, wo mehr aus- als ein- (—) resp. mehr ein- als aus- (+) wanderten:

in	1824—48 absol.	auf 10 000 K. mittl. Bev.	1849—66 absol.	auf 10 000K. mittl. Bev.	1867—85 absol.	auf 10 000 K. mittl. Bev.
Coeslin	+10 767	+12	—36 1 39	—41	147 452	—138
Stralsund	+ 2 7 10	+ 7	—12 270	—34	49 888	— 126
Stettin	+17 3 18	+12	—40 340	—37	124 280	— 95
Frankfurt	+ 2 684	+ 1	—59 393	—36	143 433	— 71

Und ebenso gestalteten sich diese Dinge auch innerhalb eines Bezirkes des westlichen Gebietes, nämlich in dem vorwiegend landwirthschaftlichen Bezirke Trier, wo der Mehrzuzug (+) resp. Mehrwegzug (—) betrug:

	1824—48	1849—66	1867—85
absol.	+ 22 686	— 30 225	— 58 614
auf 10 000 Köpfe mittl. Bev. +	22 .	— 32	— 50

Die übrigen 14 Regierungsbezirke ergaben abweichende Verhältnisse, und zwar der Art, dass

b) Die fünf Regierungsbezirke: Königsberg, Danzig, Breslau, Magdeburg und Aachen zwar in der neuesten Zeit (1867—85) ebenfalls starke Mehrauswanderung, 1849—66 aber noch einen Ueberschuss der Einwanderung hatten.

Es wanderten nämlich mehr ein als aus (+) resp. mehr aus als ein (—):

in	1824—48		1849—66		1867—85	
	absol.	auf 10 000 K. mittl. Bev.	absol.	auf 10 000 K. mittl Bev.	absol.	auf 10 000 K. mittl. Bev.
Königsberg	+25 211	+14	+23 057	+14	—103 494	—49
Danzig	+26 723	+31	+ 18 253	+23	— 64 874	—64
Breslau	+48 184	+19	+ 8 158	+ 4	— 54 487	- 20
Magdeburg	+26 631	+18	+ 3 500	+ 3	— 16 974	—10
Aachen	+ 2 144	+ 2	+ 52	+ 0—1	— 37 257	—39

c) Gerade umgekehrt zeigten einen Umschwung zu Gunsten (geringer) Mehreinwanderung in neuester Zeit (1867—85) die zwei Regierungsbezirke: Cöln und Potsdam; denn es zogen mehr zu als ab (+) resp. mehr ab als zu (—):

in	1824—48		1849—66		1867—85	
	absol.	auf 10 000 K. mittl. Bev.	absol.	auf 10 000 K. mittl. Bev.	absol.	auf 10 000 K. mittl. Bev.
Cöln	+29 568	+28	— 3 052	— 3	+12 060	+10
Potsdam	+35 290	+20	—43 557	—27	+13 213	+ 6

d) Dagegen fand in einer Reihe von Regierungsbezirken, namentlich des Westens: Merseburg, Erfurt, Coblenz, Minden und Münster eine Mehrauswanderung in j e d e r der drei hier unterschiedenen Perioden statt, wobei in der Minderzahl der Bezirke die Mehrauswanderung von Periode zu Periode stieg (so in Merseburg und Erfurt), während sie in der Mehrzahl (Coblenz, Minden und Münster) 1867—85 ein wenig nachliess. Es betrug nämlich der Mehrwegzug:

in	1824—48		1849 - 66		1867—85	
	absol.	auf 10 000 K. mittl. Bev.	absol.	auf 10 000 K. mittl. Bev.	absol.	auf 10 000K. mittl. Bev.
Merseburg	— 6 376	— 4	—55 1 24	—39	—74 381	—43
Erfurt	— 2 126	— 3	—41 510	—66	—50 758	—70
Coblenz	—13 315	—12	—41 084	—45	—45 862	—42
Minden	—19 934	—19	—73 802	—88	—67 064	—73
Münster	—10 289	—10	—27 827	—36	—15 340	—18

e) Endlich finden wir ausser in B e r l i n [1]) nur in 2 Regie-

---

rungsbezirken, nämlich in den hochindustriellen von Arnsberg und Düsseldorf, in jeder der drei Perioden einen Ueberschuss der E i n w a n d e r u n g ü b e r d i e A u s w a n d e r u n g. Im Reg.-Bezirk Arnsberg steigt derselbe sogar von Periode zu Periode.

Der Mehrzuzug betrug nämlich:

	1824—48		1849—66		1867—85	
in	absol.	auf 10 000 K. mittl. Bev.	absol.	auf 10 000 K. mittl. Bev.	absol.	auf 10 000 K. mittl. Bev.
Arnsberg	+22 793	+18	+47 584	+40	+99 096	+53
Düsseldorf	+52 066	+28	+85 676	+46	+108 725	+39

II.

Prüfen wir diese Dinge nun aber genauer und fragen namentlich, wo die Mehrein- resp. Mehrauswanderung in den hier unterschiedenen Zeiträumen am grössten war, so stossen wir zunächst gedenkend des älteren Zeitabschnittes von 1824 bis 1848, auf die grösste Mehreinwanderung von c. 30 auf je 10 000 Köpfe (erheblich über der Durchschnittszahl für die preussische Monarchie von 22 auf 10 000 Köpfe) im Durchschnitt der östlichen Provinzen, dagegen war in den beiden anderen Theilen die durchschnittliche Mehreinwanderung nur 9 auf 10 000 Köpfe. Aber innerhalb jenes östlichen Gebietes hatten die Provinzen: Westpreussen, Posen und Schlesien damals sogar Mehreinwanderungen von 31 resp. 44 auf 10 000 Köpfe und unter den einzelnen Regierungsbezirken erreichte die Mehreinwanderung anscheinend ihren Höhepunkt in Bromberg mit 55 M. und in Marienwerder und Oppeln mit je 53 M. auf 10 000 Einwohner.

Absolut entfiel damals nach den hier in Rede stehenden B e r e c h n u n g e n auf das Gesammtgebiet jener drei Regierungsbezirke eine Mehreinwanderung von 222 510 Menschen, also fast ¹/₃ der gesammten preussischen Mehreinwanderung (769 000) und über die Hälfte der gesammten Mehreinwanderung im Osten von Preussen (438 000).

Es scheint also jener grosse Mehrzuzug von 22 auf 10 000, der

---

drei Perioden 1824—48   241 ⎫
49—66   218 ⎬ auf 10 000 Köpfe.
67—85   248 ⎭

1) Auf die o f f i c i e l l e n Aus- und Einwanderungszahlen wollen wir im Abschnitt III dieses Capitels eingehen, da ein Vergleich zwischen diesen Zahlen und jenen von Fr. J. Neumann bei der Verschiedenheit der Perioden, die wir bilden müssen (1844/45—55, 1856—70 u. 1871—85) kaum statthaft erscheint.

für das Gesammtgebiet der alten Provinzen Preussens zu constatiren war, zum grossen Theile durch die Mehreinwanderung in einzelnen Theilen verursacht worden zu sein.

Da aber diese Theile Preussens gerade diejenigen waren, in denen nach ihrer slavischen Bevölkerung die Zählungen mit besonderen Schwierigkeiten verbunden waren und erst später als im westlichen und centralen Preussen sich einigermassen genügend gestaltet hatten, so gewinnt die oben schon ausgesprochene Vermuthung an Wahrscheinlichkeit, dass jene hohe Mehreinwanderung zum Theil nur eine scheinbare ist.

In der That finden wir in den östlichen Provinzen Preussens gerade in den Jahren 1834—43, also in den Jahren energischen Versuchs einer Durchführung besserer Zählungen, eine scheinbare Mehreinwanderung von 337 940 Personen oder 56 auf 10 000 Köpfe mittlerer Bevölkerung, während die Mehreinwanderung für den ganzen Zeitraum von 1824 bis 1848 sich auf 438 611 M. oder 30 auf 10 000 berechnen liess. Es fallen mithin über $^2/_3$ des anscheinenden Gesammtzuzuges allein auf die Jahre von 1834 bis 1843. Und auch speziell in jenen obengenannten drei Regierungsbezirken stossen wir gerade in den Jahren 1834—38 resp. 1839—43 auf anscheinend besonders hohe Mehreinwanderungssätze.

Es wanderten nämlich nach den hier in Rede stehenden »Bilanzrechnungen« auf je 10 000 Köpfe mittl. Bevölkerung mehr ein als aus (+) resp. umgekehrt (—):

in	1824—28	1829—33	1834—38	1839—43	1844—48
Oppeln	+ 27	+ 35	+ 125	+ 85	— 6
Bromberg [1])	+ 22	+ 131	+ 90	+ 46	1
Marienwerder	+ 52	+ 45	+ 83	+ 84	+ 6 [2])

Dass dieser scheinbare Mehrzuzug zu erheblichem Theile kein wirklicher war, bestätigen aber auch die K r e i s ergebnisse.

Es berechnen sich nämlich besonders starke Mehrzuzüge wieder in p o l n i s c h e n Kreisen, wo, wie man annehmen darf, die besseren

---

1) Die hohe Mehreinwanderung von 131 p. 10 000, die in Bromberg bei der Periode 1829—33 zu Tage tritt, wurde scheinbar durch die grossen Lücken verursacht, welche die Cholera hineingerissen hatte; so verlor Bromberg 1829—33 durch Ueberschuss der Todesfälle über die Geburten allein über 8000 Menschen. Vergl. E. v. Bergmann Band I dieser Beiträge a. a. O. u. Cap. III dieses Theiles.

2) Weiteres Capitel III dieses Theiles.

Zählungen erst später gelangen; viel geringere dagegen in deutschen Kreisen.

So hatten die polnischen Kreise: K o s e l, R a t i b o r, R y b-
n i k, P l e s ş und T o s t - G l e i w i t z im Reg.-Bezirk Oppeln in den
Jahren von 1824--48 eine Mehreinwanderung von 57 153 M. oder
84 p. 10 000, dagegen die deutschen Kreise N e ï s s e, N e u s t a d t,
F a l k e n b e r g, G r o t t k a u und L e o b s c h ü t z nur eine solche
von 7 411 M. oder 11 auf 10 000. Und ebenso stand es in den
Kreisen des Reg.-Bez. Marienwerder.

Es wanderten dort 1824—48 in den mehr deutschen Krei-
sen: D e u t s c h - K r o n e, F l a t o w und S c h l o c h a u 6384 M.
(22 p. 10 000) mehr ein als aus, dagegen in S c h w e t z, K o n i t z-
T u c h e l mit 40—50 % Polen 10 843 M. (50 p. 10 000), in den
Grenzkreisen T h o r n, C u l m, G r a u d e n z 18 562 M. (65 p. 10 000)
und in den Kreisen L ö b a u und S t r a s s b u r g mit 70—80 %
Polen 15 451 M. (88 p. 10 000). Wiederum waren es also vorzugsweise die mehr polnischen Kreise, die anscheinend grosse Einwanderungen hatten.

Auch ein Vergleich der bezüglichen Zahlen in den östlichen
l ä n d l i c h e n Gebieten und der entsprechenden im centralen und
westlichen Preussen führt uns zu denselben Schlüssen.

Während nämlich im centralen ländlichen Gebiet 74 146 M.
und im westlichen 92 305 M. mehr auswanderten, gewann das ländliche Gebiet des östlichen Preussens durch M e h r e i n w a n d e-
r u n g 207 063 M., also fast die Hälfte jener 438 611 Menschen.

Dass gerade die ländliche Bevölkerung des Ostens von Preussen anscheinend so grossen Mehrzuzug hatte, ist leicht zu erklären.
Zugegeben, dass im Osten überhaupt die besseren Zählungen sich
erheblich später einbürgerten, als im Westen, mussten es natürlich
gerade die ländlichen Theile sein, in denen der Umschwung von
den schlechteren zu besseren Zählungen später besonders zur Gel-
tung kam.

Indessen darf nicht übersehen werden, dass die östlichen
Theile von Preussen um die 30er Jahre wirklich grosse Einwanderungen zu verzeichnen hatten. Besonders waren hiebei die Provinzen Westpreussen und Posen und innerhalb dieser Provinzen die
Reg.-Bezirke Marienwerder und Bromberg betheiligt, die mit polnischen Ueberläufern aus Russland nach dem polnischen Aufstande
von 1831 überschwemmt wurden.

Jene Kreisgruppen Thorn, Culm und Graudenz, ebenso wie die
oberschlesischen Kreise Kosel, Rybnik etc. grenzen an Polen und diese
Theile mussten denn auch zunächst von polnischen Ueberläufern
aufgesucht werden. Uebrigens dürften auch manche wirthschaft-
liche Momente bei jener Mehreinwanderung mitgewirkt haben,
denn gerade in den 30er Jahren begann ein Aufschwung der Landwirtschaft des Ostens, besonders in den Netzegegenden, zugleich
ein Aufblühen des Handels daselbst, besonders des Bromberger (vergl.
E. v. Bergmann a. a. O.).

Was die übrigen Regierungsbezirke des östlichen Preussens
betrifft, so war absolut am grössten die Mehreinwanderung in
Liegnitz und Breslau, relativ aber in Danzig. Denn es wanderten p. 10 000 Köpfe mittl. Bevölkerung mehr ein als aus (1824—48):
in Danzig + 31, in Liegnitz + 26, in Breslau + 19, in Posen
+ 19, in Gumbinnen + 18, in Königsberg + 14. Dagegen stellt
sich in absoluten Zahlen der Mehrzuzug in Liegnitz auf 52 828 M.;
in Breslau auf 48 184 Menschen und in Posen auf 36 747 Köpfe,
während er in den anderen Bezirken nur die Höhe von etwa über
25 000 M. erreichte.

Alle diese absoluten Zahlen vertheilen sich nun aber sehr verschieden auf die städtischen und ländlichen Bezirke. Und gerade
hierin scheinen besonders in Breslau und Liegnitz die Spuren der
Segnungen des deutschen Zollvereins deutlich erkennbar.

In Liegnitz z. B. fallen von jenen 52 000 Mehreingewanderten
im Ganzen 35 928 M. auf die Städte und nur 16 895 auf die Land-
bezirke, und in Breslau geht der Aufschwung der Städte noch
rascher vor sich, denn wir finden dort 57 373 M. nur in den Städten zugezogen, dagegen auf dem Lande schon damals (1824—48)
eine Mehrauswanderung von 9 186 M.

Wenden wir uns sodann dem mittleren Preussen zu, so sehen
wir hier zu jener Zeit nur sehr geringe Veränderungen der factischen Ab- und Zunahme der Bevölkerung zu Tage treten. Der
Zufluss von Polen her, der für den Osten der Monarchie Bedeutung
hatte, fehlte hier. Und die Einfachheit der Sitten, verbunden mit
der geringen Entwickelung der Verkehrsmittel veranlassten, dass
man sich damals doch mit der Heimath oder nächsten Umgebung begnügte; nur die Ortschaften, welche in der Nähe von grösseren
Städten liegen, zeigen grössere Wanderungen. So hatte die grösste
absolute Mehreinwanderungszahl innerhalb des Centrums von Preus-

sen die Brandenburg ohne Berlin (37 974 M.), und innerhalb derselben hatte der Bezirk Potsdam allein durch Mehreinwanderung um 35 290 Menschen oder 20 p. 10 000 zugenommen. Dieser Bezirk steht denn auch obenan innerhalb der centralen Regierungsbezirke. Ihm folgt Magdeburg mit 26 631 M. (18 p. 10 000), Stettin mit 17 318 M. (12 p. 10 000) und Coeslin mit 10 767 M. (12 p. 10 000 der Gesammtbevölkerung.)

In allen übrigen Regierungsbezirken des mittleren Preussens scheinen die geringen Mehrein- resp. Mehrauswanderungen hauptsächlich mit zufälligen Umständen in Zusammenhang gestanden zu haben, denn die 2710 Mehrzugezogenen in Stralsund und die 2684 Mehrzugezogenen in Frankfurt, sowie die 6376 und 2126 Mehrweggezogenen in Merseburg und in Erfurt fallen nicht erheblich in's Gewicht.

Ganz anders gestalteten sich diese Verhältnisse aber im Westen. Denn obwohl hier im Gesammtdurchschnitt aller Bezirke noch geringe Wanderungen zu Tage treten, so lassen sich doch in einzelnen Bezirken schon ziemlich hohe Mehrauswanderungen und je nach den Umständen auch ziemlich hohe Mehreinwanderungen verzeichnen. In diesen Bezirken entfaltete sich damals bereits eine rege Industrie, deren Emporblühen bez. Rückgang ihre Wirkung auf die Bevölkerung ausübte.

So finden wir, dass zwar z. B. die Provinz Westphalen in ihrer Gesammtheit bereits 1824—48 einen erheblichen Ueberschuss der Auswanderung über die Einwanderung hatte (2 p. 10 000), wie er für den Durchschnitt dieser Jahre in keiner anderen preussischen Provinz zu berechnen ist. Insbesondere war stark die Mehrauswanderung aus den Bezirken Minden (19 p. 10 000) und Münster (10 p. 10 000), durch die seit den vierziger Jahren entstandene Weberkrisis gefördert. Und namentlich litten die Kreise Bielefeld, Herford, Minden einerseits und Paderborn, Höxter, Warburg anderseits im R.-B. Minden, sowie auch die Kreise Münster Landkreis, Warendorf, Teklenburg und Ahaus im R.-B. Münster. Die Mehrauswanderung betrug nämlich (1824—48)

in Bielefeld, Herford und Minden: 8943 M. oder 23 }
» Paderborn, Höxter u. Warburg: 5346 »   »   19 } p. 10 000
im Landkreis Münster in Warendorf, } 6864 »   »   18 { Köpfe mittl.
Teklenburg und Ahaus } Bevölk.

Andererseits aber zeigte der Reg.-Bezirk Arnsberg damals schon sehr günstige Verhältnisse; es wanderten hier nämlich 1824—48 mehr ein 22 793 M. (18 p. 10 000), während derselbe Bezirk dann freilich 1844—48 eine Mehrauswanderung von 2448 M. oder 9 p. 10 000 der mittleren Bevölkerung ergab.

Was die Rheinprovinz betrifft, so hatte dieselbe anscheinend noch günstigere Verhältnisse, als Westphalen; es wanderten dort nämlich 1824 bis 1848 mehr ein als aus 93 149 M. (also 16 p. 10 000). Und innerhalb dieser Provinz stand obenan der Reg.-Bezirk Düsseldorf mit 52 066 M. (28 p. 10 000), Cöln mit 29 568 M. (28 p. 10 000) und Trier mit 22 686 M. (22 p. 10 000), während der Reg.-Bez. Koblenz eine erhebliche Mehrauswanderung von 13 315 M. oder 12 p. 10 000 hatte und im Bezirk Aachen nur sehr geringe Wanderungen von kaum 2144 M. oder 2 p. 10 000 stattfanden.

Gehen wir jetzt zu der Zeit nach 1848 über, so sehen wir, dass in den darauf folgenden 18 Jahren das centrale Preussen die stärkste Mehrauswanderung, nämlich (ohne Berlin) von 32 p. 10 000 zeigte, während die gesammte Monarchie alten Umfangs nur eine solche von 7 p. 10 000, und der Osten und der Westen der preussischen Monarchie nur eine solche von 6 p. 10 000 resp. 5 p. 10 000 hatte. Und zwar waren es nicht nur die ländlichen Gebiete des centralen Preussens, die besonders grosse Mehrauswanderungen (im Vergleiche auch zu den ländlichen Gebieten des östlichen und westlichen Preussens) zeigten. Nein, auch die Städte des Centrums schienen in Mitleidenschaft gezogen. Wenigstens hatten sie im Durchschnitt nur sehr geringe Mehreinwanderungen, viel geringere als die Städte der östlichen und westlichen Gebiete.

Selbst in der Stadt Berlin wanderten 1849—66 relativ weniger ein als in den Jahren von 1824—48 resp. 1867—1885 (1849—66: + 218 p. 10 000, dagegen 1824—48: + 241 p. 10 000, 1867—85: + 248 p. 10 000).

Ueberhaupt betrug nämlich die Mehreinwanderung (+) resp. Mehrauswanderung (—) in den Jahren von 1849 bis 1866

im		Land		Städte	
	absol.	p. 10 000 Köpfe mittl. Bev.		absol.	p. 100 000 Köpfe mittl. Bev.
Centrum	—392 370	—64		+107 563	+ 36
Westen	—344 466	—58		+301 797	+128
Osten	—348 243	—33		+262 434	+ 91

Natürlich musste durch jene schon berührten politischen Ereignisse, die in die Zeit nach 1848 fallen, zunächst das Centrum von Preussen getroffen werden; es scheinen dort aber auch die Neuerungen, welche durch die Ausbreitung der Maschine und durch die Verbesserung der Verkehrsmittel, sowie durch die demgemäss verstärkte Konkurrenz hervorgerufen wurden, desgl. später die durch Theuerungsjahre und durch den Krimkrieg hervorgerufenen Handelsstockungen von grösserem Einflusse gewesen zu sein.

Dass die wirtschaftliche Entwickelung in den centralen Provinzen Preussens in den Jahren von 1849—66 erheblich stockte, sehen wir auch daraus, dass die Eisenbahnlänge dort (incl. Berlin) von 1848—66 nur im Verhältnis wie von 100 zu 203,10 (1 149,8 km im Jahre 1848: 2335,2 km im Jahr 1866) zunahm, während sie selbst im Osten von Preussen im Verhältnis von 100 zu 306,30 (1848: 736,3 km, 1866: 2255,6 km) und im Westen sogar wie von 100 zu 387,36 (1848: 545,1 km, 1866: 2 111,5 km) wuchs.

Wenn wir aber specieller auf die einzelnen Provinzen eingehen, so zeigt sich, dass die Provinz Brandenburg bezüglich der absoluten Mehrauswanderungszahl (Brand.: 102 950 M., Sachsen: 93 134 M., Pommern: 88 749 M.) allerdings obenan steht, bezüglich der relativen aber von der Provinz Pommern überflügelt wurde, denn es wanderten mehr aus als ein (1849—66):

in Pommern :   38
» Brandenburg :   31   } p. 10 000 Köpfe mittl. Bevölkerung.
» Sachsen :   27

Gerade in Pommern, wo die eigentümlichen Grossgrundbesitzverhältnisse in grossen Gebieten dem wenig bemittelten Landmann jede Aussicht auf Selbstständigkeit nehmen, musste der ländliche Arbeiter das Drückende seiner Lage besonders fühlen. Nahmen doch in der Provinz Pommern (1855) die Besitzungen von 600 Morgen und darüber 61,81 % der Gesammtfläche für sich ein, dagegen im Durchschnitt des preussischen Staates nur 42,82 % und in Westphalen und Rheinland sogar nur 16,63 % resp. 21,33 %/, während von den Besitzungen kleineren Umfanges jene von 30—300 Morgen in Pommern nur 27,93 % der gesammten Fläche einnehmen, die von 5—30 Morgen nur 3,66% und die von unter 5 Morgen sogar nur 0,80 % [1]).

---

1) Vergl. Eiselen: »Der preussische Staat«, Berlin 1862 S. 428 ff. und vor allem: Dieterici, Handbuch der Statistik des preussischen Staates« Berlin 1861, S. 292 ff.

Unter solchen Umständen darf es uns nicht Wunder nehmen, dass die ländlichen Gebiete von Pommern 1824—48 nur 20 815 Menschen, 1849—66 aber schon 139 225 Menschen durch Mehrauswanderung verloren. Und diese letztere Zahl gewinnt noch um so grössere Bedeutung, wenn wir sie mit den entsprechenden der beiden anderen Provinzen Brandenburg und Sachsen vergleichen. Trotzdem nämlich in Brandenburg und Sachsen viel mehr Menschen auf dem Lande wohnen, als in Pommern, — in Brandenburg im Durchschnitt der Jahre 1849—66: 1 242 648 Menschen, in Sachsen 1 199 945, dagegen in Pommern 932 789 — trotzdem wanderten in Brandenburg auf dem Lande nur 133 348 M. mehr aus als ein und in Sachsen nur 119 797 Menschen.

Was aber die einzelnen R e g i e r u n g s b e z i r k e dieses centralen Gebiets betrifft, so hatte die höchste Mehrauswanderung 1849—66 der Reg.-Bezirk Erfurt mit 41 510 Menschen (d. h. 66 p. 10 000 Köpfe mittl. Bevölkerung.)· Erst nach ihm folgten die Regierungsbezirke

Cöslin   mit 36 139 = 41 p. 10 000 Köpfe mittl. Bev.
Merseburg » 55 124 = 39 » »   »   »   »
Stettin   » 40 340 = 37 » »   »   »   »
Frankfurt » 59 393 = 36 » »   »   »   »
Stralsund » 12 270 = 34 » »   »   »   »
Potsdam » 43 557 = 27 » »   »   »   »

Und einen Ueberschuss der Einwanderung ergab nur der Reg.-Bezirk Magdeburg mit 3500 Menschen (3 p. 10 000 der gesammten Bezirksbevölkerung).

Jener grosse Mehrabzug von Erfurt stand übrigens nicht nur innerhalb jenes centralen Gebietes obenan, sondern wurde im Gesammtgebiete der preussischen Regierungsbezirke überhaupt nur in Minden (mit 88 p. 10 000) übertroffen.

Der Reg.-Bezirk Erfurt ist aber auch derjenige, aus dem wir besonders viel Klagen über den Untergang einzelner Erwerbszweige und über den Wandertrieb der Bevölkerung hören.

So lesen wir z. B. schon in Redens Werk über die »Erwerbs- und Verkehrsstatistik des Königstaates Preussen« von 1853: Dass der zum unteren Eichsfelde gehörige Kreis Worbis, obgleich nicht zu dicht bevölkert, seinen Bewohnern »nicht hinlänglichen E r w e r b darzubieten« scheint. »Ein Theil der bedürftigen Handarbeiter verlässt im Frühjahre seine Heimath, um im Taglohn bei

landwirthschaftlichen Arbeiten, oder als Maurer, Zimmermann u. s. w.
im Hannoverschen, Halberstädtschen, Magdeburgschen, selbst in
der Altmark, Beschäftigung zu finden« ¹). Und nicht minder wird —
wie Reden angibt — in Kreisen des Ober-Eichsfelds über die »be-
drückte Lage der Einwohner« geklagt. Ja, die amtlichen Untersuchungen über den Nothstand z. B. der Weber und Spinner schil-
dern diesen bei vielen Familien als »bis auf den höchsten Gipfel
getrieben«, da die Hausarbeit den neuen Errungenschaften auf dem
Gebiete der Technik nicht Stand halten kann (S. 774, 780).

Auch in einer Arbeit vom Jahre 1856 wird gesagt ²) : »Der Er-
nährungstrieb und die technische Unerfahrenheit des Eichsfelders
zwingen ihn, Arbeit und Unterhalt in der Ferne zu suchen«. Auch
berichten Aehnliches die Kreisstatistiken von Ziegenrück von 1865
und von Mühlhausen von 1866 ³). Vorzugsweise leidet wieder
— wie leicht erklärlich — die ländliche Bevölkerung. Und so
hatte diese im Reg.-Bez. Erfurt in einzelnen Perioden des Zeitabschnittes von 1849—66, nämlich von 1854—58 und 1864—66,
eine Mehrauswanderung zu verzeichnen, die die »natürliche« Zunahme erheblich überwog, so dass also die Bevölkerung auf dem
Lande trotz aller Geburtenüberschüsse factisch abnahm ⁴).

Im Gegensatze zu diesem Reg.-Bezirk mag nun besonders der
ebenfalls in der Provinz Sachsen gelegene Reg.-Bezirk M a g d e -
b u r g hervorgehoben werden. Dieser Bezirk ergab — wie oben
angegeben — eine Mehreinwanderung von 3500 M. (3 p. 10 000)
in dem Zeitraum von 1849—66. Aber letztere erklärt sich zum
Theile daraus, dass Magdeburg in der Nähe so ungünstiger Gebiete wie Mecklenburg, Lüneburg etc. liegt, aus denen grosse Auswanderungen stattfanden, die sich zum Theile dem Bezirk Magde-

---

1) Vgl. Reden a. a. O. S. 770.
2) Vgl. »Archiv f. Landeskunde der preussischen Monarchie« 1856 S. 146 ff.
3) Vgl. »Statistik zur Geschichte des kön. preussischen Kreises Ziegenrück«
1865, S. 11, sowie »Statistische Uebersicht des Kreises Mühlhausen«, Mühlh. i /Th.
1866, wo wir auf S. 24 lesen : »Auch die industriellen Unternehmungen des hie-
sigen Kreises sind nicht erheblich genug, allen überflüssigen Arbeitskräften jener
Ortschaften Arbeit und Unterhalt zu verschaffen. Ein grosser Theil der Bewohner
jenes Landstriches ist daher gezwungen, sich an a n d e r e n O r t e n Verdienst
und Brot zu suchen, die Noth treibt diese Leute, die in der Regel gar keinen
oder doch nur einen geringen Grundbesitz haben, alljährlich a u s i h r e r H e i m a t h
f o r t« u. s. w.
4) Vgl. unten Capitel III dieses Theiles.

burg zuwandten. Auch findet sich in den Erfurter Berichten Magdeburg mehrfach als der Ort bezeichnet, nach dem die armen Leute jenes Bezirks zunächst zum Erwerben eines Verdienstes auswandern [1]). — Viel geringer, nämlich nur zu 6 p. 10 000, gestalteten sich 1849—66 die Mehrauswanderungen aus dem östlichen Gebiet Preussens. Ja, innerhalb desselben tritt sogar in den Provinzen Ost- und Westpreussen eine Mehreinwanderung (von 7 resp. 4 p. 10 000) zu Tage. Zwar wandten sich diesem Theile in den 60er Jahren viele Polen aus Russland zu. Indessen scheinen dort, wie aus den relativ geringen absoluten Zahlen ersichtlich ist, um die mittleren Jahre der Periode 1849 bis 1866 überhaupt nur geringe Wanderungen stattgefunden zu haben. Hatten doch Ost- und Westpreussen Eisenbahnen erst seit 1851 resp. 1852, und noch 1866 Ostpreussen erst 256,2 km und Westpreussen sogar nur 209,6 km [2]). Auch scheint in jenen stark mit slavischen Elementen durchsetzten östlichen Theilen Preussens der Wunsch nach Verbesserung erheblich später eingedrungen zu sein, als im Westen. Denn jetzt ergeben gerade die ländlichen Theile des östlichen Preussens besonders grosse Mehrauswanderungszahlen (vgl. unten).

Was die einzelnen Provinzen des Ostens anbelangt, so hatte die höchste Mehrauswanderung (1849—66) Posen; es wanderten hier nämlich mehr aus als ein 71 214 M. (28 p. 10 000), dagegen in Schlesien nur 42 817 M. oder 7 p. 10 000. Und in Ost- und Westpreussen stossen wir sogar auf einen Ueberschuss der Einwanderung über die Auswanderung in der Höhe von 20 896 M. (7 p. 10 000) in Ostpreussen und von 7339 M. (4 p. 10 000) in Westpreussen.

Innerhalb der Provinz Posen hatte der Reg.-Bezirk Posen das Uebergewicht mit 56 937 (34 p. 10 000) Mehrabgezogenen, welches Uebergewicht dieser Bezirk gegenüber allen östlichen Bezirken 1849 bis 1866 behauptete, dagegen wanderten im Reg.-Bezirke Bromberg nur 14 277 (16 p. 10 000) mehr aus als ein.

Jener Bezirk Posen ist aber auch weniger wohlhabend als

---

1) Vgl. Reden und die verschiedenen oben angegebenen Kreisstatistiken des R.-B. Erfurt a. a. O.

2) Vgl. Ergänzungsheft XII a. a. O.

Bromberg. Zugleich finden wir in demselben 1867 erst 194,26 km Eisenbahnlänge, im kleineren Bromberger Bezirk dagegen damals schon 222,40 km ¹). Andererseits dürfte jene geringere M e h r aus-wanderung Brombergs auch damit in Zusammenhang stehen, dass dieser Bezirk näher dem Kriegsschauplatze in Polen lag und dess-halb mehr polnische Elemente bei sich eindringen sah, als der Reg.-Bezirk Posen ²).

Eine viel geringere Mehrauswanderung als die beiden Posen-schen Bezirke zeigt, wie oben angegeben, die Provinz Schlesien. Innerhalb derselben gestalteten sich aber die in Rede stehenden Dinge sehr verschieden, denn im Reg.-Bez. Liegnitz wanderten (1849—66) mehr aus als ein: 50 368 M. (30 p. 10 000), relativ also viel mehr als in der Provinz Posen; in Oppeln dagegen nur 607 M. (0—1 p. 10 000). Und in Breslau übertraf sogar die Zahl der Z u w a n-d e r n d e n die der Auswandernden, so dass wir einen Mehrzuzug von überhaupt 8158 M. (4 p. 10 000) erhalten.

Dass Liegnitz eine so grosse Mehrauswanderung zeigt, kann nicht auffallen, wenn man bedenkt, dass in Liegnitz mehrere Weber-distrikte liegen, deren Lage in der Zeit von 1849 bis 1866 ziem-lich gedrückt war; besonders stockte die Textilindustrie ³). So wird z. B. schon von v. Reden berichtet, »dass ein grosser Theil des Markts, auf dem schlesische Baumwollfabrikate sich früher eines starken Absatzes zu erfreuen hatten, ganz verloren gegangen ist« ⁴). Ebenso ist nicht schwer der Mehrzuzug im Reg.-Bez. Breslau mit der Hauptstadt der Provinz zu erklären.

Was aber den Reg.-Bez. Oppeln betrifft, so hatte derselbe ein-mal als Grenzbezirk eine grössere Mehreinwanderung von Polen, ins-besondere in den 6oer Jahren, überhaupt aber einen grossen Mehr-zuzug in seinen industriellen und Bergwerksdistrikten.

Während sich z. B. für die deutschen Kreise: Neisse, Neustadt, Falkenberg, Grottkau, Leobschütz 1849—66 eine Mehrauswanderung von 26 292 M. (46 p. 10 000) und für die polnischen Kreise: Kreuz-burg, Rosenberg, Lublinitz, Grossstrehlitz und Oppeln sogar eine solche von 27 770 M. (58 p. 10 000) berechnen lässt, war allein im

---

1) Vgl. Ergänzungsheft XII a. a. O.
2) Ausführliches hierüber vgl. bei Bergmann a. a. O.
3) Vgl. v. Reden a. a. O. (S. 542.)
4) S. 594 a. a. O.

Kreise Beuthen eine Mehreinwanderung von 53 173 Menschen oder 265 (!) p. 10 000 zu verzeichnen.

Dass in der That in Oppeln, speziell in Beuthen, die Bergbau-industrie damals einen hohen Aufschwung nahm, beweist auch ein Blick auf die Eisenbahnverhältnisse jenes Bezirkes. In Oppeln war nämlich bereits 1862 557,49 km Eisenbahnlänge vorhanden, dagegen selbst im Reg.-Bez. Potsdam mit Berlin in demselben Jahre nur 439,73 km[1]).

Wenden wir uns schliesslich den Provinzen Ost- und West-preussen zu, die im Durchschnitt einen Ueberschuss der Zuwande-rung über die Auswanderung ergeben, so sehen wir, dass im Grunde dort nur die Bezirke Königsberg (in Ostpreussen) und Danzig (in West-preussen) solchen Ueberschuss aufweisen, dagegen in Gumbinnen und Marienwerder mehr aus- als einwanderten. Es betrug nämlich (1849 bis 66) die Mehreinwanderung (+) resp. die Mehrauswanderung (—)

in Königsberg	+ 23 057 M.	= + 14		pr. 10 000 Köpfe
Danzig	+ 18 253 »	= + 23		mittl. Be-
dagegen in Gumbinnen	— 2 161 »	= — 2		völkerung.
Marienwerder	— 10 914 »	= — 9		

Dass gerade in Königsberg und Danzig eine Mehreinwanderung zu verzeichnen war, möchte aus dem Aufschwunge des Handels in Königsberg und Danzig herzuleiten sein. Was Marienwerder betrifft, so sehen wir da — wohl in Folge der vielen Zuzüge aus Polen — namentlich in den Grenzkreisen Thorn, Culm und Graudenz eine Mehreinwanderung zu Tage treten, die 1849—66 dort 3728 M. oder 14 p. 10 000 betrug, ebenso in Löbau und Strassburg eine Mehr-einwanderung von 1936 M. (11 p. 10 000) Aehnlich scheint es auch im Reg.-Bez. Gumbinnen gewesen zu sein.

Stellen wir nun die östlichen Reg.-Bez. bez. der Höhe ihrer Mehraus- resp. Mehreinwanderungsziffer einander gegenüber, so er-halten wir einen Mehrwegzug

in Posen	von	34	
» Liegnitz	»	30	p. 10 000 Köpfe
» Bromberg	»	16	mittlerer Be-
» Marienwerder	»	9	völkerung.
» Gumbinnen	»	2	
» Oppeln	» (0—1)		

---

1) Vgl. »Statistisches Handbuch für den preussischen Staat« a. a. O.

Dagegen einen Mehrzuzug

in Danzig   von 23 ⎫
  » Königsberg »   14 ⎬ p. 10 000 Köpfe mittl.
  » Breslau   »   4 ⎭   Bevölkerung.

Am geringsten endlich war die Zahl der Mehrausgewanderten im Durchschnitt des westlichen Preussen (5 p. 10 000). Und das ist leicht zu erklären. Gehören doch diese Teile Preussens zu den industriellsten und hören wir doch aus jener Zeit schon von bedeutendem Aufschwung der Industrie in Rheinland und Westphalen. So schreibt Florschütz in seiner Arbeit über »die socialen und politischen Zustände der Provinz Westphalen während der Jahre 1854—1858«[1]) (p. 64): »Der allgemeine Aufschwung der Industrie, der sich seit dem Jahre 1852 fast in allen Zweigen derselben innerhalb der Zollvereinsstaaten herausstellte, macht sich auch in Westphalen in glänzender Weise geltend.« Und in einem Werke aus späterer Zeit, bei Hocker[2]) lesen wir: »Die meisten Fabriken in Rheinland und Westphalen führen ihren Ursprung in die jüngste Vergangenheit zurück. Seit Begründung des Zollvereins hatten Handel und Gewerbethätigkeit einen neuen Aufschwung genommen, begünstigt durch eine freisinnige Zoll- und Handelspolitik Preussens, durch die stete Fürsorge für Verbesserung der Gesetzgebung, Anlegung von Eisenbahnen, Canälen, Telegraphenlinien, Förderung des Wassertransports, ferner durch Hebung des Associationswesens, die Entwicklung des Bank- und Creditsystems, die Errichtung von Gewerbeschulen u. s. w. ... So beträgt der Gesammtwert der rheinisch-westphälischen Bergbauproducte exclusive Steine und Salz im Jahre 1864 die enorme Summe von 26$^{1}/_{2}$ Mill. Thaler, während dort 3486 Dampfmaschinen mit 180 896 Pferdekräften in Thätigkeit standen ... Wohin wir blicken, gewahren wir rege Entfaltung und stetig zunehmende Weiterbildung«. Damit im Zusammenhang war auch die Eisenbahnlänge 1848 bis 1866 von 545,1 km auf 2111,5 km[3]), also im Verhältniss wie von 100 zu 387,36 gestiegen und die städtische Bevölkerung allein wuchs 1849—66 durch Mehrzuzug um 301 797 M. oder 128 p. 10 000, während sie sich 1824—48 in gleicher Weise nur um 178 009 M. (82 p. 10 000) vermehrt hatte.

---

1) Elberfeld 1861.
2) »Die Grossindustrie Rheinlands und Westphalens« von Dr. Hocker 1867.
3) Vgl. Ergänzungsheft XII a. a. O.

Innerhalb des westlichen Preussen hatte übrigens die Rheinprovinz anscheinend noch günstigere Verhältnisse als Westphalen,
denn dort war eine Mehreinwanderung von 11 367 M. (2 p.
10 000) zu verzeichnen, hier dagegen eine Mehrauswanderung von 54 045 M.
(19 p. 10 000).

Auch die Eisenbahnbauentwicklung steht damit in Zusammenhang. Während Rheinland und Westphalen noch 1848 absolut eine
fast gleiche Eisenbahnlänge hatten — Rheinland: 280,2 km, Westphalen: 264,9 km — betrugen diese Zahlen 1866 in Rheinland
1302, in Westphalen 809,5. Das Steigerungsverhältniss war mithin
ein sehr verschiedenes: in Rheinland wie 100 zu 464,67, in Westphalen nur wie von 100 zu 305,58 [1]).

Jene anscheinend ungünstigeren Verhältnisse der Provinz Westphalen sind aber hauptsächlich durch die sehr hohe Mehrauswanderung verursacht, die sich in den Jahren von 1849—66 in den
mehr ländlichen Reg.-Bezirken Minden und Münster ins Werk setzte.
So betrug z. B. der Mehrwegzug im Reg.-Bez. Minden (1849—66)
73 802 M. oder 88 p. 10 000, ein Satz, der der höchste unter denen
a l l e r altpreussischen Bezirke war, und in den Jahren von 1854—58
und 1864—66 war die Mehrauswanderung in Minden sogar grösser
als die »natürliche« Zunahme dort, so dass die Bevölkerung factisch
um 0,47 % (1854—58) und 0,06 % (1864—66) abnahm. Ja, innerhalb dieses Bezirkes zeigten die Kreise: Büren, Wiedenbrück, Halle
und Lübbecke 1849—66 sogar einen Mehrabzug von 30 491 M. (oder
135 p. 10 000), welcher Satz grösser war als die »natürliche« Zunahme dort im ganzen Zeitraum von 1849 bis 1866.

Der Grund dieser starken Auswanderung liegt wohl einerseits
in der Weberkrisis, von der fast alle Weberdistrikte Preussens damals heimgesucht wurden, andererseits aber in dem Aufblühen der
benachbarten industriellen Gegenden von Arnsberg und Düsseldorf,
wo die Leute leicht Beschäftigung und lohnenden Verdienst fanden.
In den Kreisstatistiken von Minden werden deshalb auch mehrfach
Abzüge nach Dortmund und anderen Industrie-Gegenden erwähnt [2]).

---

1) Ebenso unterscheidet sich die Entwicklung der s t ä d t i s c h e n Bevölkerung. In Rheinland wanderten in den Städten 1849—66 mehr ein als aus
245 230 M. od. 146 p. 10 000, in Westphalen dagegen nur 56 567 M. oder 83
p. 10 000.

2) Vgl. Statistische Darstellung des Kreises Minden (1865), Herford (1865),
Bielefeld (1863).

Aehnlich ungünstig stand es aber auch im Reg.-Bez. Münster.
Und wenn die Mehrauswanderung dort nicht eben so grosse Dimensionen erreichte (nur 36 p. 10000) als in Minden, so hängt das vielleicht einmal mit der geringeren Wohlhabenheit der dortigen Bevölkerung, andererseits aber auch mit dem Charakter der Einwohner
zusammen, für den eine zähe Anhänglichkeit am Althergebrachten
bezeichnend ist [1]).

Ganz anders gestalten sich die Dinge aber im Reg.-Bez. Arnsberg. Arnsberg, neben Düsseldorf der gewerbreichste Bezirk Preussens, zeigt ein besonders starkes Anschwellen der Bevölkerung durch
eine Mehreinwanderung, die in steter Zunahme ist.

Der Mehrzuzug betrug dort nämlich 1849—66 schon 40 p. 10 000
Köpfe und wurde innerhalb Preussens nur von dem des Bezirks
Düsseldorf übertroffen. Ja, innerhalb des Reg.-Bez. Arnsberg er-
reichte die Mehreinwanderung in Bochum, Dortmund, Hagen und
Iserlohn 67 580 M. d. h. 134 p. 10 000.

Diese Mehreinwanderung ist geringer in Kreisen geringerer industrieller Entwickelung, so dass wir z. B. in den mehr ländlichen
Kreisen Soest und Wittgenstein sogar einen Mehrabzug von 7724 M.
oder 63 p. 10 000 erhalten. —

Wenn nach alledem in der Provinz Westphalen im Ganzen die
Auswanderung 1849—66 noch bedeutend grösser war als die Zuwanderung, so finden wir in der Rheinprovinz das Entgegengesetzte.
Doch war hier der gewaltige Mehrzuzug im Bezirke Düsseldorf
ausschlaggebend.

Dieser Bezirk, dessen Aufschwung in »industrieller, commer-
zieller und socialer Hinsicht« in Werken der 60er und 70er Jahre [2])
so sehr gerühmt wird, wies nämlich 1849—66 eine Mehreinwanderung von 85 676 M. oder 46 p. 10 000 auf, und das war die grösste
Bezirks-Mehreinwanderung innerhalb der preussischen Monarchie;
dagegen hatten alle übrigen Bezirke zusammen eine Mehrauswanderung von 74 309 M. Und so gab die Mehreinwanderung den
Ausschlag. Jener Mehrwegzug verteilte sich aber auf die einzelnen
Regierungsbezirke wie folgt:

---

1) Vgl. auch König: Statistik des Rgbez. Münster 1865 p. 24.

2) Vgl. Delitsch: »Kartographische Darstellung der Bev.-Dichtigkeit in West-
deutschland 1865«, »Statistik des Rgbez. Düsseldorf« von Mühlmann 1865—I—III.
von v. Hirschfeld 1874 und Beyer: »Die Fabrikindustrie des Rgbez. Düsseldorf«
etc. 1876.

auf Koblenz mit 41 084 M. oder 45 ⎫

» Trier » 30 225 » » 32 ⎬ auf 10 000 Köpfe mittlerer Bevölkerung.

» Coeln » 3 052 » » 3 ⎭

— während in Aachen Zu- und Abzug sich die Wage hielten, indem anscheinend 152 M. mehr zu- als abzogen. Für den Aufschwung des Bezirks Düsseldorf ist characteristisch, dass dort 1842 26,60 km Eisenbahnen vorhanden waren, 1867 aber bereits 512,79 km, d. h. die Eisenbahnlänge nahm dort 1848—67 im Verhältniss von 100 zu 1927,78 zu.

Werfen wir endlich einen Blick auf die Gestaltung der in Rede stehenden Verhältnisse in der neuesten Zeit (1867—85), so steht bez. der Höhe der Mehrauswanderungen relativ wie absolut obenan das östliche Gebiet Preussens mit 952 377 M. oder 58 pr. 10 000 Köpfe; ihm folgte das Centrum ohne Berlin (vgl. p. 165) mit 593 953 M. oder 54 p. 10 000 Köpfe, dagegen erreichte die Mehrauswanderung im Westen nur die Höhe von 4256 M. (0—1 p. 10 000 Köpfe).

Jener grosse Mehrwegzug im östlichen Preussen vollzog sich aber namentlich auf Kosten der ländlichen Gebiete dort. Denn die Städte des Ostens wiesen im grossen Durchschnitte sogar eine Mehreinwanderung auf, die erheblich grösser war als jene im mittleren Preussen; es betrug nämlich (1867—85) der Mehrzuzug (+) resp. Mehrwegzug (—):

im	auf dem Lande absol.	p. 10000 Köpfe mittl. Bev.	in den Städten absol.	p. 10000 Köpfe mittl. Bev.
Osten der preuss. Monarchie	— 1271 268	112	+ 318 881	79
Centrum (ohne Berlin)	— 729 911	104	+ 135 960	34
Dagegen im Westen	— 423 283	61	+ 419 023	107

Was aber die einzelnen Provinzen betrifft, so hatte die höchste Mehrauswanderung 1867—85 diejenige Provinz, die auch schon 1849—66 den Vorrang hatte, nämlich die Provinz Pommern mit 321 620 M. od. 116 p. 10 000 Köpfe mittl. Bevölkerung.

Innerhalb dieser Provinz aber fiel der ganze Verlust auf die ländlichen Bezirke, diesen vermochte die Mehreinwanderung nach den Städten nicht, wie in einigen anderen Teilen Preussens, auszugleichen. Es wanderten nämlich in den Städten Pommerns

1867—85 mehr ein als aus: 1993 M. d. h. 2 p. 10000 Köpfe, dagegen auf dem Lande mehr aus als ein: 323 613 M. oder 172 p.
10 000 Köpfe mittl. Bevölkerung.

Dann folgen P o s e n mit einer Mehrauswanderung von 294 095 M.
oder 96 pro 10 000 und W e s t p r e u s s e n mit solcher von
232 126 M. oder 91 p. 10 000 Köpfe mittl. Bevölkerung.

Die Provinz Posen scheint dabei aber die allerungünstigsten
Verhältnisse in Bezug auf die Vertheilung der Mehrauswanderungszahlen auf Stadt und Land zu zeigen. Während nämlich alle
preussischen Provinzen — selbst Pommern nicht ausgeschlossen —
in den Städten einen Ueberschuss der Ein- über Auswanderung ergaben, verlor die städtische Bevölkerung Posens durch M e h r a u s -
w a n d e r u n g 1867—85 5287 M. oder 6 p. 10 000 Köpfe. Indessen ist diese Provinz ja auch diejenige, in der (ähnlich wie in
Pommern) der Grossgrundbesitz besonders stark vertreten ist (er
beträgt nach den oben herangezogenen Aufnahmen 58 % der gesammten Fläche) [1], in der ferner die weitaus überwiegende Beschäftigung der Bevölkerung die Landwirtschaft bildet, und in der
endlich auch besonders ärmselige Verhältnisse auf dem Lande wie
in den dort zahlreichen kleinen »Ackerbaustädten« Platz greifen [2].
Die Posener wandern auch aus diesen Städten vielfach aus.

Ziemlich gross war dann aber auch der Mehrwegzug in O s t -
p r e u s s e n mit 194 566 M., d. h. 55 p. 10 000 Köpfe. Und nicht
unerwähnt mag hiebei bleiben, dass in den Provinzen Ost- und
Westpreussen auch eine bedeutende Abnahme des Mehrzuzugssatzes
in den Städten zu Tage tritt.

Es wanderten nämlich in den Städten mehr ein als aus:

---

1) Vgl. Dieterici a. a. O. »Handbuch der Statistik des preussischen
Staates«, Eiselen a. a. O. Neuere Aufnahmen vgl. z. B. im »Statist. Jahrb. für
das deutsche Reich«, Jahrgang VII und VIII.

2) Ueber die »bäuerlichen Verhältnisse in der Provinz Posen« vgl. Schriften
des Vereins für Socialpolitik: »Bäuerliche Zustände in Deutschland« Band III
(von Natusius, Posen) 1883, bez. der Berufe aber Jahrg. VII cit. des Jahrbuchs
p. 5 ff. Danach waren p. 1000 Erwerbsthätigen und Angehörigen dieser mit
Land- und Forstwirthschaft beschäftigt in Posen 631, dagegen sogar in Ostpreussen
und Westpreussen nur 624 resp. 587.

	1849—66		1867—85	
in	absol.	p. 10 000 Köpfe mittl. Bev.	absol.	p. 10 000 Köpfe mittl. Bev.
Westpreussen	41 940	90	19 986	31
Ostpreussen	71 961	128	53 148	74

Viel günstiger stand es in den Provinzen S a c h s e n, S c h l e s i e n und B r a n d e n b u r g (ohne Berlin vgl. S. 165). Dort wanderten mehr aus als ein (1867—85):

in Sachsen: 142 113 M. oder 34 p. 10 000 Köpfe

» Schlesien: 231 590 » » 32⎫ mittl. Be-

» Brandenburg (ohne Berlin): 130 220 » » 32⎭ völkerung.

Indessen, dass Schlesien unter den 8 östlichen Provinzen relativ günstige Verhältnisse zeigt, hat seinen Grund hauptsächlich darin, dass diese Provinz neben Rheinland die bedeutendste absolute Mehreinwanderung in ihren städtischen Bezirken aufweist (251 034 M.). Die Mehrauswanderung aus den ländlichen Bezirken belief sich auf 482 624 Menschen und diese Mehrauswanderungszahl war absolut die höchste, die wir in den preussischen Provinzen in ländlichen Bezirken finden. Sie bildete über ¹/₃ des gesammten Mehrabzuges aus dem ländlichen Osten von Preussen (1 271 268 M.).

Am günstigsten endlich gestalteten sich die in Rede stehenden Dinge in dem industriellen w e s t l i c h e n Preussen. In den Rheinlanden wanderten nur 20 948 M. oder 3 p. 10 000 Köpfe mehr aus als ein und in Westphalen fand sogar ein Mehrzuzug von 16 692 M., d. h. 5 p. 10 000 Köpfe statt.

Diesem Ueberschuss der Zuwanderung scheinen in Westphalen aber insbesondere zwei Umstände zu Grunde zu liegen, einmal, dass die Mehrauswanderung aus den ländlichen Bezirken dort besonders gering, ja geradezu die geringste war, die wir in irgend einer Provinz konstatieren können (137 104 M.), trotzdem die ländliche Bevölkerung dort absolut erheblich grösser ist, als in Pommern, Westpreussen, Posen und Sachsen — und zweitens, dass die Mehrzuwanderung in den S t ä d t e n Westphalens gewaltig anwuchs: von 56 567 M. (1849—66) auf 153 795 M. (1867—85), d. h. im Verhältnisse von 100 zu 271,88. —

1. Gehen wir dann zu den einzelnen R e g i e r u n g s b e z i r k e n über, so stossen wir auf den grössten M e h r w e g z u g in den Reg.-Bez. Coeslin, Stralsund, Marienwerder und Bromberg, denn es wanderten mehr aus als ein:

in Coeslin: 147 452 oder 138 ⎫
» Stralsund   49 888 »   126 ⎬ p. 10 000 Köpfe mittl. Be-
in Marienwerder: 167 252 oder 110 ⎪ völkerung.
» Bromberg: 113 810 »   104 ⎭

Wiederum sind es also die pommerschen Bezirke, die obenan-
stehen. Ja, im Reg.-Bez. Stralsund hat damals die Mehrauswanderung
die ganze sog. »natürliche« Zunahme erheblich (um 4235 M.) überflügelt, der Reg.-Bez. Stralsund ist ja aber auch derjenige, in dem
die grossen Besitzungen (über 600 Morgen) besonders stark vertreten sind, d. h. über ²/₃ der Gesammtfläche ausmachen. Er
zeigt auch geringe wirtschaftliche Entwickelung insofern, als man
1867 in diesem Bezirk erst 85,37 km Eisenbahnlänge verzeichnete
(1862 war dort überhaupt noch k e i n e vorhanden), die 1885/86 nur
auf 154,48 km gestiegen war [1]). Dort verlor denn auch nicht nur
die ländliche Bevölkerung, sondern auch die städtische durch Mehrauswanderung, ja, der Wegzug aus den städtischen Bezirken Stral-
sunds betrug 1867—85 sogar 31 p. 10 000 Köpfe (absolut 4842).

Und innerhalb dieses Bezirkes hatten die Kreise Grimmen
und Rügen 1867—85 sogar eine thatsächliche Abnahme der Bevölkerung, d. h. ein Ueberwiegen der Mehrauswanderung über die
»natürliche Zunahme«.'

Es wanderten nämlich mehr aus als ein:

in Rügen: 11 611 M. oder 133 ⎫
                                   ⎬ p. 10 000 Köpfe mittl. Bev.,
und in Grimmen: 14 043 M. oder 200 (!) ⎭

so dass die factische Abnahme der Bevölkerung in Rügen 21 und
in Grimmen 46 p. 10 000 Köpfe mittl. Bevölkerung betrug.

Nicht minder ungünstig stehen die Verhältnisse im Reg.-Bez.
C o e s l i n. Auch innerhalb dieses Bezirks hatte sogar die s t ä d t i s c h e
Bevölkerung einen Mehrwegzug (von 229 M.); ja, die Kreise: N e u -
s t e t t i n, S c h i e v e l b e i n und D r a m b u r g einen solchen von
39 352 M. oder 159 p. 10 000, und die Kreise: F ü r s t e n t h u m,
S c h l a v e und B e l g a r d einen solchen von 62 113 M. oder 139
p. 10 000 Köpfe.

Aehnlich ungünstig gestaltete sich denn auch die Mehrauswanderung im Reg.-Bez. Marienwerder, denn wenn sie auch im
Gesammtdurchschnitt des Bezirkes günstiger erscheint, so erreichte
sie doch z. B. in den Kreisen Schwetz und Konitz-Tuchel (1867—85)

---

1) Vgl. »Statistisches Handbuch« a. a. O.

die Höhe von 31 707 M. oder 113 p. 10 000 und in den mehr deutschen Kreisen D. Krone, Flatow und Schlochau die Höhe von 51 171 M. oder 140 p. 10 000, ja in den Kreisen Stuhm, Marienwerder und Rosenberg sogar eine Höhe von 44 879 M. oder 152 p. 10 000. Diese letzteren Kreise haben denn auch 1867—85 an Bevölkerung erheblich (— 7002 M.) abgenommen.

Dagegen war die Mehrauswanderung geringer in den Grenzkreisen: Löbau, Strassburg (102 p. 10 000) und Thorn, Culm und Graudenz (48 p. 10 000). Diese Kreise werden nämlich viel aufgesucht, da dort zur Erntezeit gute Löhne bezahlt werden (3 Mark pro Tag bei freier Verpflegung)[1]).

2. Unter 1,00 % Mehrauswanderung weisen namentlich die Reg.-Bezirke Stettin und Posen auf, Stettin 95 (124 280 M.), Posen 92 p. 10 000 (180 285 M.).

Dass wir in diesen Bezirken eine günstigere Gestaltung der in Rede stehenden Dinge finden, dürfte daraus zu erklären sein, dass in ihnen die Provinzialhauptstädte liegen.

Wenn wir uns nämlich im Einzelnen die Auswanderungsziffern der Kreisgruppen in den Reg.-Bezirken Stettin zu vergegenwärtigen suchen, so treten in der That in den Kreisen: Randow, Stettin, Pyritz, Saatzig und Greifenhagen, also in der Gruppe, wo die grössere Stadt Stettin liegt, relativ günstige Verhältnisse zu Tage, nämlich eine Mehrauswanderung von nur 49 p. 10 000 (31 513 M.). Dagegen betrug letztere z. B. in Greifenberg und Usedom-Wollin schon 104 p. 10 000 (16 025 M.), in Anklam und Demmin[2]) 142 p. 10 000 (20 849 M.) und in Regenwalde, Naugard, Kammin und Ueckermünde sogar 153 p. 1000 Köpfe (= 55 973 M.).

3. Die Regierungsbezirke Minden, Frankfurt und Erfurt ergaben eine Mehrauswanderung, die sich zwischen 73 und 70 auf je 10 000 Köpfe mittl. Bevölkerung bewegte, denn es wanderten mehr aus als ein:

in Minden: 67 064 oder 73⎫
» Frankfurt: 143 433 » 71⎬ p. 10 000 Köpe mittl. Bev.
» Erfurt: 50 758 » 70⎭

Und vergleichen wir hiemit die Ausführungen für die Jahre

---

1) Vgl. »Statistische Beschreibung des Schwetzer Kreises« 1878.

2) In Anklam und Demmin übersteigt selbst diese Zahl die »natürliche« Zunahme um 1674 M. oder 0,10 %.

1849—66, so sehen wir, dass Erfurt und Frankfurt gegen damals eine Steigerung der Mehrauswanderung zeigen (in Frankfurt: 36, in Erfurt 66 p. 10 000 Köpfe), während in Minden, wo 1849—66 88 pro 10 000 Köpfe mehr aus- als einwanderten, eine Abnahme der Auswanderung zu Tage tritt. Ja, innerhalb dieses Reg.-Bez. zeigten eine Verminderung des Mehrabzuges alle hier unterschiedenen Kreisgruppen.

Es betrug nämlich die Mehrauswanderung:

	1849—66		1867—85	
	p. 10 000		p. 10 000	
	absol.	Köpfe	absol.	Köpfe
in den Kreisgruppen		mittl. Bev.		mittl. Bev.
1. Minden, Bielefeld, Herford	24 456	73	14 582	37
2. Paderborn, Höxter, Warburg	18 778	85	16 616	72
3. Halle, Lübbecke, Büren u. Wiedenbrück	30 491	135	35 899	123

Dass die Verhältnisse in der ersteren Gruppe sich so erheblich verbessert haben, hängt wohl damit zusammen, dass der Kreis Bielefeld mit der industriereichen Stadt Bielefeld ein stark industrieller Kreis geworden ist, dass innerhalb des Kreises Minden ferner die Regierungshauptstadt liegt, und der Kreis Herford namentlich im Amte Bünde eine Cigarren- und Tabakindustrie aufweist, die von grossem Einfluss auf den bäuerlichen Besitz geworden ist[1]).

Anders sind die Mehrauswanderungsverhältnisse in den beiden anderen Kreisgruppen. Wenn die Mehrauswanderungsziffern dort in neuester Zeit gegenüber der mittleren Periode abgenommen haben, so sind sie doch immer noch recht erheblich, ja, in der Gruppe: Halle, Lübbecke, Büren und Wiedenbrück übersteigt die Mehrauswanderung die sog. »natürliche« Zunahme, so dass wir eine »factische« Abnahme der Bevölkerung von 14 auf 10 000 Köpfe (4146 M.) zu verzeichnen haben.

Die bäuerlichen Verhältnisse in diesen landwirtschaftlichen Kreisgruppen werden denn auch in den Berichten, die auf Veranlassung des Vereins für Socialpolitik erschienen sind, als wenig günstig hingestellt. So sagt z. B. Winkelmann[2]) bezüglich der Kreise Halle, Minden und Lübbecke wörtlich: »ein Grund der Aus-

---

1) Vgl. »Schriften des Vereins für Socialpolitik« »Bäuerliche Zustände in Deutschland«, 2. Band 1883. Aufs. »Die gegenwärtigen bäuerlichen Zustände in der Prov. Westphalen«.

2) Vgl. »Schriften des Vereins für Socialpolitik« XXIII, »Bäuerliche Zustände in Deutschland« Bd. II, S. 16.

wanderung liegt in der Sucht der Heuerlinge nach Unabhängigkeit, die hier nicht befriedigt werden kann, da selbst für schweres Geld der Heuerling k e i n e n Grund und Boden erwerben kann, um sich als freier Mann ansiedeln zu können«, und weiter: »die Leinenindustrie, die früher hier so sehr in Blüte stand, ist durch die grossen Spinnereien und Webereien vollständig verdrängt.«

Ebenso berichtet Winckelmann aber auch über den Paderborner Distrikt, d. h. die Kreise Büren, Höxter, Paderborn, Warburg, dass »die Bevölkerung dort in Folge zahlreicher Auswanderung von jungen kräftigen Leuten in die Industriebezirke der Mark eher ab- als zunimmt«, und weiter: »sobald die Gegend Mitte der 6oer Jahre durch den Bau verschiedener Bahnen, namentlich Holzminden-Dortmund, mit der industriereichen Mark in nahe Verbindung kam, wanderten die Leute massenhaft aus« [1]). Die Auswanderungen finden, abgesehen von den Wanderungen nach Amerika, nach den bergischen Industriegegenden statt, wo reichlicher Verdienst die Arbeit lohnt [2]).

4. Auf einen geringeren Mehrwegzug, von 64 bis 40 p. 10 000 Köpfe, stossen wir sodann in den 7 Regierungsbezirken: Danzig, Gumbinnen, Trier, Königsberg, Merseburg, Koblenz und Oppeln. Es zogen nämlich mehr ab als zu in dem Reg.-Bez.

			p. 10 000 Köpfe mittl. Bev.				p. 10 000 Köpfe mittl. Bev.
Danzig:	64 874 M.	=	64	Merseburg:	74 381 M.	=	43
Gumbinnen:	91 072 »	=	63	Koblenz:	45 862 »	=	42
Trier:	58 614 »	=	50	Oppeln:	102 594 »	=	40
Königsberg:	103 494 »	=	49				

Innerhalb des Reg.-Bez. Danzig erreichte aber der Mehrwegzug in den polnisch-deutschen Kreisen: Neustadt, Carthaus, Berent und Stargard eine ganz besondere Höhe, nämlich eine solche von 50 235 M. oder 111 p. 10 000 Köpfe, ja, im Kreis Carthaus eine solche von 16 130 M. d. h. 148 p. 10 000 Köpfe.

Dass die polnische Bevölkerung hier eine so starke Mehrauswanderung zeigt, dürfte seinen Grund zum Theil darin haben, dass der Pole leichtgläubiger und leichtsinniger den Wanderungsstab in die Hand nimmt als der Deutsche, andererseits aber auch darin,

---

1) Vgl. Anmerkung 2 auf vor. Seite.
2) Vgl. Statistische Darstellung des Kreises Lübbecke 1874 und die des Kreises Büren 1877, sowie Statistik des Kreises Warburg 1881.

dass der Pole ein mehr gesuchter Arbeiter ist, da er im allgemeinen
»williger« und unterwürfiger ist (vgl. a. a. O. die Berichte über die
Kreise Stargard, Schwetz etc.).

Was den Gesammtdurchschnitt des Bezirkes Danzig betrifft, so
scheint der Mehrwegzug dort in neuerer Zeit eine Steigerung zu
erfahren, — und das kann um so mehr auffallen, als Danzig 1849
bis 66 noch eine Mehreinwanderung von 23 p. 10000 Köpfen
zeigte. Dieses ungünstige Ergebnis mag indessen mit dem geringen
Aufschwunge der Gewerbeverhältnisse in diesem Bezirke im Zu-
sammenhange stehen. Die Gewerbesteuer im Reg.-Bez. Danzig betrug 1825 55 Pfennig pro Kopf der Bevölkerung und 1883/4 nur
57 Pfg.; ja, sie hatte sogar 1849 ein Sinken auf 46 Pfg. und 1867
auf 53 Pfennig pro Kopf der Bevölkerung erfahren ¹).

5. Günstigere Auswanderungsziffern zeigten Liegnitz mit 74 509
Mehrauswanderern = 39 p. 10 000 Köpfe, Aachen mit 37 257 = 39
p. 10 000, und namentlich Breslau mit 54 487 M. = 20 p. 10 000
Köpfe, Münster mit 15 340 M. = 18 p. 10 000 und Magdeburg mit
16 974 M. = 10 p. 10 000 Köpfe mittl. Bev.

Wenn wir hier aber wiederum auf die Ausführungen bezüglich
der mittleren Periode zurückgreifen, so sehen wir, dass unter allen
diesen Bezirken 1867—85 günstigere Ergebnisse nur Münster aufweist, wo 1849—66 27 827 M. oder 36 p. 10 000 Köpfe mehr aus-
als einwanderten, was vielleicht mit dem Aufschwunge der Berg-
bauindustrie in jener Gegend Hand in Hand ging. Wir finden
nämlich in der That, dass die Kreise Recklinghausen, Lüdinghausen
und Beckum 1867—85 eine Mehreinwanderung von 153 M.
ergaben, während 1849—66 dort noch eine Mehrauswanderung von
10 421 M. zu Tage trat. Innerhalb dieser Gruppe aber wanderten
in dem an die Gruppe Bochum, Dortmund Essen i.'R. angrenzenden Kreise Recklinghausen 1867—85 sogar 8153 M. = 72 p. 10 000
Köpfe mittl. Bevölkerung mehr ein als aus. Dagegen zog die Bevölkerung aus den ländlichen Kreisen: Landkreis Münster, Warendorf, Tecklenburg und Ahaus in immer grösserer Zahl fort, so dass
1867—85 die Auswanderungszahl dort absolut wie relativ über der
des gesammten Bezirkes steht. Es betrug nämlich die Mehrauswanderung dort (1867—85) 27432 M.= 96 p. 10 000 und übertraf hiemit
zugleich die »natürliche« Zunahme um 6 262 M (22 p. 10 000 Köpfe),

¹) Nach Rechnungen des Verfassers.

so dass jene Kreise also zusammen eine Abnahme der Bevölkerung hatten[1]).

' 6. Endlich gestalteten sich die in Rede stehenden Dinge am günstigsten in den 4 Regierungsbezirken: Potsdam, Cöln, Düsseldorf und Arnsberg, wo ein Ueberschuss des Mehrzuzuges sich verzeichnen lässt.

Es wanderten nämlich 1867—85 mehr ein als aus:

in Potsdam:	13 213 M.	oder	6	
» Cöln:	12 060 »	»	10	pro 10 000 Köpfe mittl. Bevölkerung.
» Düsseldorf:	108 725 »	»	39	
» Arnsberg;	99 096 »	»	53	

Vergleichen wir diese Zahlenergebnisse mit denen der Jahre 1849—66, so sehen wir da im Allgemeinen eine Steigerung der absoluten wie der relativen Zahlen; nur der Reg.-Bez. Düsseldorf zeigt eine Abnahme des r e l a t i v e n Satzes und wird 1867—85 bereits von Arnsberg überholt.

Die betreffenden Zahlen für 1849—66 beliefen sich nämlich

in Potsdam:	auf —	43 557 M.	oder —	27	
» Coeln:	» —	3 052 »	» —	3	pro 10 000 Köpfe
» Arnsberg:	» +	47 584 »	»	+ 40	mittl. Bevölkerung.
» Düsseldorf:	» +	85 676 »	»	+ 46	

Dass Potsdam und Cöln diesen Aufschwung zeigen, wird begreiflich erscheinen. Ist doch die Stadt Cöln, um nur dieses hier hervorzuheben, durch die Entwickelung der neuen Verkehrsmittel derjenige Ort in Preussen geworden, durch den an der westlichen Grenze Preussens die wichtigsten Verbindungen mit England, Frankreich, Holland und Belgien gehen; auch hat die Stadt durch Niederlegung, der Festungswerke gewonnen, sehr viel Boden ist dort neu bebaut, der Bau dauert noch jetzt fort und alles das zieht selbstverständlich viele Menschen dorthin. Durchschnittlich bezahlte man im Reg.-Bez. Cöln 1883/84 95 Pfennig pro Kopf der Bevölkerung an Gewerbesteuer.

Was Potsdam betrifft, so ist der Aufschwung der Reichshauptstadt natürlich nicht ohne erheblichen Einfluss auf die Entwickelung des ihn umgebenden Bezirks gewesen.

In Düsseldorf muss zunächst jene Abnahme des Mehrzuzugs-

---

1) Vgl. auch Winkelmann in den »Schriften des Vereins für Socialpolitik« a. a. O.

satzes auffallen. Erwägen wir aber, dass der Bezirk Düsseldorf auf einer Fläche von 5472,32 qkm im Jahre 1885 1 744 680 Menschen beherbergte, also 319 auf den qkm, während im Bezirk Arnsberg der auch dicht bevölkert ist, auf der grösseren Fläche von 7695,18 qkm nur 1 188 057 M., also auf dem qkm nur 154 M. wohnen, so erscheinen jene veränderten Zuzugsverhältnisse weniger verwunderlich.

Uebrigens darf auch nicht unberücksichtigt bleiben, dass im Bezirk Düsseldorf die städtische Bevölkerurg die ländliche bereits erheblich übersteigt, auf 100 ländliche Einwohner der Jahre 1867—85 kommen dort nämlich 140,98 städtische Einwohner, während in Arnsberg auf 100 ländliche Einwohner nur 54,43 städtische entfallen. Diese ländliche Bevölkerung befindet sich auch, wie es scheint, in relativ günstigen Verhältnissen und verlor z. B. 1867—85 nur 17 180 M. = 14 pro 10 000 Köpfe durch Mehrauswanderung, während im Uebrigen die geringste Mehrauswanderung aus den ländlichen Bezirken Preussens sich auf 29 pro 10000 Köpfe (im Reg.Bez. Potsdam) belief.

––––––––––

Stellen wir zum Schlusse noch die Regierungsbezirke nach Provinzen zusammen, so fällt zunächst auf, dass in jeder Provinz derjenige Regierungsbezirk einen besonders geringen Mehrwegzug aufweist, in dem die Provinzialhauptstadt oder eine andere grosse Stadt liegt.

So hatten innerhalb der östlichen Provinzen Ost- und Westpreussen die Reg.-Bez. Königsberg und Danzig eine geringere Mehrauswanderung als Gumbinnen resp. Marienwerder. Denn es wanderten mehr aus als ein:

in Königsberg:	49	
dagegen in Gumbinnen:	63	
in der Prov. Ostpreussen:	55	pro 10 000 Köpfe mittlerer
in Danzig:	64	Bevölkerung.
dagegen in Marienwerder:	110	
in der Prov. Westpreussen:	91	

Es scheint aber auch grössere oder geringere gewerbliche Wohlhabenheit von Einfluss zu sein. So fiel an Gewerbesteuer 1883/84 in Königsberg 46 Pfg. auf den Kopf der Bevölkerung, dagegen in Gumbinnen nur 30 Pfg., in Danzig 57 Pfg., dagegen in Marienwerder 34 Pfg.

Aehnlich in den beiden anderen östlichen Provinzen. Denn es betrug die Mehrauswanderung

	p. 10000 Köpfe mittl.Bev.		p. 10000 Köpfe mittl.Bev.
in Posen:	— 92	in Breslau:	— 20
dagegen in Bromberg:	— 104	dagegen in Liegnitz:	— 39
		in Oppeln:	— 40

und es fielen auf den Kopf der Bevölkerung 1883/84 an Gewerbesteuer

in Posen:	41 Pfg.	in Breslau:	75 Pfg.
in Bromberg nur:	36 »	in Liegnitz:	63 »
		in Oppeln nur:	42 »

Und ähnlich auch im mittleren Preussen. Es zogen mehr ab als zu (—) resp. umgekehrt (+)

	p. 10000 Köpfe mittl.Bev.		p. 10000 Köpfe mittl.Bev.
in Stettin:	— 95	in Frankfurt:	— 71
in Stralsund:	— 126	in Potsdam:	+ 6
in Coeslin:	— 138		
in Magdeburg:	— 10		
dagegen in Merseburg:	— 43	pro 10000 Köpfe mittl. Bev.	
in Erfurt:	— 70		

Im westlichen Preussen steht es anders. Da finden wir je nach der vorherrschenden Beschäftigung bald eine geringere, bald eine höhere Mehraus- resp. Mehreinwanderung.

So betrug der Mehrzuzug (+) resp. Mehrwegzug (—)

	p. 10000 Köpfe mittl.Bev.		p. 10000 Köpfe mittl.Bev.
in Minden:	— 73	in Trier:	— 50
in Münster:	— 18	in Coblenz:	— 42
dagegen in Arnsberg	+ 53	in Aachen:	— 39
		dagegen in Cöln:	+ 10
		in Düsseldorf:	+ 39

III.

Wenn wir hier schliesslich noch auf die officiellen preussischen Auswanderungsziffern eingehen, so geschieht dies nur der Voll-

13*

ständigkeit halber [1]) und wir beschränken uns hiebei auf die die Auswanderung betreffenden Zahlen. Als Perioden wählen wir, da die Auswanderungen erst seit 1844 zur Verzeichnung gelangen,

I. den Zeitraum 1844/45—55

II. » » 1856—70

III. » » 1871—85.

Doch ist ein Vergleich der Auswanderungszahlen in diesen einzelnen Zeiträumen dadurch erschwert, dass die Zahlen für 1844/45 bis 1854 im Gegensatze zu den anderen sich nur auf diejenigen Personen beziehen, die mit Entlassungsurkunden auswanderten (vgl. oben). Es scheint daher vorzugsweise ein Vergleich zwischen den Zahlen der 2 letzten Perioden angebracht.

Was nun die angeblichen Auswanderungen hienach betrifft, so fand in Preussen (alt. Umf.) in dem Zeitraum von 1871—85 allerdings eine erhebliche Steigerung der Auswanderungszahl gegenüber 1856—70 statt; es wanderten dort nämlich aus:

(1844/45—55: 164 000)

1856—70: 340 400

1871—85: 484 000

Diese Steigerung der Auswanderungen in neuester Zeit trat aber nur im Osten der Monarchie hervor, wo sie sehr erheblich war, dagegen nahmen die Auswanderungen im Centrum und namentlich im Westen von Preussen nach jener Quelle erheblich ab. Denn es wanderten aus im

	(1844/45—55)	1856—70	1871—85
Osten	(20 901)	85 609	238 670
Centrum	(49 069)	150 076	147 342
Westen	(94 514)	107 500	97 845

Freilich sind diese officiellen Auswanderungszahlen unvollständig und wenig verlässlich, doch ist dieses Bild nicht ohne Interesse. Gehen wir deshalb zu den einzelnen Provinzen über und gedenken zunächst des Ostens, so finden wir vor allem wieder in den Provinzen Posen und Preussen (Ost- und Westpreussen) eine erhebliche Steigerung der Auswanderung.

Es wanderten nämlich aus:

---

1) Ueber den Werth der officiellen Ein- und Auswanderungszahlen vgl. oben in Cap. I. und »Einleitung« zu diesem Theil.

	(1844/45—55)	1856—70	1871—85
aus Preussen	(3 522)	24 352	119 878
» Posen	(3 894)	36 479	85 550
» Schlesien	(13 485)	24 778	33 242

Was das Centrum betrifft, so fand hier eine Abnahme der Auswanderung 1871—85 nur in den Provinzen Brandenburg und Sachsen statt, dagegen nicht in Pommern, denn es wanderten aus:

	(1844/45)	1856—70	1871—85
aus Brandenburg	(13 766)	36 508	28 680
» Sachsen	(9 255)	35 636	21 170
dagegen aus Pommern	(26 048)	77 932	97 500

Die Steigerung in Pommern dürfte thatsächlich grösser gewesen sein, denn — wie wir unten sehen werden — betrug die Auswanderung über See aus Pommern in der Zeit von 1871 bis 1885 (nach den Angaben der Reichsstatistik) 159 170 Menschen.

Endlich trat im Westen von Preussen nur in Westphalen eine Abnahme der Auswanderung ein, in Rheinland dagegen war in neuester Zeit die Auswanderung gestiegen. Es wanderten nämlich aus:

	(1844/45—55)	1856—70	1871—85
aus Westphalen	(31 194)	45 249	31 100
dagegen aus Rheinland	(63 320)	60 442	66 745

In der Rheinprovinz scheint hienach seit 1844 die Zahl der Auswanderer im Durchschnitt etwa auf derselben Höhe geblieben zu sein, sie war freilich bereits in den vierziger und ersten fünfziger Jahren so gross, dass die Rheinprovinz hienach in Bezug auf die Auswanderung damals die erste Stelle unter allen Provinzen einnahm.

Bereits oben im Capitel I dieses Theiles ist erwähnt, dass die Zahl der Auswanderer über See nach der Reichsstatistik mit der der Gesammtauswanderer aus Preussen nach preuss. Statistik nicht übereinstimmt. Wir zeigten da dass trotz des geringeren Auswanderungsgebietes, auf das sich die Reichsstatistik bezieht, die Zahl der überseeischen Auswanderer (während des Zeitraumes von 1871—85) um ca. 194 000 Personen die Zahl der Gesammtauswanderer aus Preussen übertraf, und führten aus, dass hauptsächlich das centrale Gebiet von Preussen eine grosse Differenz dieser Art zeigt.

Wenn wir hier nun auf die einzelnen Provinzen zurück-
gehen, so sehen wir, dass die Provinz Brandenburg incl.
Berlin dasjenige Gebiet ist, in dem die Differenz zwischen der
preussischen und der Reichsauswanderungsstatistik am stärksten
hervortritt, denn es betrug dort 1871—85 die Gesammtauswanderung
nach der preussischen Statistik 28 680 M., dagegen die Zahl der
überseeischen Auswanderer nach der Reichsstatistik 71 647 M.

Sodann wanderten aus 1871—85:

	überhaupt, nach der preussischen Statistik	über See, nach der Reichsstatistik
aus Pommern	97 492 Personen	159 170 Personen
» Posen	85 550 »	128 188 »
» Preussen	119 878 »	158 775 »

Erwägen wir aber, dass in der Provinz Brandenburg, vor allem
in der Stadt Berlin, ein nicht unerheblicher Theil der Auswanderer
aus anderen Provinzen längere Zeit zu verweilen pflegt (S. 151), so
scheinen für die hier in Rede stehenden Zwecke die Angaben der
preussischen Statistik vor denen der Reichsstatistik für Brandenburg den Vorzug zu verdienen, während in den genannten anderen
Provinzen es sich anders verhalten mag.

Was endlich die bisher nicht genannten Provinzen betrifft, so
halten sich da die Reichs- und die preussischen Zahlen mehr auf
gleicher Höhe, denn es wanderten aus (1871—85)

	nach der preussischen Statistik	nach der Reichsstatistik
aus Sachsen	21 170	26 192
» Schlesien	33 242	40 839
» Westphalen	31 100	37 285

Da übrigens diese Provinzen sehr industriereiche Gebiete in
sich schliessen, die, ähnlich wie Berlin u. s. w., auf Auswanderer
aus anderen Teilen Deutschlands vorübergehend eine starke An-
ziehungskraft ausüben, so können wir uns wiederum des Schlusses
nicht enthalten, dass die Zahlen der preussischen Statistik das
richtigere Bild geben möchten.

Schliesslich mag noch die Provinz Rheinland erwähnt werden,
die allein unter allen preussischen Provinzen eine geringere Auswanderung über See nach der Reichsstatistik hatte, als Auswanderung überhaupt nach der preussischen Statistik.

Es wanderten nämlich aus der Rheinprovinz (1871—85) nach

der preussischen Statistik überhaupt 66 745 Personen, nach der Reichsstatistik über See 49 527 aus.

IV.

Wenden wir uns schliesslich zu einer Betrachtung der in Rede stehenden Dinge in den anderen deutschen Staaten, so sehen wir, dass von grösseren Staaten das Königr. Sachsen einen Ueberschuss der Zu- über die Auswanderung zeigte, während in Bayern der Ueberschuss der Aus- über die Einwanderung mit jeder Periode gewachsen ist, und in den übrigen deutschen Staaten dieser Ueberschuss nur anfangs stieg, dann aber etwas geringer geworden ist.

Es wanderten nämlich nach den oben schon in Bezug genommenen »Bevölkerungsbilanz«-Berechnungen mehr ein als aus (+) resp. umgekehrt (—) [1]):

in	1841—48		1849—66		1867—85	
	absol.	p. 10 000 Köpfe mittl. Bev.	absol.	p. 10 000 Köpfe mittl. Bev.	absol.	p. 10000 Köpfe mittl. Bev.
Sachsen	+ 14 202	+ 13	+ 57 452	+15	+ 83 103	+ 16
Württemberg	— 18 282	— 13	— 207 625	— 67	— 176 597	—49
Baden	— 41 319	— 39	— 137 132	— 56	— 130 178	—45
Hessen	— 33 233	—49	— 131 141	— 86	— 57 836	—36
Bayern	— 78 701	— 23	— 208 630	— 25	— 260 390	— 27
Preussen a. U.	— 2 803	— (0—1)	— 225 230	— 7	— 1 110 190	— 27

Was endlich das Gesammtgebiet des heutigen deutschen Reiches betrifft, so war dort ebenso wie in Bayern und Preussen der Ueberschuss der Aus- über die Zuwanderung mit jeder Periode gestiegen, denn es wanderten nach Rechnungen derselben Art im Deutschen Reiche heutigen Umfanges mehr aus als ein:

	1841—48	1849—66	1867—85
absolut	351 841	1 447 908	2 314 674
p. 10 000 Köpfe mittl. Bev.	13	22	28

Und werfen wir zum Schlusse noch einen Blick auf die amtliche Statistik der überseeischen Auswanderung aus allen deutschen Staaten in den Jahren 1871—85, so war hienach die überseeische Auswanderung ausser in Preussen absolut am stärksten in Bayern, Württemberg und Baden. Denn sie betrug:

---

1) Die betr. Zahlen sind vom Verfasser nach der Methode von Fr. J. Neumann ausgerechnet.

in Bayern: 132 091 Personen
» Württemberg: 76 211 »
» Baden: 52 033 »

Relativ war hienach freilich die Auswanderung aus Baden und Württemberg stärker.

Diesen Staaten reihten sich das Kön. Sachsen mit 47 766 und das Grossherzogtum Hessen mit 34 995 überseeischen Auswanderern an. Und was die kleineren deutschen Staaten betrifft, so stand obenan Mecklenburg, wo trotz geringer Bevölkerungszahl 1871—85 53 298 Menschen die Heimath verliessen, also absolut mehr als in Baden, trotzdem Mecklenburg kaum ½ so bevölkert ist als Baden. Dagegen hatten die übrigen kleineren deutschen Staaten nur eine geringe Zahl von Auswanderern:

Thüringen: 22 601 Waldeck-Lippe
Oldenburg: 16 526 » Schaumburg-Lippe } 5843
Elsass-Lothringen: 6 818 Braunschweig: 5333
Anhalt: 2258

Nur die Auswanderung aus den drei mehr städtischen Gebieten Lübeck, Bremen und Hamburg war relativ gross. Lübeck verliessen freilich (1871—85) nur 1648 P., dagegen Bremen 11 362, Hamburg 22 972 Personen.

Indessen sind alle diese Zahlen mit Vorsicht aufzunehmen, insbesondere die letzteren, da in Hamburg und Bremen sich viele Auswanderer aus Süd- und Ostdeutschland zunächst einige Zeit aufhalten. (Vgl. oben S. 151.)

Die Aus- und Einwanderungen in der preussischen Monarchie und ihren einzelnen Theilen: Provinzen und Bezirken in einzelnen kleineren Perioden der Hauptabschnitte: 1824—48, 1849—66 und 1867—85.

A. Zerlegen wir die ältere Periode 1824—48 wieder in fünf fünfjährige Zeiträume, die mittlere in drei fünfjährige und eine dreijährige (1849—53, 1854—58, 1859—63 und 1864—66) und die neueste in die Periode 1867—70, die Uebergangsperiode 1871—73 und schliesslich in die beiden sechsjährigen Perioden 1874—79, 1880—85, so fiel die grösste Mehreinwanderung, die das Gebiet der alten Provinzen Preussens während der ersten Periode von 1824 bis 48 zeigte, anscheinend auf die Jahre von 1834—38 und 1839—43, also auf die Jahre des Zustandekommens des deutschen Zollvereins und unmittelbar danach.

Es wanderten dort nämlich, nach den oben in Bezug genommenen Rechnungen mehr ein als aus (+) resp. umgekehrt (—):

$$\left.\begin{array}{l} 1824\text{—}28: \ + \quad 60\,448 \text{ M.} = + 10 \\ 1829\text{—}33: \ + \ 136\,417 \ \text{ » } = + 21 \\ 1834\text{—}38: \ + \ 337\,075 \ \text{ » } = + 50 \\ 1839\text{—}43: \ + \ 260\,686 \ \text{ » } = + 35 \\ 1844\text{—}48: \ - \quad 25\,411 \ \text{ » } = - \quad 3 \end{array}\right\} \text{auf 10000 Köpfe mittl. Bev.}$$

Jener besonders starke Mehrzuzug in den Jahren von 1834—43 ist indessen, wie bemerkt (S. 162 f.), zum Theil nur ein scheinbarer gewesen, d. h. zu erklären aus verbesserter Zählung. Und damit steht in Zusammenhang, dass jener anscheinende Mehrzuzug vorzugsweise im Osten zu Tage trat. Es wanderten nämlich jenen Rechnungen zufolge mehr ein als aus:

in	1834—38 absol.	p. 10 000 Köpfe mittl. Bev.	1839—43 absol.	p. 10000 Köpfe mittl. Bev.
den östlichen Prov.	185 175	64	152 767	48
» mittleren »	105 197	51	80 100	36
» westlichen »	64 550	35	34 684	18

Innerhalb jenes östlichen Gebietes tritt übrigens theils in Folge verbesserter Zählung, theils in Folge materiellen Aufschwungs unter dem Einflusse des Zollvereins eine Zunahme der Einwanderung besonders in den Provinzen Ost- und Westpreussen und Schlesien zu Tage.

Es zogen nämlich mehr zu als ab:

in	1834—38 absol.	p. 10 000 Köpfe mittl. Bev.	1839—43 absol.	p. 10 000 Köpfe mittl. Bev.
Westpreussen	29 823	73	33 550	74
Ostpreussen	23 331	37	42 209	61
Schlesien	107 959	84	67 839	48

Und unter den einzelnen Reg.-Bezirken treten hiebei namentlich die von Oppeln, Marienwerder, Gumbinnen, Danzig und Königsberg hervor, denn es wanderten nach jenen »Bilanz«-Berechnungen anscheinend mehr ein als aus:

in	1834—38 absol.	p. 10000 Köpfe mittl. Bev.	1839—43 absol.	p. 10 000 Köpfe mittl. Bev.
Oppeln	48 275	125	37 918	85
Marienwerder	19 908	83	22 788	84
Gumbinnen	10 607	39	19 577	66
Danzig	9 915	59	10 762	59
Königsberg	12 724	35	22 632	58

Uebrigens mag namentlich in Oppeln dieser berechnete Mehrzuzug zu einem grossen Theil auch der Wirklichkeit entsprochen haben.

Gehen wir näher auf das mittlere Gebiet von Preussen ein, so tritt uns dort in Berlin 1834—38 bereits ein sehr erheblicher Mehrzuzug von 27 423 M. oder 213 p. 10000 und 1839—43 sogar ein solcher von 50 510 M. oder 337 p. 10 000 Köpfe mittlerer Bevölkerung entgegen, während die centralen Gebiete ohne Berlin 1834—38 eine Mehreinwanderung von 77 774 resp. 29 590 d. h. von 45 resp. 14 p. 10 000 Köpfe zeigten.

Endlich im W e s t e n hatten 1839—43 die Provinzen Westphalen und Rheinland nur eine Zuwanderung von 4657 M. oder 7 p. 10000 resp. 30027 M. oder 23 p. 10000. Ja, mehrere Bezirke hatten dort damals sogar einen M e h r w e g z u g — so Trier mit 1496 M. oder 7 p. 10000, Coblenz mit 396 M. oder 2 p. 10000 Köpfe und Münster mit 1598 M. oder 8 p. 10000 M., und auch die industriellen Regierungsbezirke Arnsberg und Düsseldorf zeigten damals noch weit geringere Mehreinwanderungssätze als später; denn in Düsseldorf wanderten 1839—43 19658 M. oder 49 p. 10000 und in Arnsberg nur 5687 M. oder 23 p. 10000 Köpfe mittl. Bev. mehr ein als aus.

B. Uebrigens begann jener Umschlag in Mehrauswanderung, den wir oben für die zweite Hauptperiode von 1849—66 konstatierten, bereits am Schlusse der hier in Rede stehenden ersten Hauptperiode, genauer gesagt, bald nach dem Theuerungsjahre 1847 und den unruhigen Jahren 1848 und 49. Es wanderten nämlich in ganz Preussen nach den hier in Rede stehenden, für diese Zeit zuverlässigeren Bilanzberechnungen schon 1844—48 mehr aus als ein: 25411 M. oder 3 p. 10000 Köpfe, und zwar so, dass 1844—46 noch ein Mehrzuzug (von 59253 M.), 1847—48 dagegen schon ein erheblicher Mehrwegzug von 84664 M. zu konstatieren war.

Die stärkste Mehrauswanderung zeigte hiebei das w e s t l i c h e Gebiet mit 38570 M. oder 19 p. 10000 (1844—48), die sich auf die beiden Provinzen Rheinland und Westphalen ziemlich gleich verteilten: mit 20960 M. (29 p. 10000) auf Westphalen und 17610 M. (10 p. 10000 Köpfe) auf Rheinland. Aber innerhalb dieser Provinzen hatten damals Cöln und Düsseldorf noch Mehrzuzug, die anderen Bezirke einen desto grösseren Mehrwegzug, der zum erheblichen Theil auch durch die gewerbliche Krisis jener Zeit: den Sieg der Gross- über die Hausindustrie verursacht sein mag[1]).

Es zogen nämlich mehr ab als zu (1844—48):

in Minden:	— 11 332 M. oder	— 50	
» Trier:	— 11 100 » »	— 47	
» Coblenz:	— 11 257 » »	— 46	auf je 10000 Köpfe
» Münster:	— 7 180 » »	— 34	mittl., Bev.
» Aachen:	— 1 908 » »	— 10	
» Arnsberg:	— 2 448 » »	— 9	

---

1) Vgl. Schmoller: Zur Gesch. d. d. Kleingewerbe. 1870.

Dagegen zogen damals mehr zu als ab:

in Düsseldorf: + 2827 M. oder + 6 ⎰ auf je 10 000 Köpfe
» Cöln: + 3828 » » + 16 ⎱ mittl. Bev.

Indessen auch in dem östlichen und mittleren Preussen stossen wir schon 1844—48 auf ein erhebliches Ueberwiegen der Auswanderung, insbesondere in Sitzen hausindustrieller Thätigkeit. So wanderten 1844—48 bereits im Reg.-Bez. Erfurt 7077 M. oder 42 p. 10 000, in Merseburg 6715 M. oder 19 p. 10 000 Köpfe, in Liegnitz 7365 M. oder 16 p. 10 000 mehr aus als ein. —

C. Dieses Uebergewicht der Auswanderung nun, das mit Ende der vierziger Jahre zu Tage trat, zeigte in der jetzt ins Auge zu fassenden mittleren Hauptperiode starke Schwankungen, war im Allgemeinen aber im Wachsen begriffen.

Es wanderten nämlich im Gesammtgebiet der alten Provinzen Preussens mehr aus als ein

$$
\left.
\begin{array}{l}
\underline{1849-53:\ 37\,792\ \text{M. oder}\ \ 5} \\
\underline{1854-58:\ 68\,269\ \text{M. oder}\ \ 8} \\
\underline{1859-63:\ 50\,478\ \text{M. oder}\ \ 6} \\
1864-66:\ 68\,691\ \text{M. oder}\ 12
\end{array}
\right\}
\ \text{p. 10 000 Köpfe mittl. Bev.}
$$

Eine Steigerung sehen wir also namentlich zuerst in den Jahren 1854—58, d. h. wieder in Theuerungsjahren Platz greifen, dann auch 1864—66 [1]).

Andererseits zeigten die Perioden 1849—53 und 1859—63 nicht nur an sich geringe Mehrauswanderungssätze, sondern innerhalb der ersteren Periode konnte man sogar 1850—52 abermals noch ein Uebergewicht des Mehr zu zu g es verzeichnen und zwar um 40 000 M., was in dem Wiedereintritt gesicherter Verhältnisse nach 1849 seinen Grund haben mochte. Bei alledem zeigen sich aber in den einzelnen Gebieten wieder grosse Verschiedenheiten.

Einen grösseren Ueberschuss der Auswanderung finden wir namentlich in jener c e n t r a l e n Gruppe preussischer Provinzen, wo sich in allen 4 hier unterschiedenen Perioden eine immer stärker werdende Mehrauswanderung zeigte. Es betrug nämlich der Mehr-

---

1) Dass für diese letzteren Jahren eine verhältnismässig hohe Mehrauswanderung berechnet ist, kann übrigens zum Theil daran liegen, dass die bezüglichen Zählungsjahre 1864 und 1867 waren, in welchem letzteren Jahre eine starke Mehrauswanderung Platz griff, die nach der Art der hier in Rede stehenden Rechnungen auch auf die Ergebnisse von 1866 influiren mussten.

abzug in den Provinzen Pommern, Sachsen und Brandenburg ohne Berlin:

1849—53 : 30 238 M. oder 13 ⎫
1854—58 : 62 066 M. oder 25 ⎬ pro 10 000 Köpfe mittl. Bev.
1859—63 : 113 926 M. oder 44 ⎪
1864—66 : 78 603 M. oder 49 ⎭

Und innerhalb dieses mittleren Gebietes war es schon damals die Provinz Pommern, die eine vorzugsweise grosse Steigerung der Zahl der Auswanderer zeigt.

Es zogen dort nämlich mehr weg als zu:

1849—53 : 6 279 M. oder 10 ⎫
1854—58 : 21 979 M. oder 34 ⎬ pro 10 000 Köpfe mittl. Bev.
1859—63 : 27 243 M. oder 40 ⎪
1864—66 : 33 248 M. oder 78 ⎭

Unter den einzelnen B e z i r k e n jenes mittleren Preussens aber hatte hohe Auswanderungssätze ausser den drei pommerschen Bezirken auch (aus schon mehrfach erwähnten Gründen) der Reg.-Bez. Erfurt.

Es wanderten nämlich mehr aus als ein:

	1849—53		1854—58		1859—63		1864—66	
	absol.	p. 10 000 Köpfe mittl. Bev.	absol.	p. 10 000 Köpfe mittl. Bev.	absol.	p. 10 000 Köpfe mittl. Bev.	absol.	p. 10 000 Köpfe mittl. Bev.
Erfurt	10 427	61	12 217	70	7 518	42	11 348	103
Stralsund	441	5	2 602	26	3 588	35	5 639	88
Stettin	1 411	5	12 227	41	11 256	35	15 446	78
Coeslin	4 427	19	7 150	30	12 399	48	12 163	75

Und im Reg.-Bez. Stralsund ergab sich z. B. für den Kreis Grimmen 1864—66 bereits eine Mehrauswanderung von 1857 M. oder 158 p. 10 000 Köpfe, die die »natürliche« Zunahme um 512 M. oder 43 p. 10 000 übertraf. Ebenso zeigten 1864—66 einzelne S t e t t i n e r Kreisgruppen, so Regenwalde, Naugard, Kammin und Ueckermünde einerseits und Anklam und Demmin andererseits eine bedeutende »factische« Bevölkerungsabnahme, die durch grosse Mehrauswanderung verursacht wurde; denn es zogen mehr ab als zu (1864—66) in Regenwalde, Naugard etc. 8374 M. oder 144 p. 10 000 Köpfe, in Anklam und Demmin 3450 M. oder 144 p. 10 000, so dass die

Bevölkerung der ersten Gruppe um 11 p. 10 000, die der zweiten sogar um 82 p. 10 000 abnahm.

D. Verfolgen wir endlich noch die letzte Periode 1867—85 in kleineren Zeitabschnitten, so sehen wir im Gesammtdurchschnitt der preussischen Monarchie alt. Umf. einen bedeutenden Ueberschuss der Auswanderung sich namentlich sogleich nach 1867 ins Werk setzen. Dieser wird dann in den auf die Gründung des deutschen Reichs folgenden Jahren etwas geringer, steigt aber sehr erheblich in neuester Zeit.

Es betrug dort nämlich der Mehrwegzug:

$$\left. \begin{array}{l} \text{1867—70}: \ \ 179\,334 \ \text{M. od. } 23 \\ \text{1871—73}: \ \ 128\,635 \ \text{M. od. } 21 \\ \text{1874—79}: \ \ 276\,625 \ \text{M. od. } 21 \\ \text{1880—85}: \ \ 525\,596 \ \text{M. od. } 39 \end{array} \right\} \text{ pro 10 000 Köpfe mittl. Bev.}$$

Ja, wenn wir die durchschnittlichen Mehrabzüge der Jahre 1876 bis 80 mit jenen von 1881 bis 1885 vergleichen, stossen wir sogar auf eine Verdoppelung der Mehrauswanderungsziffern seit 1881, denn es wanderten nach den hier in Rede stehenden Rechnungen in den alten Provinzen Preussens 1876—80 jährlich ca. 47 000 M., 1881—85 dagegen ca. 96 000 M. mehr aus als ein.

Und in ähnlichen Schwankungen gestalteten sich diese Dinge namentlich im Centrum und im Westen der preussischen Monarchie, während im Osten der Mehrwegzug erst 1871—73 erheblich stärker wurde, dann aber beständig hoch blieb resp. stieg.

Es zogen nämlich mehr ab als zu (—) rsp. mehr zu als ab (+)

in den	1867—70		1871—73		1874—79		1880–85	
	p. 10 000		p. 10 000		p. 10 000		p. 10 000	
	absol.	Köpfe mittl.Bev.	absol.	Köpfe miitl Bev.	absol.	Köpfe mittl.Bev.	absol.	Köpfe mittl.Bev.
westl. Prov.	— 596	(—0—1)	+ 27 195	+17	— 5 650	— 1	— 25 205	— 7
mittl. Prov. (ohne Berl.)	— 155 739	— 71	— 86 731	— 52	— 120 956	— 35	— 230 527	— 63
östl. Prov.	— 123 560	—38	— 148 154	—59	—261 412	—50	—419 251	—78

Unter den einzelnen Provinzen zeigten solche Verhältnisse, wie sie für den Gesammtdurchschnitt der preussischen Monarchie konstatiert sind, namentlich die Provinzen Pommern, Brandenburg und die beiden westlichen Gebiete Westphalen und Rheinland, denn es betrug die Mehrauswanderung (—) resp. Mehreinwanderung (+)

in	1867—70 p. 10 000 absol. Köpfe mittl. Bev.		1871—73 p. 10 000 absol. Köpfe mittl. Bev.		1874—79 p. 10 000 absol. Köpfe mittl. Bev.		1880—85 p. 10 000 absol. Köpfe mittl. Bev.	
Pommern	−69 988	−123	−51 379	−121	−63 600	−73	−136 653	−151
Brandenburg	−45 716	−57	−3 086	−5	−22 434	−17	−58 984	−43
Westphalen	+ 321	+(0−1)	+18 503	+35	+ 2 674	+ 2	− 4 806	− 4
Rheinland	− 917	− 1	+ 8 692	+ 8	− 8 324	− 4	−20 399	− 8

Dagegen gestalteten sich so wie im Gesammtdurchschnitt der östlichen Provinzen Preussens die Dinge namentlich in Ost- und Westpreussen und in Posen, während in Schlesien die Mehrauswanderung von 1867 ab von Periode zu Periode beständig wuchs. Es wanderten nämlich mehr aus als ein:

in	1867—70 p. 10 000 absol. Köpfe mittl.Bev.		1871—73 p. 10000 absol. Köpfe mittl.Bev.		1874—79 p. 10 000 absol. Köpfe mittl.Bev.		1880—85 p. 10 000 absol. Köpfe mittl.Bev.	
Ostpreussen	21 292	30	33 436	62	51 873	47	87 965	76
Westpreussen	24 433	48	33 838	87	63 558	79	110 297	132
Posen	42 344	69	48 687	104	77 760	80	125 304	124
Schlesien	35 491	25	32 193	29	68 221	30	95 685	40

So zeigte also nur Sachsen das Besondere, dass dort in neuester Zeit der Mehrabzug erheblich s a n k, indem diese Provinz durch Mehrauswanderung verlor

$$
\begin{aligned}
&1867\text{—}70: 40\,035 \text{ M.} = 49 \\
&1871\text{—}73: 32\,266 \text{ M.} = 52 \\
\text{dagegen } &1874\text{—}79: 34\,922 \text{ M.} = 27 \\
&1880\text{—}85: 34\,890 \text{ M.} = 25
\end{aligned}
\left.\right\} \text{ pro 10 000 Köpfe mittl. Bevölkerung.}
$$

Was die einzelnen R e g.-B e z i r k e betrifft, so sei hier nur das Wichtigste bemerkt, nämlich

1. dass in allen 3 pommerschen Reg.-Bez. und auch im Reg.-Bez. Marienwerder der M e h r a b z u g der Jahre 1880—85 so stark geworden war, dass diese Bezirke eine Abnahme der Bevölkerung zeigten, die im Reg.-Bez. Stralsund bereits in den Perioden 1867—70 und 1871—73 zu konstatieren war.

Es betrug nämlich (1880—85)

	die »natürl.« Zun. p. 10000 Köpfe mittl. Bev.	absol.	die Mehrauswand. p.10000Köpfe mittl. Bev.	absol.	mith. d. »factische« Zun. p. 10 000 Köpfe mittl. Bev.	absol.
in Stettin	+ 126	54 647	− 129	55 744	− 3	1 097
» Coeslin	+ 148	50 901	− 183	63 150	− 36	12 249
Marienwerder	+152	75 505	− 157	78 022	− 5	2 517

Ja, in manchen K r e i s e n dieser Bezirke stossen wir auf wirklich Besorgniss erregende Erscheinungen.

So hatten von den Stettiner Kreisen 1880—85

die Kreisgruppen	eine »natürl.« Zun.	Mehrwegzug	Mith. »fact.« Abnahme
Greifenberg, Uşe-dom-Wollin	5 817 M. (115 p. 10 000)	7 071 (140 p. 10 000)	1254 (25 p. 10 000)
Anklam, Demmin	5 223 M. (112 p. 10 000)	7 052 (151 p. 10 000)	1829 (39 p. 10 000)
Regenwalde, Nau-gard, Kammin	16 521 M. (140 p. 10 000)	22118 (188 p. 10 000)	5597 (48 p. 10 000)

Aehnlich ungünstigen Ziffern begegnen wir im Reg.-Bez. Coeslin, denn dort hatten (1880 — 85)

die Kreisgruppen	eine »natürl.« Zun.	Mehrwegzug	Mith. »fact.« Abnahme
Lauenburg,Büttow, Rummelsburg, Stolp.	18 213 (150 p. 10 000)	20 786 (171 p. 10 000)	2573 (21 p. 10 000)
Fürstenthum, Schlawe, Belgard.	20 382 (141 p. 10 000)	26 211 (182 p. 10 000)	5829 (40 p. 10 000)
Neustettin, Schie-velbein, Dramburg	12 355 (155 p. 10 000)	16 197 (203 p. 10 000)	3842 (48 p. 10 000)

Innerhalb des Reg.-Bez. Marienwerder aber stossen wir 1880 bis 85 in den mehr deutschen Kreisen: Stuhm, Marienwerder und Rosenberg sogar auf eine »factische« Bevölkerungsabnahme von 67 p. 10 000 (6175 M.), denn der Mehrwegzug betrug bei einer »natürlichen« Zunahme von 126 p. 10 000 (11 510 M.) — 17 685 M. oder 193 p. 10 000 Köpfe mittl. Bev. Auch die Kreisgruppen: Deutsch-Krone, Flatow, Schlochau einerseits und Löbau und Strassburg andererseits weisen 1880—85 starke Bevölkerungsabnahmen auf, denn es belief sich (1880—85)

in den Kreisgruppen	die »natürliche« Zunahme auf	der Mehrwegzug auf	die »fact.« Bev.-Abnahme auf
Deutsch-Krone, Flatow, Schlochau	20 410 (171 p. 10 000)	24 089 (202 p. 10 000)	3679 (31 p. 10 000)
Löbau, Strassburg	11 226 (153 p. 10 000)	13 953 (190 p. 10 000)	2727 (37 p. 10 000)

Und ähnliche Verhältnisszahlen ergab der Reg.-Bez. Stralsund im Durchschnitt schon seit 1867. Es betrug dort nämlich

	die »natürl.« Zun.	Mehrwegzug	Mith.»fact.«Bev.-Abn.
1867—70:	9 616 M. (114 p. 10 000)	13 855 (165 p. 10 000)	4239 (50 p. 10 000)
1871—73:	6 722 M. (109 p. 10 000)	8 597 (139 p. 10 000)	1875 (30 p. 10 000)
(1874—79):	[16 444 M. (133 p. 10 000)	9 677 (78 p. 10 000)	+6767 (55 p. 10 000)]
1880—85:	12871 M. (102 p. 10 000)	17 759 (140 p. 10 000)	4888 (39 p. 10 000)

2. Fast überall zeigen sich übrigens in neuester Zeit rückgängige Bewegungen, d. h. wenn nicht Steigerungen der Mehrauswanderung, so doch A b n a h m e der M e h r z u w a n d e r u n g.

Es betrug nämlich der Ueberschuss der Zuwanderung (+) rsp.
der Auswanderung (—) z. B.

in	1867—70 absol.	p. 10 000 Köpfe mittl.Bev.	1871—73 absol.	p. 10 000 Köpfe mittl.Bev.	1874—79 absol.	p. 10 000 Köpfe mittl.Bev.	1880—85 absol.	p. 10 000 Köpfe mittl.Bev.
Düsseldorf	+28 647	+ 57	+27 545	+ 69	+22 180	+25	+ 30 353	+31
Arnsberg	+ 32 420	+100	+ 34 947	+ 133	+ 15 745	+ 26	+ 15 984	+ 24
Cöln	— 3 278	— 14	+ 3 955	+ 22	+ 4 104	+ 10	+ 7 279	+ 17
Potsdam	— 19 688	— 50	+18 553	+ 62	+15 183	+23	— 835	— 1

Eine günstigere Gestaltung ist nur gegenüber den älteren
Perioden 1867—70 und 1871—73 hie und da zu konstatieren. So
wanderten z. B. in den Reg.-Bezirken Liegnitz, Magdeburg, Merseburg, Minden und Münster mehr aus als ein (—) resp. mehr ein
als aus (+)

in	1867—70 absol.	p. 10 000 Köpfe mittl.Bev.	1871—73 absol.	p. 10 000 Köpfe mittl.Bev.	1874—79 absol.	p. 10 000 Köpfe mittl.Bev.	1880—85 absol.	p. 10 000 Köpfe mittl.Bev.
Liegnitz	— 18 706	— 48	—15 106	—52	—18 314	—31	—22 383	—37
Merseburg	— 22 104	— 64	—18 419	— 70	—17 735	—32	— 16 123	—27
Magdeburg	— 2 547	— 8	— 7 116	— 28	— 5 388	—10	— 1 923	— 3
Minden	—21 473	—114	— 11 445	— 81	—14 086	—49	—20 060	—66
Münster	—10 626	— 61	— 4 999	—38	+ 1 015	+ 4	— 730	— 3

Wie sich diese Dinge seit 1885 gestaltet haben, wird sich erst
nach Durchführung der nächsten Volkszählung übersehen lassen.

ANLAGE.

DIE AB- UND ZUZÜGE
UND DIE SOGENANNTE NATÜRLICHE ZUNAHME
DER BEVÖLKERUNG IN BERLIN UND IN VIERZEHN
REGIERUNGSBEZIRKEN DER PREUSSISCHEN
MONARCHIE.

I. Der wahrscheinliche Bevölkerungsstand Mitte des Jahres, II. Die sog. natürliche Zunahme, d. h. der Ueberschuss der Zahl der Gebornen über die der Gestorbenen (+) rsp. umgekehrt (—), III. Der Ueberschuss der Zu- (+) oder Abzüge (—) für drei- rsp. vier- oder fünf- jährige Perioden berechnet.

	Königsberg			Gumbinnen			Danzig			Marienwerder			Oppeln		
	I.	II.	III.	I.	II.	III.	I.	II.	III.	I.	II.	III.	I.	II.	III.
1826	677 499	+10 657		483 949	+9 740		313 529	6 096		433 489	8 954		655 095	+13 357	
27	684 686	8 106	−8 686	493 746	8 098	+2634	318 218	2 335	+1423	443 421	3 362	+11336	668 559	9 501	+8105
1828	691 328	9 569		503 435	9 524		321 076	2 43		450 673	3 587		679 726	8 762	
29	697 659	5 595		511 633	4 666		322 250	622		453 979	1 708		690 634	8 366	
30	708 553	6 805	− 918	518 984	7 377	+3987	321 391	1 227	+198	453 590	975	+2860	703 061	11 183	+7569
1831	705 481	2 336		524 173	342		318 271	5 146		449 144	9 823		714 703	6 795	
32	705 150	2 053		528 738	7 546		316 149	257		445 982	1 074		723 641	6 116	
33	707 068	1 926	− 211	533 745	2 640	− 268	318 277	2 326	+3279	450 849	3 572	+10864	732 796	7 566	+9550
1834	711 205	6 490		537 382	4 806		322 279	3 493		459 401	6 295		742 973	8 163	
35	717 274	5 276		541 335	2 075		327 074	3 052		468 880	7 284		756 093	7 604	
36	724 334	7 960	+1329	546 225	5 479	+3339	333 085	5 061	+6662	478 526	8 480	+6290	772 034	7 951	+24489
1837	732 202	6 890		552 793	5 431		339 283	3 429		487 636	6 215		789 150	9 954	
38	743 367	3 531		562 239	4 993		345 411	3 912		500 636	7 019		814 390	10 889	
39	758 358	3 519	+34 398	574 696	5 212	+22063	351 082	1 510	+8880	517 382	4 474	+33001	845 931	9 247	+9959
1840	776 373	9 579		588 343	7 375		356 466	3 337		534 534	7 829		879 178	14 300	
41	789 514	5 336		597 503	1 965		362 558	4 272		548 215	8 271		904 343	16 233	
42	796 329	8 494	− 300	602 962	5 708	+4869	369 286	5 957	+4842	557 348	9 469	+787	918 392	15 218	+44419
1843	806 219	11 486		612 009	9 139		376 635	5 513		567 112	9 535		927 976	7 302	
44	819 092	14 094		623 076	12 095		384 343	6 898		578 356	11 036		939 581	15 822	
45	828 643	4 471	+804	628 551	301	−2169	391 385	5 402	+4176	590 744	10 432	+4961	956 300	14 084	−5028
1846	834 667	7 042		629 146	2 335		397 012	2 067		602 163	9 099		971 358	12 504	
47	835 988	2 289		622 568	9 800		399 416	3 258		609 343	5 126		973 503	6 010	
48	828 342	8 244	−7 137	607 601	10 199	−14907	398 255	1 459	−5730	609 207	2 365	−4551	956 933	19 189	+5296
1849	830 702	17 722		605 839	16 613		397 152	3 368		609 961	6 906		950 683	14 628	
50	846 872	13 260		618 059	10 880		402 608	7 297		619 778	11 477		964 470	16 727	
51	865 629	16 777	+11 214	632 246	13 661	+5761	412 266	7 706	−6471	633 392	10 209	+8311	981 470	16 852	−11910
1852	878 619	1 729		639 949	2 089		417 347	1 859		642 277	2 022		993 863	7 526	+612

Year	Δ₁	Value 1	Δ₂	Value 2	Δ₃	Value 3	Δ₄	Value 4	Δ₅	Value 5
53	10 816	1 002 665	4 945	646 291	2 503	419 191	853	639 870	1 573	882 321
54	4 765	1 007 713	6 944	650 525	4 320	428 486	95	639 503	5 096	886 017
1855	1 774	1 007 067	1 745	653 157	802	426 120	4	638 708	3 393	890 624
56	3 605	1 010 071	6 803	656 702	3 197	428 666	5 568	642 146	8 435	897 896
57	21 666	1 029 029	7 721	664 217	3 296	433 709	8 712	651 440	7 137	908 037
1858	19 492	1 055 930	8 112	672 436	5 640	439 977	9 208	662 554	14 344	921 133
59	22 016	1 079 340	11 208	681 426	6 333	446 993	8 256	671 817	15 342	937 343
60	23 801	1 101 242	11 431	691 055	7 345	454 101	7 609	678 658	11 957	951 375
1861	14 637	1 119 454	1 913	701 037	5 927	461 006	10 926	686 834	14 102	964 786
62	21 797	1 136 785	10 218	711 177	5 136	467 424	7 208	695 648	13 948	979 777
63	19 520	1 156 675	12 675	722 464	5 899	474 447	11 508	705 589	14 146	995 374
1864	17 098	1 174 216	15 153	736 207	10 005	483 903	12 034	717 944	19 816	1 013 907
65	20 748	1 191 639	12 695	748 117	5 584	492 532	10 374	728 099	14 991	1 032 154
66	16 270	1 207 916	5 340	753 245	4 421	497 700	6 903	734 059	1 858	1 040 465
1867	15 079	1 221 358	11 390	757 722	6 401	503 276	8 556	739 110	11 672	1 047 116
68	20 326	1 236 562	6 639	762 377	2 780	506 913	7 617	736 407	3 290	1 050 083
69	23 395	1 255 658	12 047	766 889	5 340	508 901	5 609	731 738	11 562	1 051 633
70	23 990	1 276 588	12 879	774 521	7 867	513 433	8 333	735 044	13 249	1 061 455
1871	15 191	1 293 415	10 554	781 405	3 179	516 883	6 281	738 685	5 818	1 068 404
72	19 037	1 307 287	8 137	783 418	4 711	517 976	6 831	740 280	11 327	1 072 017
73	20 008	1 323 087	9 291	782 299	6 682	520 038	10 370	742 622	5 952	1 073 321
74	18 233	1 338 485	15 066	784 644	9 240	524 365	9 825	746 461	16 486	1 077 206
1875	23 904	1 355 832	16 580	790 634	10 541	530 621	10 333	750 281	16 465	1 086 345
76	22 330	1 373 196	14 688	798 015	9 082	537 373	9 244	755 363	15 023	1 096 913
77	21 698	1 387 426	11 194	804 285	8 893	543 876	6 394	760 028	13 413	1 108 114
78	19 313	1 400 147	13 691	810 057	7 443	549 559	5 607	762 874	9 269	1 116 438
79	22 909	1 413 474	15 207	817 835	7 390	554 490	9 521	767 284	16 005	1 126 058
1880	17 626	1 425 958	14 194	825 866	6 251	558 826	8 437	773 110	15 130	1 138 609
81	14 446	1 434 553	14 269	829 627	6 869	561 165	7 206	776 062	13 887	1 146 723
82	19 605	1 444 479	11 546	828 265	6 984	563 133	6 951	776 555	12 223	1 150 005
83	18 896	1 456 629	12 419	825 977	8 487	563 911	9 155	778 022	13 323	1 153 005
84	17 754	1 467 854	11 780	823 806	8 753	566 573	8 542	780 284	12 796	1 156 291
85	19 440	1 479 351	11 297	821 074	8 326	569 154	7 725	781 832	11 207	1 158 519

Group sums (column 1): −6429, +18966, −3021, −2304, −6697, −11064, −14888, −38919, −35660
Group sums (column 2): −5134, +769, −6075, −460, −11666, −12326, −39333, −33353, −71362
Group sums (column 3): +2652, +6386, +807, +4515, +495, −8288, −14636, −12425, −25790
Group sums (column 4): −2523, +4462, −3373, +1749, −8037, −11661, −25034, −15769, −32976
Group sums (column 5): +1086, +7066, +1146, +4653, +408, −10836, −29341, −16084, −48867

	Coeslin			Stettin			Stralsund			Erfurt			Minden		
	I.	II.	III.	I.	II.	III.	I.	II.	III.	I.	II.	III.	I.	II.	III.
1826	299 791	+5 618		392 006	+5 463		143 045	+1 283		264 474	+3 828		371 705	+4 979	
27	302 477	4 699	—7416	396 872	4 820	—825	144 251	761	+552	266 681	3 270	+4026	376 213	3 988	+72
1828	305 216	5 722		402 137	6 259		145 202	771		268 757	3 566		380 819	5 177	
29	309 527	4 719		407 796	5 526		145 708	906		270 835	2 708		385 170	4 201	
30	315 238	5 391	+1968	413 357	5 982	—679	145 969	1 304	—2636	273 095	3 362	—2325	388 330	3 514	—2094
1831	320 855	4 531		417 629	2 947		146 186	822		275 380	2 757		389 748	719	
32	326 098	4 230		420 810	2 722		146 699	579		277 246	1 161		390 942	2 284	
33	331 335	4 109	+3201	425 042	3 964	+2607	148 245	1 582	+1398	280 001	3 172	+1764	394 536	4 733	+255
1834	336 104	3 296		429 810	3 794		150 059	1 113		283 882	3 414		399 708	5 442	
35	341 576	5 097		434 929	5 074		151 691	1 505		289 735	4 603		404 780	6 324	
36	349 150	7 083	+4452	441 986	8 080	+1443	153 772	2 295	+546	296 835	3 395	+9303	409 004	5 533	—5115
1837	357 034	5 716		449 327	5 639		156 053	1 902		302 986	2 705		411 752	3 374	
38	365 521	6 273		457 715	7 968		159 166	2 364		308 052	4 007		417 058	6 601	
39	375 144	5 972	+10509	467 883	6 989	+8007	163 115	1 982	+6326	312 230	3 708	+963	425 439	5 475	+7026
1840	384 305	5 347		477 000	5 867		166 780	1 797		316 348	3 886		433 405	5 775	
41	391 189	5 211		484 990	6 989		169 324	2 050		320 521	4 099		439 763	5 971	
42	397 375	7 739	—867	493 065	8 290	+1306	170 918	2 215	—1614	324 688	4 157	+120	443 935	5 117	—4116
1843	404 868	7 826		502 031	8 778		172 643	2 311		328 048	2 483		447 121	4 000	
44	412 704	8 183		512 071	9 409		174 809	2 549		330 218	2 987		449 367	3 718	
45	420 725	7 596	+216	523 486	10 509	+4368	177 480	2 775	+27	332 876	4 672	—3513	452 106	3 512	—5663
1846	427 133	5 076		534 071	7 748		179 846	1 939		335 939	3 795		454 742	1 495	
47	430 252	1 592		541 513	5 491		181 635	1 594		337 101	1 480		454 876	4 095	
48	433 524	5 953	—1609	545 935	2 969	+676	182 593	247	+114	337 536	2 955	—6346	454 786	7 449	—8655
849	440 751	9 502		551 165	7 106		183 803	2 096		339 467	4 470		457 673	6 859	
50	449 584	9 596		560 211	10 786		186 095	2 426		341 575	3 724		461 970	4 473	
51	457 375	7 846	—2790	570 548	9 868	+30	188 794	2 925	+69	343 528	4 577	—6594	464 809	5 471	—8481
1852	463 122	5 507		578 881	6 779		191 464	2 369		345 143	3 051		466 954		

Year		467516		345727		192956		583547		467433
53	+5621	467516	+2365	345727	+1141	192956	+4175	583547	+5181	467433
54	4015	465191	2892	346304	2475	194217	8215	588109	6140	471958
1855	1863	460987	1375	346387	2081	195946	7218	594192	7326	477555
56	4045	457531	3350	346372	2958	197942	10369	600675	8429	484052
57	5066	456412	3087	346886	1199	199518	7758	606752	6119	489700
1858	5479	456002	3690	347569	2045	200638	8957	612122	8101	495185
59	6737	458045	5456	350173	2884	202534	10535	619521	9700	502170
60	5707	461796	5298	354316	3397	205037	11552	628858	9750	509688
1861	4221	464289	3982	357722	1881	207037	10319	638087	7663	516187
62	5140	467033	4276	360279	1993	208237	9652	645686	8327	521634
63	5479	470937	4019	362518	3028	209911	11515	653201	9888	527853
1864	3888	474215	4810	365025	2973	212074	11640	661709	11123	535469
65	4304	474521	4585	366408	2104	212993	8422	667110	8508	541521
66	4708	472849	2376	365169	1256	212272	2550	663858	6587	544432
1867	5415	471734	4263	363759	3244	212120	10539	661664	9280	547728
68	5087	471348	3957	363742	1915	211591	6108	662949	4960	548920
69	5185	471385	4829	364580	1935	209697	8111	662171	6847	547606
70	4461	471109	4401	365640	2522	208108	10479	663583	9218	548620
1871	2328	469404	2090	365331	1543	206323	4708	663292	6481	549051
72	2810	467838	5306	366457	2341	205162	9568	663924	7800	548227
73	4192	468165	5085	370064	2838	205361	10822	668993	9845	548336
74	6862	470519	5652	373845	2744	205762	11353	674953	11670	550380
1875	5714	473635	6115	378141	2564	206025	10731	680868	10483	552744
76	7499	477687	7049	382851	3035	207017	10515	687639	9019	556145
77	7055	483034	5491	386965	2914	208768	11441	696041	9347	561343
78	7260	487981	5439	390274	2378	210190	10637	704504	9068	566565
79	6491	493026	5948	393812	2809	211559	11818	713156	10743	572486
1880	6543	497966	5515	397387	2364	212922	10525	721753	9934	578841
81	6272	501703	4617	399907	2224	212950	9142	724982	9500	580649
82	5925	504486	4910	401732	1992	211751	8921	723379	9104	578118
83	6607	506959	4718	403608	1708	210294	8500	721456	8413	575044
84	7479	509600	4757	405408	2219	208951	8393	719268	6827	570831
1885		513019	4214	406958	2364	207935	9166	717414	7123	565972

	Stadt Berlin			Trier			Düsseldorf			Arnsberg			Münster		
	I.	II.	III.	I.	II.	III.	I.	II.	III.	I.	II.	III.	I.	II.	III.
1826	206 223	+1 423		345 270	+5 524		658 035	+7 349		430 624	+5 245		381 866	+3 215	
27	211 422	1 602	+11061	350 371	5 382	−1056	668 356	7 351	+6919	436 874	5 857	+2097	385 204	2 643	+1227
1828	216 870	1 919		355 653	5 887		679 019	8 033		443 530	6 056		388 375	2 880	
29	221 820	1 394	+8700	360 739	4 996	−1080	687 412	7 140	−3661	450 314	5 009	+5412	390 559	1 744	−1989
30	225 823	811		365 609	5 468		691 148	2 625		455 254	1 264		391 194	850	
1831	228 760	735	+15408	369 990	4 017	+2118	693 290	4 093	+4473	459 427	3 474	+6411	390 957	4	−966
32	232 613	384		374 080	3 822		697 903	4 862		465 282	4 298		390 793	459	
33	238 618	1 314	+16286	379 512	5 630	+33147	705 894	8 138	+11031	472 489	5 840	+1221	392 304	2 828	−411
1834	244 595	327		385 861	5 656		715 735	8 560		480 531	5 971		394 867	2 563	
35	250 800	1 833	+20943	398 039	6 943	+4461	727 951	10 705	+61519	488 429	7 282	+8427	397 461	2 893	−1254
36	257 947	2 272		415 522	5 925		741 965	9 970		495 492	6 029		400 155	2 768	
1837	263 513	1 333	+36517	430 695	2 324	+4070	753 974	6 693	+18512	500 760	3 694	+69	401 807	810	−762
38	269 584	+1 399		440 662	5 070		766 842	10 196		507 373	6 317		402 997	2 124	
39	278 118	1 708	+15517	447 778	6 189	−7476	781 097	7 968	+8312	515 929	5 177	−1242	405 028	2 773	−3750
1840	286 535	1 162		455 159	5 599		795 333	10 157		524 505	6 356		407 099	2 206	
41	297 669	1 043	+8138	461 003	6 093	−5436	809 498	9 897	+7413	531 977	5 757	−1809	409 565	3 401	−5145
42	311 886	2 126		464 808	4 496		822 707	10 312		537 921	6 086		412 149	2 602	
1843	326 476	2 688		467 129	3 126		836 821	11 708		544 815	7 655		414 333	2 493	
44	342 933	2 862		469 836	6 273		850 885	10 846		551 136	5 377		416 127	2 032	
45	361 368	3 643		474 432	7 902		864 992	12 425		556 592	6 363		417 140	1 465	
1846	380 044	3 345		477 498	3 214		876 539	5 728		561 598	4 478		417 639	212	
47	392 014	2 600		478 002	2 101		882 344	5 701		564 778	2 899		416 781	+1 859	
48	396 654	1 052		479 903	5 325		887 612	9 422		568 362	5 475		415 890		
1849	399 870	244		483 956	6 404		895 855	11 650		574 557	8 121		417 052	3 896	
50	399 769	+3 051		488 968	7 120		909 099	12 574		582 691	8 571		419 494	2 970	
51	397 669	4 392	−17463	493 630	5 581	−5064	926 093	12 295	+19671	590 653	6 989	+546	422 433	3 448	−810
1852	396 103	4 116		497 745	6 025		943 195	12 792		597 814	6 968		425 361	2 948	

A large numerical statistical table (rotated 90°) spanning the full page. The rightmost column lists years, with multiple groups of numeric data columns. Representative readings of the year column and adjacent figures:

Year		
53	427 643	2 511
54	428 984	1 428
1855	429 674	1 209
56	430 770	3 099
57	431 841	2 019
1858	432 241	756
59	433 380	3 804
60	435 165	3 354
1861	436 481	2 869
62	436 748	1 855
63	436 778	2 990
1864	437 093	2 427
65	436 672	2 317
66	436 126	2 981
1867	435 632	2 421
68	435 616	3 218
69	436 207	2 917
1871	433 730	738
72	432 420	1 855
73	433 601	3 029
74	435 930	4 150
1875	438 486	3 482
76	442 706	5 336
77	448 760	5 004
78	454 337	4 383
79	459 602	4 378
1880	464 546	3 743
81	469 057	4 718
82	473 432	4 678
83	477 813	4 731
84	482 284	4 856
1885	487 486	6 191

· · Anhang *

Regierungsbezirk

	Posen			Bromberg		
	I.	II.	III.	I.	II.	III.
1872	1 005 527	+ 10 962		562 842	+ 4 982	
73	1 007 030	» 16.315	} 48545	560 380	» 4 062	} 27938
74	1 011 881	» 17 660		560 700	» 10 547	
1875	1 018 497	» 19 846		565 283	» 12 588	
76	1 029 361	» 19 990		572 070	» 11 879	
77	1 041 732	» 16 697	} 29858	579 101	» 9 998	} 19540
78	1 052 468	» 16 719		585 388	» 10 393	
79	1 065 240	» 20 768		592 209	» 11 064	
1880	1 078 425	» 17 544		599 493	» 11 321	
81	1 084 672	» 14 660		603 364	» 9 671	
82	1 086 530	» 16 538	} 68716	603 801	» 9 891	} 46719
83	1 089 172	» 16 229		604 162	» 9 520	
84	1 091 073	» 15 055		603 686	» 8 217	
1885	1 092 667	» 15 616		603 079	» 9 255	

*) Die Zahlen bis 1872 vgl. bei E. v. Bergmann: »Zur Geschichte der Entwickelung deutscher, polnischer und jüdischer Bevölkerung in der Prov. Posen seit 1824« Band I dieser Beiträge. Die Abweichungen der obigen Zahlen für 1872 und 1873 von den in Band I. bei Bergmann angegebenen erklären sich daraus, dass Letzterer bei der Ausarbeitung jenes Bandes die Volkszählung von 1875 noch nicht berücksichtigen konnte und daher auf Wahrscheinlichkeitsrechnungen angewiesen war, die später entbehrlich geworden sind.

www.ingramcontent.com/pod-product-compliance
Lightning Source LLC
Chambersburg PA
CBHW030317270326
41926CB00010B/1400